EXERCICES PRATIQUES

D'ANALYSE

DE SYNTAXE ET DE LEXIGRAPHIE

CHINOISE

OUVRAGE OÙ LES SINOLOGUES TROUVERONT LA CONFIRMATION
DES PRINCIPES FONDAMENTAUX
ET OÙ LES PERSONNES LES PLUS ÉTRANGÈRES AUX ÉTUDES ORIENTALES
PUISERONT DES IDÉES EXACTES
SUR LES PROCÉDÉS ET LE MÉCANISME
DE LA LANGUE CHINOISE

PAR STANISLAS JULIEN

MEMBRE DE L'INSTITUT ET PROFESSEUR AU COLLÈGE DE FRANCE

······Tolluntur in altum
Ut lapsu graviore ruant.
Claud. in Ruf. 1, 22.

PARIS

BENJAMIN DUPRAT

LIBRAIRE DE L'INSTITUT, DE LA BIBLIOTHÈQUE ROYALE
ET DE LA SOCIÉTÉ ASIATIQUE DE LONDRES
N. 7, RUE DU CLOÎTRE SAINT-BENOIT.

1842.

EXERCICES PRATIQUES

DE SYNTAXE

ET DE LEXIGRAPHIE CHINOISE.

Cet ouvrage se trouve aussi :

A PARIS, chez FRIEDRICH KLINCKSIECK, 11, rue de Lille.
           AVENARIUS, 69, rue Richelieu.
LEIPSICK, BROCKHAUS.
BERLIN,   FERDINAND DUMMLER.
LONDRES,   J. MADDEN and Co., Leadenhall street.

IMPRIMÉ CHEZ PAUL RENOUARD,
rue Garancière, n. 5.

Lettre adressée à M. Stanislas Julien, par le P. Hyacinthe Bitchourin,
à l'occasion de L'EXAMEN CRITIQUE.

À Mʳ Stanislas Julien.
S. pétersbourg 12 déc 1831.

Monsieur

Vous voudrez bien m'excuser de ce que j'ai tardé à répondre à vos deux lettres. Mon âge joint au climat fait que je suis souvent malade, de manière que depuis plus de deux mois je n'ai pas quitté ma chambre. J'avais lu depuis longtemps votre Examen critique. Je rends pleine justice à l'exactitude de votre traduction, surtout dans les endroits les plus difficiles..............

Savez-vous pourquoi M. Pauthier se trompe en traduisant du chinois ? C'est qu'il a une fausse idée du mécanisme de cette langue, et qu'il s'efforce de suppléer à ce qui lui manque de connaissance, au moyen de ses conjectures.

Veuillez agréer, Monsieur, l'assurance de la considération la plus distinguée avec laquelle j'ai l'honneur d'ê[tre]

Votre très humble et très obéissant
Serviteur Hiacynthe

EXERCICES PRATIQUES

D'ANALYSE,

DE SYNTAXE ET DE LEXIGRAPHIE

CHINOISE.

OUVRAGE OÙ LES SINOLOGUES TROUVERONT LA CONFIRMATION
DES PRINCIPES FONDAMENTAUX,
ET OÙ LES PERSONNES LES PLUS ÉTRANGÈRES AUX ÉTUDES ORIENTALES
PUISERONT DES IDÉES EXACTES
SUR LES PROCÉDÉS ET LE MÉCANISME
DE LA LANGUE CHINOISE,

PAR STANISLAS JULIEN,

MEMBRE DE L'INSTITUT ET PROFESSEUR AU COLLÈGE ROYAL DE FRANCE.

> . . . . Tolluntur in altum
> Ut lapsu graviore ruant.
> *Claud. in Ruf.* I, 22.

PARIS.
BENJAMIN DUPRAT,
LIBRAIRE DE L'INSTITUT, DE LA BIBLIOTHÈQUE ROYALE
ET DE LA SOCIÉTÉ ASIATIQUE DE LONDRES,
N° 7, RUE DU CLOÎTRE SAINT-BENOIT.

1842.

A MON SAVANT AMI

J. ROBERT MORRISON, ÉCUYER,

PREMIER INTERPRÈTE DU GOUVERNEMENT ANGLAIS

EN CHINE,

STANISLAS JULIEN.

AVANT-PROPOS

DE L'EXAMEN CRITIQUE INSÉRÉ DANS LE JOURNAL ASIATIQUE
DE PARIS, NUMÉRO DE MAI 1841. (1)

Les *Exercices Pratiques*, etc., sont la confirmation et le complément de l'*Examen critique*. Je crois devoir réimprimer ici l'*Avant-propos* de ce dernier écrit, afin que les personnes qui ne reçoivent pas le *Journal asiatique de Paris*, et à qui la présente publication pourrait parvenir, comprennent bien l'origine de cette discussion, et les motifs purement scientifiques qui m'ont mis dans la nécessité de critiquer M. Pauthier.

Il m'est permis d'espérer que cette leçon ne sera point perdue. J'ai assez signalé les principaux écueils et les moyens de les éviter. Si d'autres étudiants s'égaraient à l'avenir dans la même voie, ils n'auraient plus le droit de se plaindre de n'avoir pas été dûment avertis.

Nous sommes heureusement loin de l'époque où l'on croyait généralement en Europe que l'étude de la langue

(1) EXAMEN CRITIQUE de quelques pages de chinois relatives à l'Inde, traduites par M. J. G. Pauthier, et insérées dans les numéros de décembre 1839 et mars 1841, accompagné de discussions grammaticales sur certaines règles de position qui, en chinois, jouent le même rôle que les inflexions dans les autres langues. In-8 de 156 pages. Se trouve à la librairie de Benjamin Duprat, n° 7, rue du Cloître-St-Benoît.

chinoise exigeait, en Chine même, la vie entière d'un lettré. M. Rémusat a puissamment contribué, par ses ouvrages et son enseignement, à dissiper ce préjugé, et s'il est partagé encore par quelques personnes instruites, c'est qu'elles n'ont pas pris la peine d'examiner la question. Cette opinion serait fondée si, pour parler, lire et écrire le chinois, il était nécessaire d'apprendre les quarante-deux mille caractères dont se compose le grand dictionnaire publié en trente-deux volumes in-8°, par ordre de l'empereur *Khang-hi*. Or, on ne trouverait certainement pas en Chine un seul lettré qui fût capable d'un si prodigieux effort de mémoire. Mais il est aussi inutile à un Chinois ou à un Européen de connaître et de pouvoir écrire tous les caractères du *Khang-hi-tseu-tien* (dictionnaire de *Khang-hi*), qu'à un étranger qui étudie notre langue, de posséder tous les mots du dictionnaire français de Boiste, dont la nomenclature est trois fois plus riche. Si le plus complet de nos dictionnaires renferme, dit-on, cent vingt-quatre mille mots, on peut affirmer, sans crainte d'être démenti, qu'un étranger qui en connaîtra seulement trois ou quatre mille sera en état de lire la majeure partie des auteurs français. Plus de cent mille mots sont des termes relatifs aux sciences, arts et métiers, qui ne se présentent que rarement dans les ouvrages littéraires. Celui qui en rencontre dans ses lectures, se contente de les chercher dans un bon dictionnaire et passe outre, sans qu'il lui vienne jamais à l'esprit qu'il ne sait pas encore la langue française, parce qu'il ignore, par hasard, quelques mots de science ou de technologie.

Il en est absolument de même des dictionnaires chinois. Celui de l'empereur *Khang-hi* serait réduit de quarante-deux mille mots à six ou huit mille, si l'on faisait abstraction d'environ dix mille variantes d'anciens caractères inusités, des noms d'hommes, de lieux, de montagnes et de rivières, et des termes qui se rattachent aux sciences et aux arts.

Sous la dynastie des *Han*, dit l'auteur du vocabulaire des *King*, on exigeait que celui qui se destinait à devenir l'un des historiens de l'empire, sût au moins neuf mille caractères différents. Or, comme le corps d'annales d'une époque embrasse, par ordre méthodique, presque tous les sujets qui se rattachent à la littérature et aux sciences, on voit que le nombre des caractères que doivent connaître les hommes les plus savants, diffère énormément de celui que beaucoup de personnes, en Europe, jugent nécessaires à de simples lettrés.

Il est permis de penser que ces derniers n'ont guère besoin que de cinq ou six mille mots pour parler, lire et écrire le chinois. En effet, les quatre livres classiques ne contiennent pas plus de deux mille quatre cents caractères, et cependant une personne qui les a étudiés avec soin, et qui possède en outre les principes de la construction chinoise, peut entendre, sans secours, presque tous les livres d'histoire, de géographie et de philosophie. En Chine, les étudiants qui concourent pour obtenir le grade de *Kiu-jin* (la Licence), n'ont besoin que d'avoir étudié à fond les quatre livres classiques et un *king* (livre canonique) à leur choix.

D'après ce qui vient d'être dit plus haut, l'étude de la langue chinoise n'exigerait, sous le rapport des mots nécessaires, pas plus de travail que celle d'une langue étrangère, par exemple de l'allemand, qu'on aborde sans crainte et avec la presque certitude de réussir. Mais, ce n'est pas dans le nombre des mots, ainsi que beaucoup de personnes se l'imaginent, que consiste la difficulté de la langue dont nous nous occupons. On sait que la langue chinoise est monosyllabique, que tous les mots dont elle se compose ne sont point susceptibles d'inflexions qui en indiquent, dans les substantifs et les adjectifs, les genres, les nombres et les cas, dans les verbes, les voix, les temps et les personnes. De plus, le même mot peut quelquefois changer de valeur en changeant de position et devenir substantif, adjectif, verbe actif, verbe passif, verbe neutre ou adverbe. Par exemple, le mot *chen*, peut signifier *le bien, bon, estimer-bon* (approuver) et *bien*, adverbe. Lorsqu'on connaît suffisamment le mécanisme de la langue chinoise, ce mot est aussi clair, dans ses différentes positions, que les mots latins *bonum, bonus, bonum-judicare, bene*.

[La langue anglaise offre quelque chose de semblable. Certains substantifs, en vertu de leur position et des mots qui les accompagnent deviennent quelquefois adjectifs, verbes, ou adverbes, sans qu'il en résulte la plus légère difficulté pour le lecteur ou l'auditeur. Ainsi le mot « *cut*, coupure, » est adject. dans « a *cut* wig, » et verbe dans « to *cut* timber. »

Le mot « *present*, cadeau, » est adject. dans « the *present* season » et verbe dans « to *present* a man ; » il est adv. par l'addition de *at*, dans « at *present*, maintenant. »

Le mot « *head*, tête, » est adj. dans « the *head* workman, » et verbe dans « to *head* the people. »

En chinois, le mot « *cheou*, tête, » peut devenir, suivant les circonstances, adjectif, verbe et adverbe. »

Le mot « *pen*, plume, » est verbe dans « to *pen* a letter, écrire une lettre.

Le mot chinois «*pi*, pinceau, » a la même extension ; il peut signifier, selon sa position, *pinceau*, et *écrire avec un pinceau.*]

D'où il suit que, pour entendre le chinois, il ne suffit pas de savoir un nombre considérable de mots. Quand on aurait gravé dans sa mémoire les neuf mille mots exigés autrefois pour devenir l'un des historiens de l'empire, on ne serait pas en état de comprendre, avec ce seul secours, une demi-page du texte chinois le plus facile. Pour donner à chaque mot la valeur qui résulte de sa position, et saisir le rôle varié des prépositions et des particules qui déterminent les rapports réciproques des mots, il faut avoir étudié la langue rationnellement, avoir analysé et pour ainsi dire disséqué, d'une xj

manière philosophique, les textes les mieux traduits par les missionnaires ou par les savants d'Europe qui les ont pris pour guides. On arrivera alors à saisir avec certitude les valeurs de position d'où dépend en grande partie la connaissance de la langue chinoise. Envisagée sous ce point de vue, elle présente des difficultés d'un genre particulier, mais qui ne sont ni plus graves ni plus nombreuses que celles des autres langues de l'Orient ou de l'Asie. Nous avons vu plusieurs personnes qui, après quelques années d'études sérieuses, se sont mises en état de lire, de traduire ou d'analyser avec toute l'exactitude désirable, les textes chinois, anciens ou modernes, qui se rapportaient à leurs études. Qu'il me suffise de citer M. Bazin aîné, qui a donné au monde savant un premier volume de drames chinois traduits en entier, *prose et vers*, et qui se dispose à publier la traduction complète d'un drame célèbre en vingt-quatre actes (1); M. Théodore Pavie, qui a su mener de front l'étude du sanscrit et du chinois et acquérir en peu d'années une connaissance très remarquable de ces deux langues, et à qui la littérature est redevable d'un volume de nouvelles chinoises qui se distinguent autant par l'élégance du style que par une fidélité rigoureuse; et M. Biot fils, que ses études précédentes et une connaissance solide de la langue chinoise mettent en état d'exploiter, au profit de la science, les textes écrits en style ancien et relatifs à l'histoire, à la géographie, à la statistique ou aux arts de la Chine. Les lecteurs du *Journal asiatique* ont eu maintes fois l'occasion d'apprécier les Mémoires dont il a enrichi ce Recueil. Il se prépare à imprimer la Concordance alphabétique des noms de villes chinoises du premier, deuxième et troisième ordre, qui ont changé sous les différentes dynasties. Ce sera à-la-fois un nouveau titre pour l'auteur, et un service rendu à l'érudition.

Je pourrais ajouter à ces noms celui de M. Léon Pagès,

(1) Ce drame intitulé le *Pi-pa-ki*, ou l'histoire du Luth, a paru en nov. 1841, chez Benj. Duprat.

avocat, qui vient de terminer une traduction française des quatre livres classiques, suivie d'un commentaire perpétuel, et celui de son cousin, M. Edme Méchain (petit-fils de l'astronome du même nom), qu'une mort prématurée a enlevé à la science au milieu de ses fonctions de vice-consul à Smyrne. M. Méchain avait étudié le chinois tout en faisant son droit et n'y consacrait que ses moments de loisir, et cependant, au bout de trois ans, il était parvenu à lire aisément les auteurs. Fils d'un consul-général, et voué à la même carrière, il nourrissait l'espoir de devenir un jour consul de France en Chine, et de pouvoir faire servir ses connaissances acquises dans la langue du céleste empire, au profit du commerce, de l'industrie et des lettres. On ignorerait encore son nom comme sinologue, sans la mention que je regarde comme un devoir de faire ici de son zèle et de ses remarquables progrès en chinois.

Il est donc bien établi, et par les exemples que je viens de citer et par une sorte de notoriété publique, qu'on peut, en général, acquérir en quelques années une connaissance suffisante de la langue chinoise. Mais il est *une condition indispensable*, c'est qu'on étudiera avec soin les lois de la construction, les principes constants qui déterminent les fonctions grammaticales des mots, et qui en modifient la valeur suivant la place qu'ils occupent dans la phrase, le rôle des prépositions qui tantôt sont significatives comme celles des autres langues, tantôt perdent leur sens usuel pour devenir des marques purement phonétiques de régime, ainsi que je crois l'avoir démontré dans la dissertation qui termine mon édition chinoise-latine du philosophe Meng-tseu.

Si l'on s'affranchissait de ces règles, qui remplacent, aux yeux des sinologues, les inflexions des mots dans les autres langues, et qui sont leur meilleur guide dans l'interprétation des textes, on pourrait s'occuper du chinois pendant de longues années, sans jamais être en état de les traduire fidèlement.

Pour démontrer cette vérité sur laquelle on ne saurait trop insister, j'ai cru devoir soumettre à une analyse grammaticale douze pages de chinois, dont la traduction fait partie de quatre articles du *Nouveau Journal asiatique de Paris*, intitulés *Examen méthodique des faits concernant l'Inde,* et répondant à 64 pages in-8 du *Pien-i-tien*, c'est-à-dire de l'*Histoire des peuples étrangers connus des Chinois.*

Lorsque les deux premiers fragments eurent paru dans les n°s d'octobre et de novembre 1839, je ne pus, faute d'avoir le texte original à ma disposition, m'assurer si le traducteur (M. Pauthier) était parvenu à reproduire fidèlement les documents historiques que lui fournissaient les auteurs chinois. Cependant, beaucoup de passages cités en note, et qu'il est presque impossible de faire concorder pour la plupart avec la version française, m'inspirèrent des doutes sérieux. Ces doutes se changèrent en certitude lorsque j'eus lu dans les numéros de décembre 1839 et de mars 1840, la traduction incomplète d'une notice sur l'Inde (en 21 pages), par le voyageur *Hiouen-tsang*, dont je possède la Relation entière, formant 585 pages in-8.

Je rédigeai immédiatement l'article suivant, qui est terminé depuis le 20 avril 1840, afin de préserver des erreurs que j'y signale, les personnes qui se tiendraient trop peu sur leurs gardes, ou qui seraient tentées de traduire des textes difficiles, avant d'avoir approfondi les règles fondamentales à l'aide desquelles on peut les éviter.

On se méprendrait étrangement sur mon caractère, si l'on pouvait me supposer un seul instant la plus légère intention de blesser M. Pauthier dont j'estime le zèle et dont j'apprécie les efforts. Le but que je me propose ici est plus digne et plus élevé. J'ai voulu uniquement donner des conseils à toutes les personnes qui étudient le chinois, afin de leur inspirer une juste défiance d'elles-mêmes, et de les forcer, dans leur intérêt, à réfléchir mûrement sur les principes essentiels dont l'oubli a égaré plus d'un sinologue, et sans lesquels il est impossible d'acquérir une connaissance solide de la langue.

Je m'estimerais heureux si ceux à qui je m'adresse trouvaient dans cet article, de nouveaux motifs et aussi de nouveaux moyens d'étudier à fond les lois de la syntaxe et surtout les règles de position, qui sont presque l'unique boussole du sinologue, avant de s'aventurer à publier la traduction du texte chinois le plus facile, en style antique ou en style moderne.

AVERTISSEMENT.

———— ❦ ————

J'ai peu de chose à dire pour justifier la présente publication. Dès que mon *Examen critique* eut paru, mon premier soin fut de l'envoyer aux principaux sinologues d'Angleterre, d'Allemagne et de Russie. Tous, sans exception, adhérèrent à mes remarques d'une manière qui était d'autant plus flatteuse pour moi que j'avais sollicité non-seulement leur avis, mais même leurs critiques consciencieuses. Parmi ces savants, il en est plusieurs qui ont passé une grande partie de leur vie à Canton ou à Péking, et à qui la langue chinoise a été ou est encore aussi familière que leur propre langue. Je citerai parmi les plus renommés, sir Georges Staunton, l'illustre traducteur du code pénal de la Chine, M. Francis Davis, honorablement connu par la traduction du roman *Hao-khieou-tch'ouen* et de deux drames ; et le P. Hyacinthe Bitchourin, qui a résidé pendant plus de vingt ans à Péking, à la tête de l'école des jeunes de langue de sa nation, et qu'on regarde avec raison comme le plus habile des sinologues que compte la Russie.

Une approbation aussi imposante que la leur était bien nécessaire pour entraîner la conviction du public sur la portée de l'*Examen critique* composé par une personne qui n'a jamais mis le pied en Chine, et qui doit presque uniquement à ses propres efforts, les faibles progrès qu'elle peut avoir faits dans la langue du céleste empire. J'avais besoin aussi de leurs suffrages pour la tranquillité de ma conscience, car dans ce travail si compliqué, et rédigé à la hâte en une vingtaine de jours (voy. page 2), j'avais soulevé les questions les plus délicates et les plus ardues de syntaxe chinoise, questions dont un bon nombre manquent dans les grammaires, ou n'y sont indiquées que d'une manière incomplète.

Leur assentiment, si précieux pour moi, ne m'a pas manqué. MM. Wilhelm Schott, Fréd. Neumann, et le Rév. Samuel Kidd, tous trois professeurs de langue chinoise à Berlin, à Munich et à Londres, ont bien voulu me donner, dans cette circonstance, le même témoignage d'estime et d'approbation.

Si M. Pauthier fût sagement resté dans la classe des étudiants, au-dessus de laquelle il n'a pas encore su s'élever *malgré douze ans d'études avouées* (n° d'août, page 98), j'aurais probablement gardé le silence. Les erreurs d'un écolier ne tirent pas à conséquence, et d'ailleurs on doit une indulgence sans bornes à quiconque se présente comme tel. Mais bien différente était la position de M. Pauthier. Avant de s'être affranchi des lisières du rudiment chinois, il s'était mis à briguer le plus haut titre littéraire. Il y a en effet plus de sept ans qu'il s'est fait inscrire parmi les candidats de l'Institut, et presque à chaque vacance, il renouvelle, avec un aplomb imperturbable, les mêmes sollicitations. Il était de mon devoir d'éclairer la religion de l'Académie à laquelle j'ai l'honneur d'appartenir ; je me devais aussi à moi-même, en raison de mes fonctions de professeur, de dire la vérité au public, pour conserver intacte, chez nous, la bonne renommée des études chinoises auxquelles j'ai voué ma vie entière.

Pressé par mes confrères et par d'autres savants distingués, de m'expliquer sur la nature des connaissances de M. Pauthier en chinois, j'ai dû, on le sent bien, porter un jugement d'autant plus sévère que ses prétentions étaient plus élevées. Mais en m'exprimant sur ce sujet, soit verbalement, soit par écrit, je me suis toujours renfermé dans l'appréciation littéraire de ses travaux, sans effleurer son caractère personnel que j'estime autant qu'homme du monde. Il est fort à regretter pour lui qu'il n'ait pas gardé la même réserve à mon égard.

La fausse position qu'avait prise M. Pauthier, ou peut-être l'instigation d'imprudents amis, l'a poussé à entreprendre en répliquant, une lutte trop inégale pour lui, et dont un aveuglement fatal l'empêchait de prévoir les conséquences.

Il a commencé par annoncer (dans le Journal Asiatique de juillet 1841) une *réfutation complète* de mon *Examen critique*; puis, dans le numéro suivant, il a inséré un essai de réplique où il déclare résolûment (page 101) que toutes mes observations *sont fausses et sans fondement*. Cela était beaucoup plus aisé à dire qu'à prouver. Aussi, laissant de côté mes déductions grammaticales et les preuves accablantes qui les appuyaient, a-t-il tâché d'en atténuer l'effet à l'aide d'arguments empruntés surtout à des définitions de dictionnaires chinois, dont, *chose étrange*, il s'est trouvé ne *pas avoir compris une seule !*

M. Pauthier s'est imaginé qu'un peu d'injure donnerait peut-être du nerf et du relief à sa réponse, et, pour suppléer à la nullité de ses raisons, il ne s'est pas fait faute de me qualifier (n° de septembre-octobre, page 362) de STUPIDE et D'ABSURDE!

J'aurais pu ne faire qu'en rire de pitié avec tous les gens bien nés; car, après tout, si je puis ou dois, en qualité de professeur, redresser les torts des soi-disant sinologues à l'encontre du chinois, mon cours ne comprend pas, que je sache, l'enseignement de la civilité et du langage de la bonne compagnie. Les personnes honorables à qui s'adresse le Journal Asiatique, possèdent assez le sentiment des convenances, et leur réprobation eût grandement suffi pour faire justice de pareils écarts qui offensent à la fois la langue littéraire et l'urbanité française.

Mais il semble que ce n'était pas assez pour M. Pauthier. Je suis encore à me demander comment il a pu, aux yeux d'un public à qui, j'ose le dire, la droiture de mon caractère est aussi connue que mes humbles travaux, essayer de jeter des doutes sur ma *loyauté* (n° d'août, page 121), m'accuser (*ibid.*, page 122) *d'altérer* sans scrupule le texte chinois, et (page 124) de *vouloir évidemment* en IMPOSER AU LECTEUR ! Tout le monde reconnaîtra sans peine que le soin de ma considération comme homme et comme professeur, ne me permettait pas de garder le silence.

Après m'être reposé pendant quelques mois des fatigues de mon travail sur le philosophe *Lao-tseu*, j'ai pris le parti de rédiger, en février dernier, le mémoire qu'on va lire. Il eût paru plus tôt, s'il n'eût fallu un temps considérable pour clicher les types chinois dont j'avais besoin.

Mais tout en démontrant, comme je le devais, l'exactitude de ma traduction et la loyauté de mes critiques, et en repoussant ainsi les imputations qui pouvaient blesser mon caractère, j'ai voulu, qu'en dehors de la question personnelle, cet ouvrage pût encore être utile aux étudiants. J'ai tâché, autant que possible, de donner à mes développements une forme didactique, et d'y rassembler, à l'occasion d'un texte fort limité, une multitude de principes et de règles pratiques qui, ce me semble, n'avaient jamais été présentés ailleurs d'une manière si nette, si saillante, et si propre (grâce aux contrastes qu'offre la traduction critiquée) à se graver dans l'esprit des élèves, ou des personnes instruites qui peuvent désirer de comprendre, comme les sinologues exercés, les procédés et le mécanisme de la langue chinoise.

Il y a là une telle surabondance de règles, d'observations et de préceptes de tout genre, que nul esprit sage ne peut plus aujourd'hui conserver l'ombre d'un doute. Les personnes même étrangères au chinois pourraient-elles hésiter à se prononcer sur le fond de la question, lorsqu'elles voient le P. Hyacinthe Bitchourin, l'un des sinologues les plus consommés de l'Europe, condamner en ces termes le système d'interprétation que j'ai critiqué : *Savez-vous pourquoi M. Pauthier se trompe en traduisant du chinois? C'est parce qu'il a une fausse idée du mécanisme de cette langue, et qu'il cherche à suppléer, par ses conjectures, aux connaissances qui lui manquent ?*

Les discussions grammaticales auxquelles je me suis livré ne resteront pas, je l'espère, sans résultat pour la science. Pendant long-temps la connaissance du chinois avait été, en Europe, le partage et pour ainsi dire le monopole de quelques hommes privilégiés dont le savoir était aveuglément accepté par les uns, et relégué par les autres au nombre des fables et des choses de pure invention. Mais depuis un certain nombre d'années, la langue chinoise a pris rang parmi les études sérieuses, positives, et hautement utiles. On comprend aujourd'hui de quelle importance elle est pour connaître l'histoire, les institutions et les arts d'un peuple primitif qui représente à lui seul plus de la moitié du monde civilisé. Où pourrait-on étudier, ailleurs que dans les documents recueillis par les Chinois sur les pays étrangers, certaines nations asiatiques qui n'ont pas conservé leurs propres annales, et des races d'hommes, dont plusieurs ont disparu depuis des siècles de la face du globe?

Les difficultés incontestables du chinois ont été singulièrement grossies par des personnes ignorantes ou intéressées à se faire valoir, et ont effrayé sans motif une foule de savants qui auraient pu en acquérir la connaissance, et la faire servir aux progrès des sciences et des lettres. Mais grâce aux efforts combinés des sinologues européens, grâce à des travaux récents, parmi lesquels nous n'osons citer les nôtres, la langue chinoise a pu être soumise à un système régulier d'enseignement qui a des principes clairs et positifs, des lois simples et constantes, et qui présente, dans ses procédés d'analyse grammaticale, une direction tellement sûre qu'on peut espérer, sans trop de témérité, d'arriver à une certitude presque mathématique du sens de la phrase. Si je ne m'abuse, les lecteurs qui auront étudié cet écrit, resteront convaincus que la langue chinoise est, pour quiconque la possède suffisamment, aussi lucide et aussi précise que toutes les autres.

Le but de la présente publication sera atteint, et nous nous croirons dédommagé des sacrifices qu'elle nous a coûtés, si elle contribue à mettre en circulation des idées plus justes sur la nature de la langue et de la syntaxe chinoise, et si elle inspire à de nouveaux prosélytes, assez de confiance en eux-mêmes et en nous, pour qu'ils viennent associer leur zèle au nôtre, suivant la mesure de leurs forces et la direction de leurs études, et nous aider à cultiver avec les autres sinologues européens, le champ à peine défriché de la littérature la plus ancienne et la plus vaste du monde.

TRADUCTION

DES

TREIZE PREMIÈRES LIGNES DE LA NOTICE D'*Hiouen-thsang* SUR L'INDE,

Par Stanislas Julien.

[L'examen grammatical de ces *treize lignes continues* occupe les pages 6-142 des *Exercices pratiques*. Nous avons signalé QUATRE-VINGT-QUATORZE FAUTES tant dans la traduction qu'en a faite M. Pauthier que dans la partie de sa réponse destinée à la justifier. D'après cet échantillon, il est aisé d'imaginer ce que serait la traduction de 300 pages ou de 3,000 lignes du même auteur, exécutée de la même manière par M. Pauthier.]

Je vais expliquer la confusion qui règne dans les diverses opinions relatives aux noms de l'Inde. Anciennement on disait *Chin-tou*; quelques auteurs disaient *Hien-teou*. Maintenant, d'après la prononciation exacte, il convient de dire *In-tou*. Les Indiens, suivant la région qu'ils habitent, donnent à leur royaume un nom particulier. Chaque pays a des usages différents. Je me contenterai de citer le nom qui est le plus général et qu'ils regardent comme le plus beau : ils l'appellent *In-tou*, nom qui répond au mot chinois *Youeï* (lune). La lune a beaucoup de noms; celui-ci en est un. Ils disent que tous les êtres meurent et renaissent sans interruption. Dans une longue nuit obscure où personne n'annonce les heures, les mortels se trouvent comme lorsque l'éclat du soleil a disparu. Alors les flambeaux succèdent au jour; mais, quoiqu'ils brillent comme des étoiles, pourrait-on comparer leur lumière à la splendeur de la lune? Si, partant de ce point, (les Indiens) ont comparé leur pays à la lune, c'est surtout parce que, dans cette contrée, les sages et les saints se sont succédé les uns aux autres, qu'ils ont dirigé le siècle et gouverné les êtres, semblables à la lune lorsqu'elle abaisse son éclat sur le monde. C'est par suite de cette idée, qu'ils l'ont appelé *In-tou* (Inde).

Les races et les familles des Indiens se divisent en un grand nombre d'espèces et de castes, mais les Brahmanes sont particulièrement regardés comme purs et nobles. D'après leur nom distingué, que la tradition conserve et que l'usage a consacré (lorsqu'on n'indique pas les différentes parties de l'Inde), on donne à ce pays le nom général de *royaume des Brahmanes*.

Quant à ses frontières, je puis les faire connaître. Les limites des cinq Indes embrassent une étendue d'environ 90,000 lis (900 lieues); trois sont bornées par une grande mer. Au nord, l'Inde a derrière elle des montagnes neigeuses. Elle est large au nord et étroite au midi; par sa sa forme, elle ressemble à une demi-lune. Elle est divisée en 70 états. En tout temps, il y fait extrêmement chaud. La terre est humectée par une multitude de sources. Au nord, les montagnes forment une chaîne immense; les collines et les tertres sont imprégnés de sel. A l'est, les vallées et les plaines sont abondamment arrosées, et les champs sont gras et fertiles. Dans le midi, les plantes et les arbres végètent avec vigueur; dans l'ouest, le terrain est maigre et aride. Tel est l'aperçu sommaire que j'en puis donner en peu de mots.

EXERCICES PRATIQUES

D'ANALYSE,

DE SYNTAXE ET DE LEXIGRAPHIE

CHINOISE,

POUR SERVIR DE RÉPLIQUE ET DE RÉFUTATION

A DEUX ARTICLES INSÉRÉS PAR M. G. PAUTHIER DANS
LE JOURNAL ASIATIQUE DE PARIS,

(*Août et septembre* 1841).

Les pages citées entre parenthèses après la lettre A, se rapportent au numéro d'août 1841; les paragraphes sont ceux de mon *Examen critique*, publié (en 140 articles) dans le numéro de mai 1841 du *Journal asiatique de Paris*.

Avant de commencer la discussion qui fait l'objet de cet écrit, j'ai cru devoir combattre plusieurs assertions inexactes du préambule de M. Pauthier. Je puis laisser de côté les attaques personnelles, mais nulle erreur matérielle ne restera sans réfutation.

(A. pag. 99.) M. Pauthier semble ne tenir aucun compte de ma traduction du *Livre des Récompenses et des Peines*, parce que M. Rémusat l'avait déjà publié en français.

RÉPLIQUE. Le texte chinois dont M. Rémusat a donné, sous ce titre, une traduction française, forme seulement 6 pag. in-18 dans le petit Recueil intitulé *Tan-kouei-tsi*. Celui que j'ai traduit, avec le commentaire perpétuel et les 400 légendes qui l'accompagnent, occupe 300 pag. en chinois et 530 pag. en français.

(A. pag. 99.) M. Pauthier : « C'est un mérite sans doute, mais un « mérite secondaire que de faire une nouvelle traduction d'un texte « difficile, et à force d'y passer du temps (dix-huit mois, par exemple) « de trouver quelque erreur dans le travail primitif. »

Réplique. La première moitié du morceau d'*Hiouen-thsang*, qui a fait l'objet de mes observations critiques, parut à la fin de janvier 1840, dans le n° du Journal Asiatique de décembre 1839. Ayant eu la curiosité de comparer la traduction de M. Pauthier au texte que je possède, j'y remarquai un nombre prodigieux de fautes ; mais, avant de m'en occuper, je voulus attendre la publication de la seconde moitié qui fut insérée dans le n° de mars 1840, et qui me parvint dans les premiers jours d'avril. C'était alors l'époque des vacances de Pâques au Collége de France et à la Bibliothèque Royale. Je commençai immédiatement mon *Examen critique*, dont la rédaction m'occupa seulement *dix-huit* ou *vingt jours* et non *dix-huit mois*, comme le prétend M. Pauthier. En effet, le 22 avril (1840), je le présentai manuscrit, tel qu'il a paru, à l'un des membres de la commission du Journal Asiatique, M. Jules Mohl, dont je pourrais invoquer l'honorable témoignage. Seulement, au commencement de mars 1841, lorsque j'étais sur le point d'imprimer, j'ai rédigé l'Avant-propos que j'ai placé en tête de mon *Examen critique*. L'impression aurait commencé immédiatement si l'on n'eût été obligé de faire continuer, par une personne versée dans la connaissance des clés, la composition du Catalogue in-f. de 42,000 types chinois mobiles, et de faire clicher ensuite les types nécessaires pour la publication du *Lao-tseu* et de mon Examen qui renferme plus de 800 caractères différents. Ces circonstances, dont on peut s'assurer à l'Imprimerie Royale, n'ont pas permis de commencer l'impression de mon *Examen critique*, avant le 15 mars 1841. Ainsi cet écrit de 156 pages qui renferme, en 140 articles, environ *mille observations*, ne m'a occupé *qu'une vingtaine de jours* et non *dix-huit mois*.

(A. page 99.) M. Pauthier : « C'est un mérite secondaire de trouver « quelque erreur dans le travail primitif. »

Réplique. Je suis fort loin de compte avec M. Pauthier qui daigne seulement reconnaître que dans le morceau critiqué par moi, il a

pu laisser échapper *quelque erreur*, c'est-à-dire une ou deux fautes. J'ai relevé, dans la traduction des douze pages du voyage d'*Hiouen-thsang* que j'ai examinées, plus d'erreurs de tout genre qu'on n'en pourrait trouver dans toutes les traductions de textes chinois qui ont été faites et publiées depuis un siècle. Le nombre moyen de ces fautes est de quatre à cinq par ligne; il est même certains endroits où il s'élève à douze ou treize par ligne (voy. mon *Examen*, § 111, 140). Mes observations critiques se comptent par centaines. Il est vrai que (page 101) M. Pauthier les déclare *fausses* et *sans fondement*. Mais lorsque j'aurai démontré, comme j'en suis certain, la parfaite exactitude de mes critiques, il restera établi que M. Pauthier a employé en pure perte les douze ans qu'il avoue (page 98) avoir consacrés à l'étude du chinois, et cela, *pour s'être hâté de traduire des textes chinois difficiles, avant d'avoir approfondi les règles fondamentales de la langue*. Aussi l'un des plus savants sinologues d'Europe (M. Hyacinthe Bitchourin) a-t-il raison de dire dans une partie de sa lettre dont je donne le *fac simile* : « Savez-vous pourquoi
« *M. Pauthier se trompe en traduisant du chinois ?* C'EST PARCE QU'IL A
« UNE FAUSSE IDÉE DU MÉCANISME DE CETTE LANGUE, *et qu'il cherche*
« *à suppléer, par des conjectures, aux connaissances qui lui manquent !* »

(A. page 104.) M. Pauthier : « Je me bornerai seulement à remar-
« quer ici que la terminologie qu'il (M. Julien) emploie *est complète-*
« *ment fausse*, et qu'elle donne aux personnes qui n'ont aucune notion
« de la langue chinoise, les idées *les plus erronées*. Il n'y a en chinois
« *ni nominatif, ni génitif, ni datif,* etc., comme M. Julien le prétend
« dans sa critique. »

Réplique. Avant de m'expliquer sur ce point, je ferai observer que M. Pauthier, qui soutient ici qu'il n'y a point de *génitif* en chinois, n'a pu s'empêcher d'employer deux fois de suite, page 109, ligne 2, 4, le terme *de génitif*. Il ne s'est pas aperçu qu'il réfutait lui-même sa dénégation de la page 104.

Je n'ai dit nulle part que les Chinois reconnussent *des nominatifs, des génitifs,* etc., proprement dits, comme les Grecs et les Latins. Mais j'ai soutenu et je soutiendrai toujours que la position de certains substantifs, leur donne absolument le même rôle que s'ils portaient avec eux des signes de flexions, répondant à ceux qui indiquent les cas en grec et en latin.

La commission de Rédaction, sans prendre part à ce débat, a bien voulu faire observer en note (et je la prie d'agréer mes remerciment que « *toute ma théorie repose* précisément sur LA VALEUR DE POSITION, « *et qu'il est évident que c'est pour éviter des longueurs que je me sers* « *des termes* NOMINATIF, GÉNITIF, etc.

Si j'avais besoin de m'appuyer d'une autorité imposante en littérature chinoise, je dirais que le Père Gonçalvez, l'un des plus savants sinologues de notre époque, plusieurs fois invoqué par M. Pauthier, se sert dans son *Arte China* (pag. 146 et suiv.), des termes *nominativo, genitivo, dativo, accusativo, ablativo*.

Afin de compléter les moyens d'exprimer les rapports des substantifs, j'ai ajouté les termes *locatif* (cas), *instrumental* (cas), pour dire qu'en vertu de leur position, certains substantifs chinois remplissent exactement le même rôle que, *par exemple*, les mots samskrits qui portent la terminaison du *locatif* et de l'*instrumental*.

Un grammairien pourrait dire de même que, dans les composés anglais SEA–*born* (MER–*né*, c'est-à-dire né en mer, sur mer), SEA–*circled* (MER–*entouré*, c'est-à-dire entouré par la mer), le premier mot *sea*, mer, est au *locatif*, et le second à l'*instrumental*, quoiqu'on ne voie dans la grammaire anglaise ni *locatif*, ni *instrumental*.

Il est évident qu'ici, comme en chinois, les mots *locatif* et *instrumental* ne sont que des termes de convention pour exprimer des valeurs qui résultent de la position relative des mots, tandis qu'en samskrit, par exemple, ces valeurs sont indiquées par des terminaisons particulières qui dénotent le *lieu* ou l'*instrument*. D'où l'on doit tirer cette conclusion, que dans les langues à flexions, les mots peuvent être placés suivant le caprice ou le génie de l'écrivain, tandis que dans celles qui en sont dépourvues, on est obligé de placer les mots dans un ordre déterminé par l'usage ou une convention, sous peine de n'être point compris du lecteur ou de l'auditeur. Ainsi, par exemple, le mot *chang* [1] signifie tantôt *monter*, tantôt *en haut*, suivant qu'il est placé *avant* ou *après* un substantif. *Chang-thien* [2], monter au ciel ; *thien-chang* [3], au *haut* du ciel, au ciel. Le mot *hia* [4] veut dire de même, suivant sa position, tantôt *en bas, au-dessous*, tantôt *abaisser*. *Cheou-hia* [5], *sous* la main, pour dire *sous* la puissance de quelqu'un (par extension, ces mots signifient quelquefois *les subordonnés* de quelqu'un) ; *hia-cheou* [6], « *abaisser* la main, » pour dire « mettre la main à l'œuvre, commencer à agir. »

---

[1] 上 [2] 上天 [3] 天上 [4] 下 [5] 手下 [6] 下手

Quoique les mots *chang* [7] et *hia* [8] ne portent aucune terminaison qui indique leur valeur grammaticale, on reconnaît sans peine que leur double rôle de *verbe* ou d'*adverbe* ne peuvent embarrasser ici une personne qui connaît les règles de position.

(A. page 106.) M. Pauthier : « Avant de procéder à la réfutation des « critiques de M. Julien, je vais faire connaître les autorités sur les- « quelles je m'appuie. Car pour convaincre les lecteurs, et *pour qu'il* « *n'y ait pas de réplique possible à ma réfutation*, j'ai voulu ne rien « avancer sans citer à l'appui les autorités qui justifient ce que j'avance. « *Ces autorités que je possède*, les plus imposantes dans la philologie « chinoise, sont par ordre de date.... »

M. Pauthier cite ensuite cinq dictionnaires tout chinois, dont les principaux sont le *Choue-wen*, le *Khang-hi-tseu-tien*, publié par ordre de l'empereur *Khang-hi*, et le *I-wen-pi-lan*.

Réplique. M. Pauthier sait, il est vrai, chercher les mots dans les dictionnaires rédigés en chinois (et c'est du reste une habitude que tout le monde peut acquérir au bout de quelques semaines), mais il a pris le soin de nous montrer lui-même, ainsi qu'on le verra maintes fois dans les pages qui suivent, que l'intelligence des définitions chinoises est tout-à-fait hors de sa portée.

M. Pauthier ressemble ici à un écolier qui se vanterait de pouvoir composer un poème ou une pièce d'éloquence, parce qu'il saurait seulement tracer les lettres de l'alphabet. Il ne suffit pas de *posséder dans sa bibliothèque*, les dictionnaires chinois *Choue-wen*, *Khang-hi-tseu-tien*, *I-wen-pi-lan*, etc. ; il faut encore savoir les lire et les comprendre à la première vue, comme un humaniste comprend un dictionnaire tout latin.

M. Pauthier aurait dû d'abord nous démontrer qu'il a l'intelligence de ces précieux dictionnaires, avant d'annoncer avec tant d'emphase qu'il va y puiser contre moi *des arguments sans réplique*.

Je me servirai aussi de ces mêmes dictionnaires pour prouver (et ce ne sera pas la partie la moins curieuse de ma dissertation),

1° Que la plupart des sens que M. Pauthier conteste, s'y trouvent clairement énoncés, ainsi que beaucoup d'autres acceptions qu'il dit n'exister dans aucun de ces dictionnaires ;

2° Que M. Pauthier ne manque jamais de faire une ou plusieurs fautes toutes les fois qu'il a la prétention de citer ces dictionnaires.

---

[7] 上 [8] 下

§ 1. DE L'EXAMEN CRITIQUE.

Question. Est-il vrai qu'on ne trouve pas deux génitifs de suite avant le régime direct d'un verbe ?
— Preuves du contraire.

M. Pauthier (A. pag. 108) : « Dès son début, M. Julien ne me pa-
« rait pas très heureux dans sa critique. Le besoin de me trouver en
» défaut, lui fait adopter une construction de phrase barbare et con-
« traire aux règles de la syntaxe chinoise. Cette phrase, comme il l'en-
« tend, se traduirait en mot à mot : *expliquer de l'Inde des diverses*
» *opinions la confusion* (au lieu de ce mot à mot travesti à dessein,
« voyez celui que je donne plus bas). »

M. Pauthier soutient ensuite « qu'on ne peut admettre, dans une
» langue sans inflexions, *deux génitifs de suite*, suivis du régime direct
« d'un verbe (actif) ; construction, dit-il, qui n'aurait que difficilement
» lieu dans les langues les plus riches en inflexions. »

RÉPLIQUE. Voici d'abord (et je l'ai dit dans mon *Examen*), le mot à mot du passage dont il s'agit : *Tsiang-thien-tchou-tchi-tching-i-i-kieou-fen.* Expliquer — la confusion — DES différentes discussions — DES noms de l'Inde, c'est-à-dire des différentes opinions relatives aux noms de l'Inde.

Il y a loin de là au mot à mot étrange que M. Pauthier m'a volontai-
rement prêté dans le but de montrer qu'il y aurait amphibologie si *deux génitifs de suite* précédaient le régime direct d'un verbe.

Voici deux exemples qui prouvent que, dans ce cas, on trouve non-
seulement *deux*, mais même *trois* génitifs de suite.

PREMIER EXEMPLE. *Sing-li-thsing-i*, liv. 5, fol. 2 *v*. lin. 7 : *Kouan-che-thien-hia-jin-sin* 10, diriger le cœur (la conduite) DES hommes DU dessous DU ciel, c'est-à-dire des hommes de l'empire.

DEUXIÈME EXEMPLE. *Kou-wen-youen-kien*, liv. 5, fol. 16 *v*. lin. 8 :

⁹詳天竺之稱異議糾紛。 ¹⁰管攝天下人心

wei-konan-thsien-tche-ling-te-tchi-tse[11], (si leurs descendans sont tombés dans la classe du peuple, c'est parce que) ils n'ont pas regardé, c'est-à-dire, n'ont pas cherché à imiter les exemples DES vertus excellentes DES anciens sages.

Ainsi, malgré la dénégation de M. Pauthier, l'on trouve (sans qu'il y ait amphibologie) *deux et trois génitifs de suite*, dépendant du régime direct du verbe actif.

Premier échec de M. Pauthier.

§ 1. A.

Question. Lorsque deux génitifs sont régis l'un par l'autre, est-il absolument nécessaire que le second soit suivi de *tchi*[12] signe ordinaire de ce cas?
— Preuves du contraire. Exemples de 2, 3, 4, 5, 6 génitifs uniquement indiqués par la *position*.

M. Pauthier soutient avec assurance (A. pag. 109, lin. 2 et suiv.) que « *deux génitifs ne peuvent être régis l'un par l'autre, sans que le second soit précédé de la particule tchi*[13], *pour qu'il n'y ait point d'amphibologie.*

Je ferai observer d'abord que la particule *tchi*[14], suit, mais *ne précède* jamais le génitif chinois. Autant vaudrait dire qu'en latin, la lettre *i*, signe du génitif, précède la syllabe *cœl*, de l'expression *cœl-i dominus* (le maître du ciel). On dit de même en chinois *thien-tchi-ngen*[15], « cœl-*i* beneficia, » (les bienfaits DU ciel). Ici, comme dans l'exemple latin cité plus haut, la particule *tchi*[16], marque du génitif, suit le mot *thien*[17], « ciel » (*thien-tchi*[18], « cœl-*i* »), mais *ne le précède pas.*

Je reviens à l'observation qui nous occupe. J'ai cité *deux* et *trois génitifs* régis l'un par l'autre, sans que l'auteur ait eu besoin d'employer la particule *tchi*[19], marque ordinaire du *génitif*, que M. Pauthier juge indispensable pour éviter une amphibologie. Voici d'autres exemples gradués.

---

[11] 未觀前哲令德之則。 [12] 之 [13] 之
[14] 之 [15] 天之恩 [16] 之 [17] 天 [18] 天之 [19] 之

Trois génitifs. Je possède une Encyclopédie bouddhique en 20 vol. intitulée : *Fa-youen-tchou-lin* [20], c'est-à-dire, la forêt des perles du jardin de la loi.

Autre exemple. Le catalogue de la bibliothèque de l'empereur *Khien-long* donne, liv. 21, fol. 17, une notice sur l'ouvrage intitulé : *Li-ki-i-sou* [21], paraphrase du sens du mémorial des Rites.

Quatre génitifs. Le même catalogue (édit. abrégée), cite, liv. 1, fol. 9, l'ouvrage intitulé : *Tcheou-i-i-haï-tso-yao* [22], Résumé de la mer des sens (ou explications) du *I-king* de *Tcheou-kong*..

Cinq génitifs. Même catalogue; liv. 1, fol. 23 (de l'édit. abrégée), on décrit l'ouvrage intitulé : *Tcheou-i-hiao-pien-i-wen* [23], mot à mot : le caché du sens des changements des *koua* (lignes symboliques) du *I-king* de *Tcheou-kong*, c'est-à-dire, Expositions des idées profondes que renferment les combinaisons des *koua* du *I-king*.

Six génitifs. Au commencement de l'ouvrage *Lao-tseu-tsi-kiaï* (Bibl. Roy. Catal. de Fourm. n° 288, in-8°), on voit une préface intitulée *Sie-si-youen-sien-sing-lao-tseu-tsi-kiaï-in* [24], mot à mot : Introduction du commentaire de *Lao-tseu*, (commentaire) du docteur de la plaine de l'ouest, de la famille *Sie*.

Il s'agit ici du docteur *Sie-hoeï* (l'un des commentateurs de *Lao-tseu*), qui, parce que son habitation se trouvait dans une plaine située à l'Ouest de *Po*, sa ville natale, se désignait lui-même par le titre de *Si-youen-sien-sing* [25], « le docteur de la plaine de l'Ouest. »

J'ajouterai en passant que M. Pauthier, faute d'avoir compris cette même préface où cette curieuse circonstance est rapportée, a cru que dans le titre *Si-youen-sien-sing* [26] (le docteur de la plaine de l'Ouest), le mot *youen* [27], plaine, signifiait ici « origine, » sens qu'il a quelquefois, et il a annoncé (en tête de sa première livraison de *Lao-tseu*, Paris 1838), qu'il donnait le commentaire *du docteur Sie-hoeï* d'ori-

---

[20] 法苑珠林 [21] 禮記義疏 [22] 周易義海撮要 [23] 周易爻變義蘊 [24] 薛西原先生老子集解引 [25] 西原先生 [26] 西原先生 [27] 原

GINE OCCIDENTALE, s'imaginant apparemment que *Sie-hoei* était un des docteurs Bouddhistes qui ont commenté *Lao-tseu!*

Ainsi, malgré les dénégations de M. Pauthier, on trouve non-seulement *deux*, mais même 3, 4, 5, 6 *génitifs de suite*, sans qu'il y ait amphibologie, quoique les auteurs chinois n'emploient pas une seule fois la particule *tchi* [28], ordinairement affectée à l'indication de ce cas.

Deuxième échec de M. Pauthier.

§ 1. B.

Question. Est-il vrai que l'expression *kieou-fen* [29] ne signifie pas confusion ?
— Preuves du contraire.

M. Pauthier (A. pag. 109). « Aucun des dictionnaires chinois que je
« possède n'explique le caractère *kieou* [30], dans le sens de M. Julien.
« C'est l'expression *fen-yun* [31], qui a le sens de *confusion* et non pas
« *kieou-fen* [32], comme le prétend M. Julien.

« Ce sens (le sens de *fen-yun* [33]) est déduit logiquement de la signifi-
« cation spéciale de chaque caractère du terme composé ; ce qui n'a
« pas lieu dans la signification que M. Julien attribue à *kieou-fen* [34],
« signification *qui n'est d'ailleurs autorisée par aucun dictionnaire
« chinois.*

RÉPLIQUE. Je n'ai point à m'occuper de l'expression *fen-yun* [35] (confus), qui ne se trouve point dans notre passage. Je vais montrer que l'expression composée *kieou-fen* [36] (et non *kieou* [37], que M. Pauthier se plaît à me faire traduire seul par *confusion*) a souvent le sens de *être mêlé, être confus*. Dans le passage cité (§ 1), où l'édition impériale dont je me suis servi n'offre pas de point (o) après *tching*, noms (voy. pag. 6, 9, le sixième caractère chinois), cette expression acquiert par sa position le rôle d'un substantif, parce qu'elle devient ainsi le régime direct du verbe *tsiang* [39], *expliquer* (expliquer la *confusion*, etc.).

Commençons par examiner l'étymologie du mot *kieou* [40]. Suivant le dictionnaire *I-wen-pi-lan*, il signifie *san-kou-ching* [41], une corde composée de trois branches réunies. De là, lui est venu, par extension, le sens figuré de *ho* [42], (Dictionnaire de Khang-hi au mot *kieou* [43], *lin*. 10), « *to collect together* » (Morrison, *Dict. chin.* Part. II, n° 6282), rassembler, réunir ensemble.

On connaît le procédé ingénieux, employé par les Chinois pour indiquer d'une manière précise le sens des substantifs, des adjectifs et des verbes. Ils joignent souvent ensemble deux mots qui se rapprochent par l'analogie de leur signification et se déterminent l'un par l'autre, de sorte que l'équivoque qui pourrait avoir lieu pour chacun d'eux, pris en particulier, est impossible à l'égard du mot dissyllabique qui résulte de leur réunion. Ainsi la combinaison de *kieou* [44], *réunir ensemble*, et celle de *fen* [45], qui signifie ordinairement *mêler* plusieurs choses, forme l'expression composée *kieou-fen* [46] qui, suivant sa position, signifie tantôt « être mêlé, embrouillé, confus, » tantôt « mélange, embrouillement, confusion. »

M. Pauthier aurait pu reconnaître l'étymologie et le sens dérivé que je viens de rapporter, ainsi que le procédé grammatical en vertu duquel les syllabes *kieou* [47] et *fen* [48] se réunissent ensemble pour exprimer l'idée de *mélange, confusion*, s'il était en état de comprendre ses dictionnaires tout chinois, et de faire, avec justesse, l'application des règles qui président à la formation des mots composés (Cf. Rémusat, *Gramm. chin.*, § 285).

Je passe maintenant aux exemples qui prouvent que l'expression *kieou-fen* [49] signifie *être mêlé, confondu*.

PREMIER EXEMPLE. On lit dans le Recueil *Tchao-ming-wen-siouen*, liv. 7, fol. 29 : *kiao-tso-kieou-fen, chang-iu-tsing-yun* [50] (les pics de cette montagne semblent) se croiser, *se confondre* et s'élever jusqu'au ciel.

---

[39] 詳 [40] 糾 [41] 三股繩 [42] 合 [43] 糾 [44] 糾
[45] 紛 [46] 糾紛 [47] 糾 [48] 紛 [49] 糾紛 [50] 交錯糾紛。上于青雲

Commentaire (*ibid.*) : L'expression *kieou-fen* [51] signifie *être confondus ensemble*.

DEUXIÈME EXEMPLE. Même Recueil, liv. VI, fol. 4 : *King-ti-kieou-fen* [52], les ennemis courageux *se mêlent, se confondent* (dans le combat).

Le Commentaire explique les mots *kieou-fen* [53], par *loen* [54], « être pêle-mêle, être mêlés, confondus ensemble. »

TROISIÈME EXEMPLE. Même Recueil, liv. IV, fol. 4 : *Kang-louen-kieou-fen* [55], les sommets et pics élancés semblent *se confondre*.

Commentaire (*ibid.*) : L'expression *kieou-fen* [53] veut dire *tsa-louen* [56], « être mêlé, confondu ensemble. »

QUATRIÈME EXEMPLE. *Si-yu-ki*, liv. XII, fol. 7, v. : *Jin-chi-kieou-fen* [57], la génération des hommes (le monde) *est en désordre*, n'offre que désordre et confusion.

CINQUIÈME EXEMPLE. Même ouvrage, liv. XII, fol. 24, v. : *Kiun-yen-kieou-fen* [58], les paroles nombreuses (c'est-à-dire de la multitude des hommes) *sont confuses* (et plus bas : les opinions différentes se heurtent et se contredisent).

SIXIÈME EXEMPLE. On lit dans la grande édition du catalogue de la bibliothèque de l'empereur *Khien-long*, liv. XLII, fol. 39 : « Quant aux opinions des auteurs sur les consonnances des mots, depuis la dynastie des *Song* jusqu'à ce jour, *la confusion* (*kieou-fen*) n'a fait que s'augmenter de plus en plus.

Ainsi donc, malgré les dénégations de M. Pauthier, il est clairement démontré par les définitions et les exemples qui précèdent que l'expression *kieou-fen* [59] signifie tantôt *être mêlé*, *être confus*, tantôt *mélange*, *confusion*, comme dans notre passage où l'édition impériale offre un point (o) après *kieou-fun* [60], et nous oblige de regarder cette expression comme le régime direct du verbe *tsiang* [61], *expliquer* (la confusion des noms, etc.).

Troisième échec de M. Pauthier.

---

[51] 糾紛 [52] 勍敵糾紛 [53] 糾紛 [54] 亂
[55] 岡巒 [56] 雜亂 [57] 人世糾紛 [58] 群言糾紛 [59] 糾紛 [60] 糾紛 [61] 詳

§ 2.

Question. Le mot *i* [62] peut-il être traduit adjectivement devant un verbe ?
— Preuves du contraire.
— Comment faut-il traduire *i* [63] devant un verbe ?

Texte : « Anciennement on disait (*yun* [64]), c'est-à-dire on prononçait *chin-tou*. Quelques auteurs disent *youeï* [65] : *Hien-teou*. *Kin-thsong-tching-in*, *i-yun-In-tou* [66], maintenant suivant la prononciation exacte (*il y a ici un repos* (o), *dans l'édition impériale*), il faut dire, c'est-à-dire prononcer *In-tou*.

M. Pauthier avait traduit : « Maintenant, d'après une prononciation exacte et *qui lui convient*, on le nomme *In-tou*. »

J'ai reproché à M. Pauthier d'avoir considéré ici le mot *i* [67] (il faut, il convient de), comme un adjectif signifiant *convenable*, et de l'avoir rapporté, contre la règle et l'usage, au mot précédent *in* [68], « son, prononciation », dont il est séparé par une virgule dans l'édition impériale.

La traduction de M. Pauthier n'est point admissible :

1° Parce qu'en chinois, l'adjectif se place *invariablement* avant le substantif qu'il qualifie, et qu'il est impossible qu'il conserve son rôle d'adjectif, lorsqu'il suit un substantif; c'est cependant ce que soutient M. Pauthier (page 110, lin. 21).

Si un mot, ordinairement adjectif, se trouvait après un substantif, il acquerrait une autre valeur grammaticale, comme je le montrerai plus bas (§ 2 A), en exposant les principes en vertu desquels un mot adjectif change de rôle, toutes les fois qu'il sort de sa position régulière, c'est-à-dire toutes les fois qu'il n'est pas placé devant un substantif.

D'ailleurs, si, par impossible, il était vrai qu'un adjectif, placé après un substantif, pût néanmoins se traduire comme tel (et c'est une hérésie que je réfuterai tout-à-l'heure), cette licence ne serait point permise ici, où l'édition impériale nous présente un point (o) entre le mot

---

[62] 宜 [63] 宜 [64] 云 [65] 曰 [66] 今從正音。宜云印度。 [67] 宜 [68] 音

*in*⁶⁹, « son », et le mot *i*⁷⁰, que M. Pauthier regarde comme l'attribut de *in*⁷¹.

Le mot *i*⁷², ne peut être traduit ici par un adjectif, par exemple, par l'adjectif *convenable*, parce qu'il est suivi d'un verbe (*yun*⁷³, dire, prononcer). En effet, le mot *i*⁷⁴ a constamment la signification de *il faut, il convient de*, lorsqu'il est suivi d'un verbe actif ou neutre.

Cette définition se trouve dans le dictionnaire *P'in-tseu-tsien*, qui rend le mot *i*⁷⁵, par *tang* ⁷⁶, « il faut, on doit, il convient de, devoir (faire une chose). »

PREMIER EXEMPLE. *P'ing-tseu-loui-pien*, liv. 213, fol. 2 r., *pe-sse-i-kin*⁷⁸, tous les magistrats DOIVENT montrer du zèle.

DEUXIÈME EXEMPLE. *Même ouvrage*, liv. 213, fol. 3, *i-tsing-pou-i-mang* 79, « *il convient* de se tenir tranquille ; *il ne convient* pas de se « presser. »

TROISIÈME EXEMPLE. *Même ouvrage*, liv. 231, fol. 4 *v. i-sieou, i-siao* ⁸⁰, *il faut* rougir, *il faut* rire.

M. Pauthier s'est donc trompé en considérant ici le mot *i*⁸¹, comme un adjectif qualificatif, se rapportant, contrairement à la grammaire (Voy. plus bas § 2 A), au mot précédent *in* ⁸², « son », dont il est d'ailleurs séparé par un point, tandis que, d'après le principe et les exemples rapportés plus haut, on doit le traduire par *il convient de, il faut, on doit*, parce qu'il est suivi d'un verbe.

Quatrième échec de M. Pauthier.

§ 2. A.

Question. Est-il vrai qu'un adjectif peut être placé après un substantif régime d'un verbe actif, sans changer de rôle ?
— *Preuves du contraire.*
— Changements qu'éprouve un adjectif, en changeant de position.

---

⁶⁹ 音 ⁷⁰ 宜 ⁷¹ 音 ⁷² 宜 ⁷³ 云 ⁷⁴ 宜 ⁷⁵ 宜 ⁷⁶ 當
⁷⁸ 百司宜勤。 ⁷⁹ 宜靜。不宜忙 ⁸⁰ 宜羞。宜笑 ⁸¹ 宜 ⁸² 音

— Position remarquable de l'adverbe, lorsqu'il se rapporte à un verbe, suivi ou non suivi d'un régime.

1° L'adjectif se place invariablement avant le nom qu'il qualifie : Exemple, *ngo-jin* [83], un méchant homme. Cf. *Prémare*, Gramm. chin. pag. 47.

2° Si l'adjectif est placé après un substantif au premier cas (au nominatif), il devient un verbe neutre, qu'on rend en français par le verbe auxiliaire *être* et un adjectif : *jin-ngo-ye* [84], l'homme *est méchant*. Cf. Prémare, *Ibid*.

3° Si l'adjectif est précédé d'un nom de personne, et suivi du relatif *tchi* [85] (illum, illam, illud, à l'accusatif) ou d'un substantif, il devient verbe. Exemples : *wang, tsing,* TA*-tchi* [86], ô roi, je vous invite à *agrandir* cela. *Meng-tseu*, liv. 1, pag. 25. *Ibid*. liv. 1, pag. 30 : *wang-jou-*CHEN*-tchi* [87], ô rex, si judices bonum illud (verbum), ô roi, si vous approuvez cette parole. Ici les adjectifs *ta* [88], grand, et *chen* [89], bon, deviennent des verbes actifs, en vertu de leur position.

4° Lorsqu'un adjectif est précédé d'un verbe et qu'il en est séparé par un génitif, il devient un *substantif* régi par ce même verbe. Exemples : *pou-tchi-ti-tchi-*HEOU [90], il ne connaît pas *l'épaisseur* de la terre. *Peï-wen-yun-fou*, liv. VIII, fol. 104. Autres exemples *Si-yu-ki* (de 1772), liv. VII, fol. 19 : *tchi-ching-tao-tchi-*TA [91], (j'ai appris à connaître) *la grandeur* de la sainte voie, *wang-kiao-tchi-*HONG [92], et *l'extension* des instructions de l'empereur.

Les mots *heou* [93], *ta* [94], *hong* [95], sont ordinairement *adjectifs* et signifient *épais — grand — étendu*.

5° L'adjectif devient *adverbe*, lorsqu'il est placé devant un verbe neutre ou actif. *Lao-tseu*, chap. 27, TA*-mi* [96], « il est *grandement* aveuglé », ou mot à mot « *grandement* il-est-aveuglé. » *Hiouen-thsang* (§ 52) : TSIANG*-tsaï* [97], rapporter, citer (des faits) *en détail*.

---

[83] 惡人　[84] 人惡也　[85] 之　[86] 王請大之
[87] 王如善之　[88] 大　[89] 善　[90] 不知地
之厚　[91] 知聖道之大　[92] 王教之宏
[93] 厚　[94] 大　[95] 宏　[96] 大迷　[97] 詳載

5° *bis*. L'adverbe se place ordinairement avant le verbe, comme le remarque M. Rémusat (*Gramm. chin.* §. 177); mais voici une observation importante qui lui a échappé, et qu'on trouve dans la grammaire de Gonçalvez (*Arte china*, pag. 155), c'est que l'adverbe (qui d'ordinaire est un mot *adjectif*, abstraction faite de la position), peut être placé :

1° Après un verbe non suivi d'un régime (exprimé) *pang-chang-*KIN-KIN [98], liez-le *très étroitement*. Gonçalvez, *Art. Chin.* pag. 155 ;

2° Après le régime direct d'un verbe actif. *Lao-tseu*, Chap. XVI : *cheou-tsing*-TO [99], « garder le repos, *fermement* » *Pé-ché-thsing-ki*, liv, I, fol. 1 : *i-cheou-ngen*-CHIN [100], mot à mot : « elle avait reçu des bienfaits *profondément*. »

Cette espèce de transposition a lieu lorsque l'auteur veut particulièrement arrêter l'attention du lecteur sur l'idée exprimée par l'adverbe, comme dans l'exemple précité de *Lao-tseu* : « il garde le repos FERMEMENT. » Il y a une nuance très sensible entre cette tournure et celle-ci, qui serait plus conforme à l'usage : *to-cheou-tsing* [1] : « il garde *fermement* le repos. » Les usages de la langue française ne m'ont pas permis de conserver cette nuance dans la traduction de ce passage de *Lao-tseu*.

Mais lorsque *chin* [2], précède le mot *ngen* [3], « bienfaits » il est adjectif (Cf. *supra*, 1°) Exemple du *Si-yu* (de 1772), liv. VI, fol. 9, *v. jou-teng-cheou-thaï-hoang-ti*-CHIN-*ngen* [4], vous autres vous avez reçu *les profonds* bienfaits de l'auguste empereur.

L'exemple *cheou-ngen*-CHIN [5] (mot à mot : recevoir des bienfaits *profondément*), fait partie des premiers mots d'un roman de féerie chinoise, intitulé « *Blanche et Bleue* (ou *les deux Couleuvres-fées*), que j'ai publié en français ; mais comme cette traduction s'adressait uniquement aux gens du monde, qui font peu de cas de nos *règles de position*, j'ai traduit « elle avait reçu de *grands* bienfaits, » sans me donner la peine de dire en note que le mot à mot était : « elle avait reçu des bienfaits *profondément*. Or, comme M. Pauthier ignorait sans doute

---

[98] 絆上緊緊　[99] 守靜篤　[100] 己受恩深　[1] 篤守靜　[2] 深　[3] 恩　[4] 汝等受太皇帝深恩　[5] 受恩深

la curieuse position de l'adverbe, que j'ai fait connaître plus haut, ce passage a été un piège pour lui. Il a voulu y reconnaître positivement un *adjectif* dans le mot *chin* [6] (*vulgo*, profond), qui, par sa *position*, expliquée plus haut, est ici *adverbe* et signifie *profondément*, c'est-à-dire *considérablement*. Cette méprise l'a entraîné à conclure que, par exception, l'adjectif peut se trouver après un *substantif*, en conservant sa fonction d'*adjectif*.

Laissons parler M. Pauthier (A. page 110) : « *La syntaxe s'oppose* « *ici*, dit M. Julien, *à ce qu'un mot qui suit un substantif lui serve de* « *qualificatif*; c'est une des règles générales établies par M. Rémusat ; « mais, comme toutes les règles générales, *elle n'est pas sans exception*. « En voici un exemple que ne recusera pas M. Julien ; il a traduit (au « commencement du premier chapitre du roman intitulé *Blanche et* « *Bleue*), *cheou-ngen-chin* [7] par : recevoir de *grands* bienfaits.

« Dans ce vers, l'*adjectif qualificatif chin* [8], « profond, grand, » suit « le substantif *ngen* [9], bienfaits. *Je pourrais en citer encore plusieurs* « *exemples*, pas plus inconnus à M. Julien que le précédent, *mais celui-* « *ci peut suffire.* »

Ainsi, M. Pauthier certifie lui-même, de la manière la plus positive, qu'il voit ici dans le mot *chin* [10], un *adjectif qualificatif* (profond, grand), tandis que, d'après les principes exposés plus haut, c'est en réalité un *adverbe* (profondément).

En voici d'autres exemples. *Lao tseu*, chap. 75 : *Min-tchi-king-sse, i-khi-khieou-sing-tchi-*ʜᴇᴏᴜ [11], le peuple méprise la mort, parce qu'il cherche le vivre *fortement* (c'est-à-dire parce qu'il cherche *avec ardeur* les moyens de vivre).

Commentaire : *I-khi-khieou-sing-houo-tchi-tao-*ᴛᴀɪ-ʜᴇᴏᴜ [12], mot à mot : parce qu'il cherche — de vivre — les moyens — *trop fortement*.

Dᴇᴜxɪᴇᴍᴇ ᴇxᴇᴍᴘʟᴇ. *Si-yu-ki* (de 1772), *hoeï-min-kin-ki-tchou-jou-*ᴛsᴏᴜɪ-ʏᴇɴ [13], mot à mot : le peuple musulman s'abstient de la chair de

---

[6] 深 [7] 愛恩深 [8] 深 [9] 恩 [10] 深 [11] 民之輕死。以其求生之厚 [12] 以其求生活之道太厚 [13] 回民禁忌豬肉最嚴

porc *très sévèrement, très strictement*. M. Pauthier traduirait-il « de la chair de porc *très sévère ?* »

Troisième exemple. Même ouvrage, liv. 7, fol. 10 : *Jou-chi-jin*-king [14], si (ces araignées) piquent les hommes *légèrement*. M. Pauthier traduirait « piquent les hommes *légers !* »

Quatrième exemple. On lit dans le philosophe *Tchouang-tseu*, liv. 3, fol. 3 : *Wang-chin*-tchin, *yu-jin* [15], mot à mot : celui qui oublie sa personne *véritablement* (qui s'oublie *véritablement* lui-même), subjugue les (autres) hommes.

M. Pauthier prendrait l'adverbe *tchin* [16] pour un adjectif, et il traduirait « celui qui oublie son *véritable* corps…. ! »

Cinquième exemple. On lit dans le *Peï-wen-yun-fou*, liv. 27, fol. 67 : *Yo-khan-jin*-chin [17], la musique émeut les hommes *profondément*. M. Pauthier traduirait « émeut les hommes *profonds !* »

Sixième exemple. Annales des *Han*, biographie de *Hoang-po* : (A partir du règne de *Wou-ti*), on fit observer sévèrement les lois, *yong-fa*-chin [18], mot à mot : on employa les lois *profondément*. M. Pauthier traduirait : « on employa des lois *profondes !* »

Septième exemple. *Peï wen-yun-fou*, liv. 27, fol. 67 : *Ngou-sse-hiang*-chin [19], « je pense à mon village *profondément*. » M. Pauthier traduirait : « Je pense à mon village *profond !* »

Huitième exemple. Même ouvrage, *Ibid.* (Le bruit des échecs), *ji-hoa*-chin [20], mot à mot : entre dans les fleurs *profondément*, c'est à dire pénètre au loin sous les berceaux fleuris.

M. Pauthier traduirait : « entre dans les fleurs *profondes !* »

Résumé. Il résulte de ce qui précède, 1° que dans le passage *cheou-ngen*-chin [21], que cite M. Pauthier pour me combattre, le dernier mot *chin* [22] est, par sa position, un *adverbe* (l'adverbe *profondément*). Si l'auteur eût voulu donner au mot *chin* [23] le rôle de l'*adjectif qualificatif* « profond, grand, » il l'aurait nécessairement placé devant le mot *ngen* [24], bienfaits, comme dans ce passage déjà cité : *jou-teng-cheou-*

[14] 如螫人輕 [15] 忘身眞。役人 [16] 眞
[17] 樂感人深 [18] 用法深 [19] 吾思鄉深
[20] 入花深 [21] 受恩深 [22] 深 [23] 深 [24] 恩

*thaï-hoang-ti-*CHIN*-ngen* [25], mot à mot : vous autres, vous avez reçu les *profonds* bienfaits de l'empereur grand et auguste.

M. Pauthier s'est donc trompé en soutenant que, dans le passage qu'il cite du roman intitulé *Blanche et Bleue*, le mot *chin* [26] est un *adjectif qualificatif*.

Cinquième échec de M. Pauthier.

M. Pauthier se trompe encore très gravement lorsqu'il affirme, avec une assurance imperturbable, que l'*adjectif* peut se placer (sans perdre son rôle d'*adjectif*) après le substantif qu'il qualifie. Les huit exemples cités plus haut, démontrent de la manière la plus évidente que, dans le cas dont il s'agit, l'*adjectif* qui se trouve après un substantif, devient *adverbe* par position, lorsque ce substantif est régi par un verbe actif ou neutre qui le précède.

Sixième échec de M. Pauthier.

§ 2. B.

Question. Comment reconnaît-on que le verbe *yun* [27] est neutre ou actif?

Khieou-yun-chin-tou... kin-thsong-tching-in, i-yun-in-tou [28].

Anciennement on disait, c'est-à-dire on prononçait, *chin-tou*. Maintenant, suivant la prononciation exacte, il convient de dire, de prononcer *In-tou*.

M. Pauthier : Anciennement *on nommait* ce pays *Chin-tou*... Maintenant, d'après une prononciation exacte et *qui lui convient*, on l'appelle *In-tou*.

J'ai montré, plus haut (§ 2) pourquoi il faut traduire ici le mot *i* [29] par *il convient de* (on doit le rendre ainsi lorsqu'il est suivi d'un verbe), au lieu d'en faire l'adjectif *convenable*, car les mots « *qui lui*

---

[25] 波等受太皇帝深恩 [26] 深 [27] 云
[28] 舊云身毒。今從正音。宜云印度 [29] 宜

convient » n'ont pas d'autre sens dans l'esprit de M. Pauthier, ainsi qu'il le reconnaît lui-même en cherchant à prouver, 1° que *i* [30] est le qualificatif du mot *in* [31], « son, » dont il est cependant séparé par un point (o) dans l'édition impériale;

2° Que *l'adjectif* se place quelquefois, et sans changer de rôle, après le substantif qu'il qualifie.

Ces deux assertions ont été complétement refutées plus haut (§ 2 et § 2 A).

Je passe au mot *yun* [32]. M. Pauthier : (A. pag. 110) : « C'est une as-« sez pauvre chicane de prétendre que *yun* [33] ne s'emploie qu'au « neutre. »

RÉPLIQUE. Je n'ai point dit en cet endroit que *yun* [33 a] ne s'emploie qu'au neutre. Je me serais mis en contradiction avec moi-même, car plus bas (§ 12), je l'ai rendu *activement* dans ce passage : YUN-*king-kiaï-tchi-pie* [34], mot à mot : « dire, énoncer, des-limites-territoriales, la distinction, » c'est-à-dire, faire connaître les divisions des différentes parties de l'Inde. Voici les observations à l'aide desquelles on reconnaît avec certitude que le verbe *yun* [35] est *neutre* ou *actif*.

1° Le verbe *yun* [36] est neutre lorsqu'il est synonyme du verbe neutre latin *aio, ais, ait*, et qu'on peut le traduire en français par « dire, prononcer, » sous-entendu *le mot, les mots*, et c'est exactement le sens qu'il présente dans l'exemple précité, car on peut traduire *khieou-yun* [37] par «*olim* AIEBANT *Chin-tou* » anciennement ils *disaient*, c'est-à-dire, ils prononçaient (le son) *Chin-tou*.

Alors le mot *yun* [38] est synonyme du mot *youe* [39] (Voy. Khang-hi, au mot *yun* [40]), lorsqu'il a le sens du verbe neutre *aio, ais, ait*, comme dans cet exemple de *Meng-tseu*, liv. I, pag. 1, etc. *Meng-tseu-youe: seou* [41], etc., *Meng-tseu* AIT : venerabilis senex, etc. *Meng-tseu* dit (ces mots) : vénérable vieillard.

On reconnaît que le verbe *yun* [42] est *actif* lorsqu'il est suivi du relatif *tchi* [43], « cela » (*illud*, à l'accusatif), ou d'un régime direct; et alors il

30 宜 31 音 32 云 33 云 33a 云 34 云經界
之別 35 云 36 云 37 舊云 38 云 39 曰
40 云 41 孟子曰叟 42 云 43 之

signifie *dire, exprimer, énoncer.* Gonçalvez, *Dict. port. chin.* : *Chouï-yun-tchi* [44], qui a *dit* cela? (quisnam *dixit* illud?)

Hiouen-thsang (§ 12): *Yun-king-kiaï-tchi-pie* [45], «dire, énoncer la distinction des limites-territoriales.»

En chinois, et souvent en latin, c'est en général la position des verbes qui permet de décider s'ils sont neutres ou actifs. Ainsi, tantôt le mot *lugere* se prend absolument et au neutre dans le sens de *s'affliger*;

EXEMPLE : Nec minus Heliades *lugent*, et inania morti
    Munera dant lacrymas. *Ovid.*

Tantôt il se prend *activement*, lorsqu'il est accompagné d'un régime direct. *Ex. Ibid.*: Dissimilisque sui fratrem *lugebat* ademptum.

De même le mot *yun* [46] est neutre lorsqu'on peut le rendre par *aio, ais, ait*, et qu'il signifie en français *dire, prononcer* (une parole), *prononcer* (un son), comme dans notre exemple : ils disaient (*id est :* ils prononçaient le son) *In-tou.*

D'un autre côté, le verbe *yun* [47] n'est *actif* que lorsqu'il est suivi du relatif [48] *tchi* « cela » (*illud,* à l'accusatif), ou d'un régime direct, ainsi qu'on l'a vu plus haut.

J'ajouterai que lorsqu'il est *actif*, il ne signifie jamais *nommer, appeler*, mais simplement *dire, énoncer.*

Or, 1° M. Pauthier a rendu ici le mot *yun* [49] *activement* (ils l'ont *appelé*... ils le *nomment*), quoiqu'il ne se trouve point dans l'un des deux cas exposés plus haut.

2° Il lui a donné le sens de *nommer, appeler*, sens qu'il n'a jamais en chinois.

Si l'auteur eût voulu dire ici «*l'appeler, le nommer,*» il n'aurait pas manqué d'employer les expressions consacrées, *weï-tchi* [50], *ming-tchi* [51].

L'auteur s'est gardé de le faire, parce qu'il voulait dire simplement que certains auteurs prononçaient *Chin-tou* et d'autres *Hien-teou*, mais qu'il faut prononcer *In-tou.*

M. Pauthier s'est donc trompé, 1° *sur le rôle grammatical* du verbe *yun* [51 bis] qui est ici un verbe *neutre* par sa position;

---

[44] 誰云之 [45] 云經界之別 [46] 云 [47] 云
[48] 之 [49] 云 [50] 謂之 [51] 名之 [51 bis] 云

2° *Sur la signification* du verbe *yun* [52], puisque, même lorsqu'on peut le rendre *activement*, on ne lui donne jamais le sens de *nommer, appeler*, son acception *active* se bornant à l'idée de *dire*, *énoncer* quelque chose.

Septième et huitième échecs de M. Pauthier.

§ 3.

In-tou-tchi-jin, soui-ti-tch'ing-koue. Tchou-fang-i-sou [53].

J'ai traduit : Les Indiens, suivant le pays qu'ils habitent, donnent à leur royaume un nom particulier. Chaque pays a des usages différents.

Mot à mot : *Suivant le pays*, ils appellent (leur royaume).

M. Pauthier : Les habitants de l'Inde, pour *se conformer aux conditions de leur pays*, nomment leur royaume *région humiliée*, *subjuguée*, *détruite*, terme qui exprime des coutumes différentes et *une grandeur déchue*.

M. Pauthier a passé condamnation sur sa traduction « pour *se conformer aux conditions de leur pays*. Je n'insisterai donc point sur l'interprétation erronée qu'il avait donnée aux mots *soui-ti* [54], qui signifient : *selon le pays, suivant le pays*.

Cette faute n'est rien auprès du contre-sens énorme qu'il a fait en rendant *tchou-fang* [55] (variæ regiones), par « région *détruite*, » et des erreurs nombreuses qu'il a commises en voulant traduire quelques définitions des dictionnaires chinois *Choue-wen* et *Khang-hi-tseu-tien*, pour se justifier et en tirer sans doute contre moi (ainsi qu'il le prétend page 106) *des arguments sans réplique*.

---

[52] 云 [53] 印度之人。隨地稱國。殊方異俗。[54] 隨地 [55] 殊方

§ 3. A.

Question. Est-il vrai que l'expression *tchou*[56]*-fang*, signifie ici « région *détruite* » et non *pays différents* ?
— Preuves du contraire.

Souï-ti-tch'ing-koué. Tchou-fang-i-sou [57].
(Les Indiens) suivant le pays qu'ils habitent, donnent à leur royaume un nom particulier...
Nota. Après *koue* [58], royaume, il y a un point (o) dans l'édition impériale.
Les quatre mots suivants, *tchou-fang-i-sou* [59], « chaque pays a des usages différents, » sont une réflexion de l'auteur qui découle naturellement de ce qui précède.

M. Pauthier : « Pour *se conformer aux conditions de leur pays*, ils nomment leur royaume *région humiliée, subjuguée, détruite*, terme qui exprime des coutumes différentes et *une grandeur déchue.* »

Avant d'entrer dans la discussion de ce passage, je ferai observer que le point placé dans l'édition impériale, après *koue* [60], « royaume, » termine le sens, et ne permet pas de regarder les deux mots suivants, *tchou-fang* [62] (pays différents), comme un second régime du verbe *tch'ing* [61], « appeler, » ainsi que l'a fait M. Pauthier en traduisant « ils nomment leur royaume *région humiliée*, etc. »

Je passe à l'expression *tchou-fang* [63], « pays différents » que M. Pauthier rend par « *région détruite* » Morrison, *Dict. chin.* (part. I, pag. 506, col. B, lin. 4) explique *tchou-fang* [64], par *divers states*, « états divers ; » cette expression est le pendant de *i-yu* [65], *various regions*, « différentes régions » (various regions, divers states). *Ibid.*

L'expression *tchou-fang* [66], se trouve encore dans le Recueil *Tchao-*

---

[56] 殊方 [57] 隨地稱國。殊方異俗。
[58] 國 [59] 殊方異俗 [60] 國 [61] 殊方 [62] 稱
[63] 殊方 [64] 殊方 [65] 異域 [66] 殊方

ming-wen-siouen, liv. 1, fol. 14, *v.*, où le commentaire l'explique par *i-yu* 67, « variæ regiones » les différentes régions.

M. Francis Davis, qui a résidé pendant 22 ans en Chine, et dont tout le monde connaît le profond savoir en chinois, a bien voulu approuver la traduction que j'ai faite de cette expression.

« *At pag.* 8 (me dit-il dans une lettre du 6 octobre 1841) *you have
« made a very notable emendation:* tchou-fang-i-sou 68, « quot regio-
« nes, tot usus. » Besides, it might be considered certain that no Asia-
« tic nation would ever call itself « région humiliée, subjuguée, dé-
« truite. » *C'est-à-dire,* A la page 8 (du tirage à part) vous avez fait
« une excellente correction en traduisant *tchou-fang-i-sou* 69, « quot
« regiones, tot usus. »

« D'ailleurs on peut regarder comme certain qu'il n'y a pas une na-
« tion Asiatique qui voulût jamais s'appeler elle-même « *humiliée,
« subjuguée, détruite!* »

Ainsi l'opinion éclairée de M. Francis Davis et la double autorité de Morrison et du Recueil *Tchao-ming-wen-siouen*, confirment ma traduction en même temps qu'elles condamnent celle de M. Pauthier.

Neuvième échec de M. Pauthier.

§ 3. B.

Question. Est-il vrai que le mot *tchou*[70] signifie *périr, mourir*, dans le dictionnaire *Choue-wen-kiaï-tseu*?
— Preuves du contraire.

M. Pauthier (A. pag. 111, lin. 12) : « Le caractère *tchou*[71], a presque
» toujours le sens que je lui ai donné (le sens de *être humilié, subju-
« gué, détruit!*) dans ma traduction. Le *Choue-wen* le définit par
« mourir, périr. C'est le sens qu'on lui trouve ordinairement dans les
« écrivains que cite le dictionnaire impérial de *Khang-hi.* »

Réplique. M. Pauthier n'a pas compris la définition chinoise du Dictionnaire *Choue-wen-kiaï-tseu.* On lit en effet dans ce dictionnaire,

---

[67] 異域 [68] 殊方異俗。 [69] 殊方異俗
[70] 殊 [71] 殊

liv. iv, fol. 8 *v*. (Édit. en 20 vol. publiée sous ce même titre à l'imprimerie *king-yun-leou*) : *tchou, sse-ye* 7², le mot *tchou* veut dire *mettre à mort* (et non *mourir, périr*). Ce sens actif résulte de la citation que rapporte le commentateur du dictionnaire *Choue-wen*, « Dans les décrets des *Han* 7³, le mot *tchou* 74, signifie constamment *décapiter, mettre à mort* (Voy. plus bas, § 3 C, l'exemple de *Kang-hi*, qui est le même que celui du *Choue-wen-kiaï-tseu* : « il faut *les décapiter,* » *tang-tchou-tchi* 7⁵). *Ibid.* Dans l'exécution capitale, la tête *est séparée du tronc*. De là est venu, par extension, le sens d'*être distinct*, être « *différent*. » Cela a lieu lorsque le mot *tchou* 7⁶, est placé après un ou plusieurs noms de choses et termine un membre de phrase. Exemple : § 20 : *tch'ing-wei-soui-tchou* 77, « quoique les noms *soient différents*. »

Le mot *tchou* 78 est ordinairement adjectif et a le sens de *différent* lorsqu'il précède un nom de chose, comme dans notre passage, § 3, *tchou-fang* 79, *les différents* pays. »

Il résulte de tout ce qui précède que, dans le dictionnaire *Choue-wen-kiaï-tseu*, le mot *tchou* 80 signifie *activement* (d'après l'exemple qu'on donne pour expliquer la définition) *décapiter*, et non, au neutre, *mourir, périr*. J'ajouterai que ce mot n'a jamais en chinois le sens de *être humilié, subjugué*, ainsi que l'a écrit M. Pauthier.

Dixième échec de M. Pauthier.

§ 3. C.

Question. Est-il vrai que, dans le dictionnaire impérial de *Khang-hi*, le mot *tchou* a le sens neutre de *mourir, périr*, comme le soutient M. Pauthier (A. page 111, ligne 12)?
— Preuve du contraire.

M. Pauthier n'a pas compris l'exemple que donne le dictionnaire de *Khang-hi* pour déterminer le sens de la définition du *Choue-wen* « *tchou-sse-ye* 82, *tchou*, veut dire *mettre à mort*. » C'est ce même exemple

---

⁷² 殊。死也。 ⁷³ 漢 ⁷⁴ 殊 ⁷⁵ 當殊之 ⁷⁶ 殊
⁷⁷ 稱謂雖殊。 ⁷⁸ 殊 ⁷⁹ 殊方 ⁸⁰ 殊 ⁸¹ 殊
⁸² 殊。死也。

que rapporte le commentateur du *Choue-wen* (dans l'édition *Choue-wen-kiaï-tseu*) : *Han-ling-youe* [83], un décret des *Han* dit : *Man-i-tch'ang-yeou-tsouï-tche, tang-tchou-tchi* [84], mot à mot : Les chefs des barbares du Sud et de l'Ouest qui ont commis un crime, il faut les *décapiter*.

Ce passage nous démontre que, dans l'exemple que cite *Khang-hi*, le mot *tchou* [85] signifie activement *décapiter*, *mettre à mort*, et non au neutre *mourir*, *périr*, comme le prétend M. Pauthier.

Onzième échec de M. Pauthier.

§ 3. D.

Question. Est-il vrai que le mot *thou* [86] signifie *boue*, *vase*, dans l'exemple que cite le Dictionnaire de *Khang-hi*, à l'article *tchou* [87], et où ce mot *tchou* [88] le précède ?
— Preuves du contraire.

Voici une nouvelle preuve que M. Pauthier est incapable de comprendre les définitions et les exemples des dictionnaires chinois.

« Les exemples cités dans le dictionnaire impérial, dit M. Pauthier « (A. pag. 111, lin. 18), s'appliquent à *de la boue*, à *de la vase* (*I-« king*, Section *Hi-tseu*). »

M. Pauthier fait là un contre-sens extrêmement grave. Citons le passage. « *Khang-hi* : *Yeou-pie-ye, i-ye* [89]. Le mot *tchou* [90] signifie encore « *distinct*, *différent*. » On lit dans le *I-king*, section *Hi-tseu* (liv. IV, chap. 5) : *Thien-hia-thong-kouei, eul-tchou-thou* [91], c'est-à-dire « Les hommes de l'empire marchent tous au même but, mais par des VOIES *différentes*, par des CHEMINS *différents*. » M. Pauthier traduit, à ce qu'il paraît : « mais dans une BOUE *différente !* »

---

[83] 漢令曰。 [84] 蠻夷長有罪者。當殊之。 [85] 殊 [86] 塗 [87] 殊 [88] 殊 [89] 又別也。異也 [90] 殊 [91] 天下同歸而殊塗

Version tartare mandchou : [mandchou script] *Abkai changan i ba adali bime*, DCHOU-GÔN *entchou*.

Les deux derniers mots *dchougon entchou* signifient *différent chemin* (*chemin* différent, *voies* différentes).

Si l'on consulte *Khang-hi*, au mot *thou* 92, on trouve ce mot expliqué par *liu-thou* 93, le CHEMIN *des voyageurs*; ce que Morrison traduit fidèlement (*Dict. chin.*, part. I, pag. 532, col. 2, lin. 25) par : «THE PATH *trodden by travellers,* c'est-à-dire *le chemin* foulé, fréquenté par les voyageurs. »

Il résulte clairement de ce qui précède que, dans notre passage de *Khang-hi*, le mot *thou* 93 signifie *chemin, voie,* et non *boue, vase,* comme le prétend M. Pauthier.

Douzième échec de M. Pauthier.

§ 3. E.

Question. Est-il vrai que, dans le passage du *Li-ki* (Livre des Rites) que rapporte le dictionnaire de *Khang-hi*, à l'article *tchou* 94, *on qualifie de divers, tchou* 95, *les instruments de supplice ?*

— Preuves du contraire.

Les mots « *on qualifie,* jusqu'à *supplice,* » sont de M. Pauthier (A. page III, ligne 12). Voici encore un passage qui montre que M. Pauthier n'entend rien aux définitions des dictionnaires tout chinois.

Le mot *tchou* 96 signifie, par position, tantôt *différent* (par exemple lorsqu'il précède un substantif, comme dans les passages cités § 3 A: *les différents pays*), tantôt il veut dire *distinguer*, c'est-à-dire *rendre différent*, lorsqu'il est précédé d'un sujet et suivi d'un substantif, comme dans le passage du *Li-ki* (section *Ta-tch'uen*), que cite le dictionnaire de *Khang-hi:* « Le saint, c'est-à-dire un empereur parfait, *tchou-« hoeï-hao, i-khi-hiaï*97, distingue, c'est-à-dire rend différentes les ban-

---

92 塗 93 旅塗 94 塗殊 95 殊 96 殊 97 殊徽號。異器械

« nières, et change les vases (des sacrifices) et les armes (des soldats). » Nous voyons dans *Khang-hi* (clef 60, fol. 78, ligne 8 r.) que l'expression *hoeï-hao* [98] a ici le sens de *bannières, étendards*. Le commentaire de *Tchin-hao* nous apprend, à l'occasion de ce passage (liv. vi, fol. 67 v), que sous les différentes dynasties de la haute antiquité, la couleur des étendards variait suivant la préférence accordée par chaque dynastie à telle ou telle couleur : *soui-so-chang-eul-tchou-i* [99]. Ainsi les *Chang* préféraient « le blanc, » et les *Tcheou* « le rouge. »

Dans le passage du *Li-ki*, le mot *tchou* [100] a le sens actif de *distinguer, rendre différents* (les étendards), c'est-à-dire adopter des étendards d'une couleur différente de celle que préférait la dynastie précédente. Ici le mot *tchou* [2] n'a pas le sens de l'adjectif *divers*, comme le prétend M. Pauthier.

M. Pauthier n'a donc pas compris les trois premiers mots de cet exemple du *Li-ki* (livre des Rites), ni le rôle grammatical de *tchou* [2] (rendre différents), qu'il sert à appuyer.

Treizième échec de M. Pauthier.

§ 3. F.

Question. Est-il vrai qu'il soit question d'*instruments de supplice* dans le passage du Livre des Rites, cité plus haut, et dont parle M. Pauthier (page 111)?
— Preuves du contraire.

Un sage empereur, dit le *Li-ki* (section *Ta-tch'ouen*), distingue, c'est-à-dire rend différentes les bannières, et change les ustensiles et les armes, *tchou-hoeï-hao, i-khi-hiaï* [3].

Dans ce passage, dit le commentateur *Tchin-hao*, le mot *khi* [4] signifie ici *li-yo-tchi-khi* [5], les ustensiles des rites et de la musique, c'est-à-dire les vases des cérémonies et les instruments de musique. Le mot *hiaï* [6] veut dire *kiun-liu-tchi-hiaï* [7], les armes des soldats.

---

[98] 徽號 [99] 隨所尙而殊異。 [100] 殊 [1] 殊 [2] 殊 [3] 殊徽號異器械 [4] 器 [5] 禮樂之器 [6] 械 [7] 軍旅之械

Il résulte de cette interprétation, qui est décisive, que dans ce passage du *Li-ki*, il s'agit de bannières, de vases (pour les cérémonies) et d'armes, et non d'*instruments de supplice*, ainsi que le soutient M. Pauthier.

Quatorzième échec de M. Pauthier.

§ 3. G.

M. Pauthier m'ayant menacé (page 106) de puiser dans ses dictionnaires tout chinois, pour me combattre, des arguments sans réplique, je ne suis pas fâché de montrer qu'il ne manque jamais, chaque fois qu'il les cite, de faire une ou plusieurs fautes.

Nous avons vu plus haut que, dans le passage du *Li-ki* : *tchou–hoeï-hao, i-khi-hiaï* [8], mot à mot : « L'empereur rend différentes les ban-« nières, et change les ustensiles et les armes, » M. Pauthier a fait rapporter le verbe actif *tchou* [9] (rendre différent), qu'il traduit par l'adjectif *divers*), aux deux derniers mots *khi-hiaï* [10], *les ustensiles* des rites et de la musique, et les *armes* des soldats (mots qu'il rend par *instruments de supplice!*), tandis qu'il est verbe actif, et a pour régime direct les deux mots suivans : *hoeï-hao* [11] (bannières, étendards).

Ainsi M. Pauthier n'a pas compris l'expression *hoeï-hao* [12], *étendards*, et s'est trompé en outre en rapportant le verbe *tchou* [13] (rendre différent), aux mots *khi-hiaï* [14], ustensiles et armes, qui sont le régime direct du verbe actif *i* [15], « changer, varier. »

Quinzième échec de M. Pauthier.

§ 3. H.

M. Pauthier me reproche (A. pag. 112, lin. 11) de ne point fournir de preuves du sens de *différent*, que j'ai donné au mot *tchou* [16] (*tchou-fang* [17], les différents pays). J'avais cru inutile de le faire, parce que

---

[8] 殊徽號。異器械 [9] 殊 [10] 器械
[11] 徽號 [12] 徽號 [13] 殊 [14] 器械 [15] 異
[16] 殊 [17] 殊方

cette acception, qui est la plus ordinaire, est connue de tout le monde. Je vais en citer qui ne laisseront aucun doute à personne, pas même à ceux qui sont étrangers à la langue chinoise.

Je dois faire observer que dans maintes occasions, et c'est le cas de notre passage, l'expression *tchou-fang* [18] « les différents pays » signifie « les hommes des différents pays. »

PREMIER EXEMPLE. On cite dans le Recueil *Tchao-ming-wen-siouen*, liv. I, fol. 14, r. les objets qui viennent des *différents* pays, *tchou-fang* [19]. Le commentaire explique cette expression par les mots *i-yu* [20], que Morrison (*Dict. chin.*, part. I, pag. 506) traduit par «*different regions*,» les différentes régions.

Dans le même passage, Morrison cite *tchou-fang* [21], qu'il rend par «*divers states*,» les états différents. Ces deux exemples suffiraient amplement à ma démonstration.

DEUXIÈME EXEMPLE. *Si-yu-ki*, liv. IX, fol. 19, *tchou-fang-yo-ji-tan-i* [22], les hommes des *pays différents* (c'est-à-dire des autres royaumes), voulurent entrer (dans la salle) pour discuter.

M. Pauthier traduirait : les régions *humiliées, subjuguées, détruites,* voulurent entrer !

Même ouvrage, liv. v, fol. 5 : « L'empereur des *Thsin* (de la Chine) « pacifia tout l'empire, et ses instructions se répandirent au loin. *Tchou-* « *fang—mou-hoa, tch'ing-tch'in-i* [23]. Les hommes des *pays différents* dé- « sirèrent d'embrasser ses réformes et se déclarèrent ses sujets. » M. Pauthier oserait-il traduire : « *les régions humiliées, subjuguées, détruites,* » désirèrent, etc. ? »

TROISIÈME EXEMPLE. *T'seu-sse-thsing-hoa*, liv. LXXIX, fol. 17, *Chi-tchong-feï-i, tchou-ming, tchong-pie, louï-tchou* [24] : La multitude des familles est très variée (littéralement *n'est pas une*); elles portent des noms *différents* (*tchou* [25], littéralement *elles rendent différents leurs*

---

[18] 殊方 [19] 殊方 [20] 異域 [21] 殊方 [22] 殊方欲入談議 [23] 殊方慕化稱臣矣。 [24] 民衆非一。殊名。種別類殊。 [25] 殊

noms); les races (des barbares) sont distinctes, leurs espèces *sont différentes (tchou* [26]).

M. Pauthier traduirait : *on détruit* leurs noms.... leurs espèces *sont détruites!*

J'espère que M. Pauthier ne dira plus (A. pag. 112, lin. 8) que sa traduction « région *subjuguée, humiliée, détruite*, a pour elle des *autorités nombreuses et imposantes,* tandis que M. Julien n'en donne aucune qui appuie son interprétation. »

Les lecteurs ont pu voir, par les témoignages et les discussions qui précèdent, que les *autorités nombreuses et imposantes,* qui appuient l'étrange interprétation de M. Pauthier « région *humiliée, subjuguée, détruite!* » se réduisent à *zéro!*

§ 4.

Yao-kiu-tsong-ming, iu-khi-so-meï, weï-tchi-in-tou. In-tou-tche-thang-yen-youeï [27].

J'ai traduit : « Je me contenterai de citer le nom qui est le plus général et qu'ils regardent comme le plus beau. Ils l'appellent *In-tou*, nom qui répond au mot chinois *youeï* (lune). »

Mot à mot : « De loin je citerai le nom général (de ce royaume); pour exprimer (le nom) qu'ils regardent comme beau, ils l'appellent *In-tou*. Le mot *In-tou* veut dire en chinois *lune.* »

M. Pauthier a traduit : « En général, dans leur langue, ce qui est « beau et digne de louanges, ils le nomment *In-tou*. Cette expression se « rend en langue *Thang* (ou chinoise) par *lune.* » (*Journ. Asiat.*, déc. 1839, page 446.)

Il y a ici plusieurs fautes graves que je vais signaler tout-à-l'heure, en remontant aux principes sur lesquels est fondée mon interprétation.

J'ai reproché à M. Pauthier de n'avoir pas saisi la construction de ce passage. A quoi il répond que « c'est moi, au contraire, qui ne l'ai « pas saisie, parce que, dit-il, je ne tiens pas compte du mot *iu* [28] langage

[26] 殊 [27] 遙舉總名。語其所美。謂之印度。印度者。唐言月。[28] 語

« (suivant lui), ni de la répétition de l'expression *In-tou*, de l'avant-
« dernier membre de phrase. »

Réplique. Avant d'entrer dans la discussion de ce passage, je dirai :
1° que j'ai parfaitement compris le mot *iu* [29] (qui signifie ici *exprimer*,
et non pas *langage*, comme nous le verrons tout-à-l'heure). C'est uniquement pour être plus concis que j'ai subordonné le mot *so* [30], *que*,
(le nom *que*), au verbe *kiu* [31], citer. Cette même raison m'a engagé à remplacer le second mot *In-tou*, par « nom qui ». Autrement, j'aurais dû
conserver cette répétition qui produit un mauvais effet en français :
« Ils l'appellent *In-tou* ; *In-tou* veut dire *lune* en chinois. » Du reste,
M. Pauthier qui me reproche (A. pag. 113, lin. 23) de n'avoir pas tenu
compte du second mot *In-tou* (que j'ai traduit par « nom qui », etc.),
a précisément fait la même chose que moi, puisque, pour éviter la répétition de ce second mot *In-tou*, il l'a remplacé par « cette expression »,
etc. Je reviens aux premiers mots de notre passage. On sait que *Hiouen-thsang* a rédigé sa relation en Chine après son retour de l'Inde (vers
l'an 645). Voilà pourquoi il dit *yao* [32], « de loin », *kiu* [33], « je citerai », etc.

M. Pauthier s'est gardé de nous dire ce qu'il a entendu par ces mots
yao-kiu [34], mot à mot : de loin, citer. Je vais l'apprendre au lecteur,
et c'est une curieuse découverte qui m'avait échappé à l'époque où j'ai
rédigé mon *Examen critique*.

J'avais demandé (*Examen*, § 3, 3°) comment M. Pauthier avait
trouvé le sens de *grandeur déchue* dans les deux mots *i-sou* [35], « usages
différents » (il avait traduit: terme qui exprime des *coutumes différentes et une grandeur déchue*).

M. Pauthier a gardé un silence prudent. Voici aujourd'hui le mot
de cette énigme. Dans l'édition impériale, il y a un point après l'axiome
tchou-fang-i-sou [36], « chaque pays a des usages différents. » Du reste, le
sens est assez clair pour qu'on place ainsi le point (o), et qu'on ne rattache pas les deux mots suivants *yao-kiu* [37], qui signifient ici mot à
mot *de loin-citer* (le nom général), à cette locution proverbiale. C'est ce
qu'a fait cependant M. Pauthier.

---

[29] 語 [30] 所 [31] 舉 [32] 遙 [33] 舉 [34] 遙舉 [35] 異
俗 [36] 殊方異俗 [37] 遙舉

En effet, ayant trouvé dans ses dictionnaires: 1° que *yao*[38] (qui est ici, par position, l'adverbe *loin, de loin*), était expliqué par *éloigné*; 2° que le mot *kiu*[39], citer, mentionner (Morrison, part. II, n° 6113 : *to introduce to notice*), signifiait quelquefois *extollere* (Basile, n° 8705), *élever*, et *to rise* (Morrison, *ibid.*), « s'élever », il a pris substantivement le mot *kiu*[39] dans le sens de *grandeur*, et il a cru que *yao-kiu*[40] voulait dire ici « *une grandeur qui s'est éloignée, évanouie, une grandeur déchue* »! Alors il a construit ces deux mots avec l'expression *i-sou*[41], « usages différents », dont ils sont séparés beaucoup plus par le sens que par le point (o) qu'offre l'édition impériale (terme qui exprime, dit-il, des coutumes différentes et une *grandeur déchue!*).

M. Pauthier s'est donc trompé ici : 1° sur le sens et le rôle de *yao*[42]; 2° sur le sens et le rôle grammatical du mot *kiu*[43], « citer, mentionner. »

Seizième et dix-septième échecs de M. Pauthier.

§ 4. A.

Yao-kiu-tsong-ming[27] mot à mot : de loin je citerai le nom général (de l'Inde). Ainsi *tsong-ming*[27], « nom général », est le régime direct du verbe *kiu*[43], citer, mentionner (Morrison, *Dict. chin.*, part. II, n° 6113: *to introduce to notice*).

M. Pauthier ayant joint aux deux mots *i-sou*[41], « usages différents », de la phrase précédente, l'expression *yao-kiu*[40], mot à mot : de loin-citer, qu'il rend par *grandeur déchue !*, a privé l'expression *tsong-ming*[27] (nom général), du verbe *citer*, dont elle était le régime direct. Alors il a commencé la phrase par les mots *tsong-ming*[27], « nom général », et a rendu cette expression, dont le sens est si clair, par l'adverbe *en général*, perdant ainsi de vue le mot *ming*[27], *le nom* (de l'Inde) dont s'occupe l'auteur.

M. Pauthier s'est donc trompé en rendant par l'adverbe « *en général* », l'expression *tsong-ming*[27], « *le nom général* (de l'Inde) », régime direct du verbe actif *kiu*[43], mentionner, qu'il a noyé dans la phrase citée plus haut, où il l'a travesti en substantif (*une grandeur déchue!*).

Dix-huitième échec de M. Pauthier.

---

[38] 遙 [39] 舉 [40] 遙舉 [41] 異俗 [42] 遙 [43] 舉

§ 4. B.

Question. Peut-on dire que les Indiens désignent tout ce qui est beau par le mot *In-tou*[44], en sanskrit इन्दु *indou*, lune? — Inconvénient de généraliser cette qualification.

Iu-khi-so-meï, weï-tchi-in-tou[45]. On a vu plus haut qu'il s'agit ici du *nom général* de l'Inde que l'auteur veut citer. C'est à ce nom qu'il faut rapporter le pronom relatif *so*[46] (celui-que, *quod* à l'accusatif); mot à mot « pour exprimer *celui-que* (c'est-à-dire le nom *que*), ils trouvent-beau (c'est-à-dire le plus beau), ils l'appellent (ils appellent leur royaume) *In-tou* (Inde). » L'auteur nous a expliqué par suite de quelles idées le mot *In-tou*, transcription chinoise de इन्दु *Indou*, l'un des noms de la *lune*, en sanskrit, est devenu le nom général de l'*Inde*.

M. Pauthier a traduit : « En général, dans leur langue, ce qui est « beau et digne de louanges, ils le nomment *In-tou.* » On voit que M. Pauthier a tiré une pensée générale du sens particulier de ce passage. Si donc, suivant M. Pauthier, les Indiens nomment *In-tou* (en sanskrit इन्दु *indou*, lune) *tout ce qui est beau* ou *digne d'éloges*, il s'ensuit qu'ils pourraient donner la qualification de *In-tou* (इन्दु *indou*, lune) à un *beau* cheval, un *beau* chien, un *bel* arbre, un *beau* vêtement, une *belle* action!

Tout le monde voit combien cette interprétation est fausse et ridicule.

Dix-neuvième échec de M. Pauthier.

§ 4. C.

Exemples du superlatif résultant de la position.

Khi-so-meï[47], j'ai traduit : « celui (le nom) qu'ils regardent « comme *le plus beau*, » mot à mot : celui-que — ils jugent-beau.

---

[44] 印度 [45] 語其所美。謂之印度。
[46] 所 [47] 其所美

M. Pauthier me reproche (pag. 113, lig. 8) d'avoir ajouté ici un superlatif qui n'est pas positivement exprimé en chinois.

RÉPLIQUE. L'auteur nous apprend que l'Inde a beaucoup de noms, que ces noms varient suivant les différents pays. N'est-il pas évident que l'expression « le nom qu'ils jugent-beau, » veut dire ici « le nom qu'ils trouvent beau entre tous les noms, » c'est-à-dire le plus beau de tous les noms qu'on donne à l'Inde?

En chinois, il y a un grand nombre de cas où un lecteur intelligent comprend qu'il faut rendre au superlatif, un adjectif positif, quoique l'auteur ne l'ait point fait précéder de l'adverbe *tsoui*[48], extrêmement, ou de tout autre mot analogue. C'est un usage que M. Pauthier paraît ignorer complétement. En voici des exemples. On lit dans le *Chou-king*: *jin-wan-we-tchi-ling*[49], mot à mot: l'homme (est)-des dix mille êtres-l'intelligent, c'est-à-dire l'homme est *le plus* intelligent de toutes les créatures. Cf. *Peï-wen-yun-fou*, liv. 24, fol. 39.

DEUXIÈME EXEMPLE. On lit dans les Annales des *Han*, Description du *Si-yu* : « Dans l'Inde centrale, le climat est chaud et humide ; le riz « mûrit quatre fois par an ; *ho-tchi-tch'ang-tche*[50]*-mo-to-to*, mot à « mot : des céréales-la grande (est) *Mo-to-to*, c'est-à-dire, *la plus* « *grande* des céréales (s'appelle) *Mo-to-to*.

TROISIÈME EXEMPLE. Voici un passage où *meï*[51], beau, veut dire le *plus beau* : *Peï-wen-yun-fou*, liv. 34, fol. 87 : *chan-tch'ouen-tchi-meï; kou-laï-kong-tan*[52], ce sont *les belles*, c'est-à-dire *les plus belles* des montagnes et des rivières ; depuis l'antiquité, tout le monde en parle.

QUATRIÈME EXEMPLE. Même dictionnaire, liv. 34, fol. 82 : *te-i-tche, hing-tchi-meï-tche-ye*[53], mot à mot : « La vertu et la justice sont *les belles*, c'est-à-dire *les plus belles* des actions, de toutes les actions. »

L'idée du superlatif qui se trouve implicitement dans ces deux adjectifs *meï*[54] (vulgo *beau*) existe aussi dans notre mot *meï*[55], qui est ici un verbe actif par position « (qu'ils) *trouvent-beau*, c'est-à-dire (qu'ils) *jugent le plus beau* (des noms de l'Inde).

---

[48] 最 [49] 人萬物之靈。[50] 禾之長者。
[51] 美 [52] 山川之美。古來共談。[53] 德義者。行之美者也。[54] 美 [55] 美

M. Pauthier s'est donc trompé en me reprochant *d'avoir ajouté un superlatif*. J'ai montré, par les exemples qui précèdent que, dans maintes occasions, comme dans notre passage, le superlatif existe et se reconnaît sur-le-champ sans que l'auteur ait eu besoin de *l'exprimer* d'une manière explicite.

Vingtième échec de M. Pauthier.

§ 4. D.

Question. Comment reconnaît-on le rôle du mot qui précède *khi-so* [56]?
— Erreur grave de M. Pauthier.

Je suis obligé de reprendre une partie du § 4, où M. Pauthier a commis plusieurs fautes graves. *Iu-khi-so-meï, weï-tchi-in-tou* [57].
« M. Pauthier traduit aujourd'hui (A. pag. 113) en latin: *in eorum*
« *idiomate, ii ipsi, quod pulchrum-est, vocant illud In-tou*. Il a écrit en
« français (Journ. Asiat., décembre 1839, pag. 446) : *Dans leur lan-*
« *gage,* ce qui est beau et digne de louanges, ils le nomment *In-tou*. »

Il résulte de cette double traduction, que M. Pauthier a considéré ici le mot *iu* [58], qu'il rend en latin par *in-idiomate* (eorum), et en français par *dans* leur *langage*, comme étant au *locatif*. Or si M. Pauthier avait tant soit peu lu et analysé logiquement des textes chinois, il saurait que la locution *khi-so* [59] (sur laquelle je reviendrai encore plus bas) *n'est jamais précédée que de deux sortes de mots, savoir d'une préposition* ou *d'un verbe*.

Préposition devant *khi-so* [60].

PREMIER EXEMPLE. *Meng-tseu*, liv. 2, pag. 57 (de mon édition): *kouan-youen-tch'in-i-khi-so-tchou* [61], on juge les ministres venus de

---

[56] 其所 [57] 語其所美。謂之印度。
[58] 語 [59] 其所 [60] 其所 [61] 觀遠臣以其所主。

3.

loin (c'est-à-dire d'un autre royaume) *d'après* ⁶² (les hommes) qu'ils (*khi-so* ⁶³, mot à mot *ipsi quos, id est quos ipsi*) prennent pour hôtes (*tchou* ⁶⁴, littéralement *faciunt-hospites* suos), c'est-à-dire chez qui ils vont loger.

DEUXIÈME EXEMPLE. *Meng-tseu*, liv. 2, pag. 141 : *Jin–tche–i–khi-so–ngaï–ki–khi-so–pou–ngaï* ⁶⁵, mot à mot : l'homme doué d'humanité— de (*i* ⁶⁶) ceux qu'il (*khi-so* ⁶⁷)-aime — passe à ceux qu'il n'aime pas (naturellement), c'est-à-dire : après avoir aimé ses proches parents, il songe à aimer le peuple.

TROISIÈME EXEMPLE. *Ibid.* Suite du même passage : *Pou–jin–tche, i–khi-so–pou–ngaï–ki–khi-so–ngaï* ⁶⁸, mot à mot : l'homme dénué d'humanité — de (*i* ⁶⁹) ceux-qu'il (*khi-so* ⁷⁰) n'aime pas — passe à ceux qu'il aime (qu'il devrait aimer), c'est-à-dire, suivant les commentateurs, « après avoir fait du mal au peuple qu'il n'aime pas (naturellement), il fait du mal à ses proches parents qu'il devrait aimer. »

Verbe devant *khi-so* ⁷¹.

PREMIER EXEMPLE. *Lun-iu*, liv. 1, chap. 2 : *chi-khi-so-i* (si vous) VOYEZ *ce qu'il* (*khi-so* ⁷²) fait (en cet endroit le mot *i* ⁷³ a le sens de *weï* ⁷⁴, faire. Cf. *Khang-hi*).

DEUXIÈME EXEMPLE. *Ibid.* Même passage : *kouan-khi-so-yeou* ⁷⁵, (si vous) CONSIDÉREZ *ce qu'il* (*khi-so* ⁷⁶) a pour cause, c'est-à-dire si vous considérez le principe de ses actions...

TROISIÈME EXEMPLE. *Ibid.* Même passage : *ts'aï-khi-so-ngan* ⁷⁷ (si

---

⁶² 以 ⁶³ 其所 ⁶⁴ 主 ⁶⁵ 仁者以其所愛及其所不愛。⁶⁶ 以 ⁶⁷ 其所 ⁶⁸ 不仁者以其所不愛及其所愛。⁶⁹ 其所 ⁷⁰ 其所 ⁷¹ 視其所以 ⁷² 其所 ⁷³ 以 ⁷⁴ 爲 ⁷⁵ 觀其所由。⁷⁶ 其所 ⁷⁷ 察其所安。

vous) EXAMINEZ *ce-à-quoi* il se fixe, c'est-à-dire *ce-qu'il* aime (la vertu ou le vice), comment pourrait-il cacher ses qualités ou ses défauts?

QUATRIÈME EXEMPLE. On lit dans le philosophe *Kouan-tseu*, liv. 5, fol. 12 : *Ching–jin–nan–khi–so–weï* [78], le saint TROUVE DIFFICILE *ce qu'il* (*khi-so* [79]) *fait*, c'est-à-dire qu'il n'agit qu'avec une extrême timidité.

En rendant *iu* [80] (exprimer) par *in-idiomate* et par « dans le langage, » M. Pauthier a considéré ce mot comme étant un substantif au locatif. Or, comme on ne trouve jamais de locatif devant *khi-so* [81], il en résulte clairement qu'il s'est trompé sur la fonction grammaticale de ce mot.

Le mot *iu* [82] ne pouvant jamais être pris pour une préposition, une personne exercée reconnaît qu'il est ici un verbe actif et qu'il faut nécessairement le traduire par *dire, exprimer*.

Vingt-et-unième échec de M. Pauthier.

§ 4. E.

Question. Dans la locution *khi-so* [83] (*quem, quam, quod ille, illi*), est-il permis de rapporter *khi* [84] (*ille, illi*), à un autre verbe qu'à celui qui suit et régit *so* [85] (*quem, quam, quod,* à l'accusatif)?
— Preuves du contraire.

M. Pauthier ayant rendu, en latin et en français, le mot *iu* [86], *exprimer* (le nom qu'ils trouvent-beau) par un substantif au locatif, «*in-idiomate* (eorum),» «*dans* leur *langage*», a commencé un membre de phrase par *khi* [87] (eux), de cette manière : ii-ipsi, quod pulchrum-est, vocant illud *In-tou* [88] (eux-mêmes, ce qui est beau, ils le nomment *In-tou*). En mettant ainsi *so-meï* [89] (suivant lui): « quod pulchrum-est, » entre deux virgules, M. Pauthier a évidemment considéré *khi* [90], eux, comme le sujet

[78] 聖人難其所爲。 [79] 其所 [80] 語 [81] 其
所 [82] 語 [83] 其所 [84] 其 [85] 所 [86] 語 [87] 其
[88] 其所美。謂之印度。 [89] 所美 [90] 其

du verbe actif *weï* 9¹, *appeler, nommer*, tandis qu'ici (comme cela arrive constamment dans cette locution), il est le sujet du verbe qui suit *so* 9² (*quod* à l'accus.), c'est-à-dire du verbe *meï* 9³, trouver-beau. Cette erreur vient de ce que M. Pauthier a construit *so* 9⁴ (*quod* à l'accus.) au nominatif : « *quod* (est), » et qu'il a considéré le mot *meï* 9⁵, trouver-beau, comme un verbe neutre signifiant « *être beau, pulchrum esse* » (ce-qui *est-beau*), tandis que, par sa position, il est, ainsi que je le montrerai plus bas, un verbe actif dont *so* 9⁶ (*quod* à l'accusat.) est le régime direct (le nom QUE-ils (qu'ils) trouvent-beau).

Nous allons voir, par des passages authentiques, déjà cités, que dans les mots *khi-so* 97, le premier *khi* 98, « il, elle, eux, » est toujours le sujet du verbe qui suit *so* 99, et dont *so* 100 est le régime direct.

PREMIER EXEMPLE. *Lun-iu*, liv. 1, chap. 2 : *chi-khi-so i*¹, (si) vous voyez-ce que-IL fait (ce qu'il fait). *Khi*², lui est le sujet du verbe actif *i*³, faire (sur ce sens de *i*⁴, voy. *Khang-hi*.)

DEUXIÈME EXEMPLE. *Kouan-tseu*, liv. 5, fol. 12, *ching-jin-nan-khi-so-weï*, le saint-trouve difficile-ce que-IL fait (ce qu'il fait).

*Khi*⁵, *lui, il*, est le sujet du verbe *weï*⁶, faire.

Il résulte de ces exemples, et de ceux du § 4 F, que dans les mots *khi-so* 7, *khi* 8, « lui, il, eux, ils, » est toujours le sujet du verbe qui suit *so* 9. M. Pauthier s'est donc trompé ici en le construisant uniquement avec un verbe subséquent (le verbe *weï* 10, ils appellent, ils nomment).

Le mot *khi* 11, est aussi le sujet du verbe *weï* 12 appeler, mais ce verbe ne vient qu'en second lieu : « pour exprimer le nom qu'ils trouvent-beau, ils *l'appellent* (ils appellent leur royaume) *In-tou*, l'Inde. » M. Pauthier s'est trompé, ainsi que je l'ai dit plus haut, en ne construisant pas le mot *khi* 13, eux, avec le verbe qui suit *so* 14 (*quod* à l'accusat.), et dont *so* 15, est le régime direct.

9¹ 謂 9² 所 9³ 美 9⁴ 所 9⁵ 美 9⁶ 所 9⁷ 其所
9⁸ 其 9⁹ 所 ¹⁰⁰ 所 ¹ 視其所以 ² 其 ³ 以
⁴ 聖人難其所爲。⁵ 其 ⁶ 爲 ⁷ 其所
⁸ 其 ⁹ 所 ¹⁰ 謂 ¹¹ 其 ¹² 謂 ¹³ 其 ¹⁴ 所 ¹⁵ 所

2º Il s'est encore trompé en faisant un verbe neutre du mot *meï* (suivant lui : *pulchrum-esse*, être-beau), tandis que c'est évidemment le verbe actif *estimer-beau, juger-beau*.

Vingt-deuxième échec de M. Pauthier.

§ 4. F.

Question. Peut-on traduire *so*[16] (que) au nominatif?
— Preuves du contraire.

Règle générale. Toutes les fois que *so* [17] ne signifie pas *lieu, locus*, il est constamment suivi d'un verbe, ordinairement actif, dont il est le régime direct, et il doit se traduire suivant la nature du sujet par *quem, quam, quod, illud-quod* (à l'accus.).

PREMIER EXEMPLE. *Meng-tseu*, liv. 2, pag. 52; *thien-tchi-so-feï* [18], (le prince) QUE le ciel renverse.

DEUXIÈME EXEMPLE. *Meng-tseu*, liv. 2, pag. 64: *keng-tche-tchi-so-hou* [19], (Voici) CE-QUE les laboureurs obtenaient, recevaient (un homme recevait 100 arpents).

TROISIÈME EXEMPLE. *Meng-tseu*, liv. 2, pag. 75 : *kiun-tseu-so-li* [20], (c'est la voie) QUE foule, QUE suit le sage.

QUATRIÈME EXEMPLE. Même passage: *siao-jin-so-kien* [21], (c'est la voie) QUE l'homme vulgaire regarde (sans la suivre).

Il résulte clairement de ces quatre exemples que *so* [22] (que) est ici le régime direct des verbes *renverser, recevoir, fouler, voir*; et que, par conséquent, dans tous les cas analogues, on ne peut construire *so* [23], au nominatif, comme l'a fait M. Pauthier en traduisant : « *quod* (est) *ce qui* (est), » tandis que *so* [24] (quod) doit être considéré ici comme étant gouverné à l'accusatif par le verbe *meï* [25], à qui sa position donne le rôle d'un verbe actif (nomen QUOD pulchrum-judicant).

Vingt-troisième échec de M. Pauthier.

---

[16] 所 [17] 所 [18] 天之所廢 [19] 耕者之所獲 [20] 君子所履 [21] 小人所見 [22] 所 [23] 所 [24] 所 [25] 美

§ 4. G.

Question. Peut-on traduire le verbe qui suit *so* [26] par un verbe français ou latin qui ne serait pas susceptible d'avoir *so* [27] (que) pour régime direct ?
— Preuves du contraire.

Nous avons vu, dans les exemples qui précèdent, que tous les verbes qui suivent *so* [28] étaient actifs, et que *so* [29] était leur régime direct : « le prince qu'il *renverse*, ce qu'il *reçoit*, la voie qu'il *suit*, qu'il *regarde* ; quelquefois ce verbe est neutre, et *so* [30] en est également le régime : *Lun-yu*, liv. I, chap. 2 : *ts'aï-khi-so-ngan* [31], si vous examinez ce-à-quoi *il se plaît* (Commentaire : *so-lo* [32], id quo *lætatur*).

Il n'est donc pas permis de traduire ici le verbe qui suit *so* [33] par un verbe français ou latin, qui ne serait pas susceptible d'avoir *so* [34] (QUE, *quod* à l'accus.) pour régime. C'est cependant ce qu'a fait M. Pauthier en considérant le mot *meï* [35], trouver-beau (le nom qu'ils *trouvent-beau*) comme un verbe neutre signifiant « *être-beau* » (quod *pulchrum-est*, ce qui *est-beau*), lequel verbe neutre ne peut avoir pour régime le mot *so* [36], pronom relatif (quod, à l'accusatif).

Vingt-quatrième échec de M. Pauthier.

§ 4. H.

Sens ordinaire des mots *khi-so* [37]. — Sens rare de *khi-so* [38].

Le mot *so* [39] signifie tantôt *lieu, locus*, tantôt QUE, CE QUE, régime d'un verbe actif, *ce dont, ce-à-quoi, ce-en-quoi*, régime d'un verbe neutre (suivant la signification de ce verbe) ; la première acception

---

[26] 所 [27] 所 [28] 所 [29] 所 [30] 所 [31] 察其所安。
[32] 所樂 [33] 所 [34] 所 [35] 美 [36] 所 [37] 其所
[38] 其所 [39] 所

(ce que) est la plus fréquente. D'où il suit que les mots *khi-so* 40 changent de sens selon que *so* 41 a l'une ou l'autre de ces deux significations (*lieu*, ou QUE, régime).

Ainsi que nous l'avons vu plus haut, *khi-so* 42 signifie ordinairement *quem, quam, quod, ille, illa, illi*, et le mot qui suit (si ce n'est pas une particule conjonctive comme *eul* 43, finale comme *i* 44, admirative comme *tsaï* 45), est un verbe actif ou neutre, dont *so* 46 est le régime direct : Basile : *jin-so-ngaï* 47, « CE QUE les hommes aiment. »

2° Lorsque *khi-so* 48 est suivi d'un mot qui ne peut être verbe, *par exemple* d'une des particules citées plus haut, il veut dire « son *lieu*, sa *place*, » et il est régi par un verbe *qui le précède*, tandis que, dans les cas cités plus haut, il est régi par un verbe *qui le suit*.

PREMIER EXEMPLE. *Meng-tseu*, liv. 2, pag. 43 : *Tseu-tchan* dit en parlant de poissons qu'il croit avoir été mis dans un vivier : *Te-khi-so-tsaï !* 49 *tenent suum locum*, c'est-à-dire, ils sont dans leur élément. En mandchou : « ba be bakha kaï ᠪᠠ ᠪᡝ ᠪᠠᡴᠠ ᡴᠠᡳ.

DEUXIÈME EXEMPLE. *Lun-iu*, liv. 1, chap. 2 : *Jou-pe-chin, kiu-khi-so-eul-tchong-sing-kong-tchi* 50 : (Le prince) ressemble aux étoiles du pôle boréal ; elles restent à leur place (c'est-à-dire suivant les commentaires : *elles sont immobiles, pou-tong* 51), et la multitude des autres étoiles se tourne vers elles.

Quelquefois, et ce cas est excessivement rare, *so*, de *khi-so* 52, équivaut à « moyens-de-vivre. » On lit dans le philosophe *Kouan-tseu*, fol. 1, liv. 1 : Quand le prince observe les rites, — des six parents (le père, la mère, le frère aîné, le frère cadet, l'épouse et le fils), *ko-te-khi-so* 53, commentaire, *ko-souï-khi-sing* 54, mot à mot : chacun

---

40 其所 41 所 42 其所 43 而 44 矣 45 哉
46 所 47 人所愛 48 其所 49 得其所哉。
50 如北辰。居其所而眾星共之
51 不動 52 其所 53 各得其所。54 各遂
其生。

obtient-son-vivre, c'est-à-dire, chacun (d'eux) obtient des moyens de subsister. La locution *tc-khi-so* [53] a encore d'autres acceptions que le contexte seul peut indiquer.

§ 5.

Youeï-yeou-to-ming ; sse-khi-i-tching [55]: La lune a beaucoup de noms ; celui-ci (le nom de *In-tou*, en sanskrit इन्दु *indou*) en est un.

M. Pauthier avait traduit. « La lune a beaucoup de noms, *mais ces noms sont compris sous cette dénomination* (!) » M. Pauthier n'a pas osé chercher à se justifier, et s'est vu réduit à adopter le même sens que moi. Je rectifie ainsi, dit-il (A. pag. 113), ma traduction du second paragraphe: « La lune a beaucoup de noms ; celui-ci (*In-tou*) *est une de ses dénominations*.

Comme M. Pauthier a reconnu lui-même cette faute, je m'abstiendrai de la lui compter.

§ 5. A.

Question. Est-il vrai que le mot *tch'ing* [56] ne se prend jamais dans le sens de *ming* [57], nom? — Preuves du contraire.

M. Pauthier (A. pag. 114) : « *tch'ing* [58], n'est point du tout syno-
« nyme de *ming* [59], nom, comme le fait M. Julien. »

Réplique. *Hiouen-thsang* se charge de répondre lui-même à M. Pauthier. « La lune, dit-il, a beaucoup de *noms, ming* [60]. » Puis, par élégance et pour ne point répéter le mot *ming* [61], *nom*, en disant « celui-ci (celui de *In-tou* [62]) est un de ces (ou bien de ses) noms » *sse-khi-i-ming* [63], il emploie ici le mot *tch'ing* [64], pour exprimer la même idée.

Dans le § 1, j'ai traduit le mot *tch'ing* [65] par *nom* (les *noms* de

---

[55] 月有多名。斯其一稱。 [56] 稱 [57] 名
[58] 稱 [59] 名 [60] 名 [61] 名 [62] 印度 [63] 斯其一
名 [64] 稱 [65] 稱

l'Inde). M. Pauthier qui avait rendu *tch'ing* ⁶⁶, par *terme*, mot tout-à-fait insignifiant, avait accepté ma traduction. Ici il la blâme dans un cas tout-à-fait semblable, car le mot *tch'ing* ⁶⁷, doit nécessairement avoir le même sens dans les mots « *noms* de l'Inde, » et « *nom* de la lune. »

Je vais rapporter d'autres preuves du sens de *nom*, donné à *tch'ing* ⁶⁸, quoique cette démonstration soit parfaitement inutile aux personnes qui savent le chinois.

PREMIER EXEMPLE. Morrison, *Dict. chin.* Part. II. n° 1105, donne à *tch'ing* ⁶⁹, le sens de *name* (nom).

DEUXIÈME EXEMPLE. Gonçalvez, *Dict. port.-chin.*, pag. 562, traduit l'expression « *nom* d'enfance » par *yeou-tch'ing* ⁷⁰; il le donne comme synonyme de *jeou-ming* ⁷¹, mot à mot *nom* de lait, c'est-à-dire, nom qu'on donne à un enfant lorsqu'il est en nourrice.

TROISIÈME EXEMPLE. Gonçalvez, *Dict. chin.-port.*, pag. 623, rend *tch'ing* ⁷² par *nom*, dans la locution « publicar o seu *nome*, » publier son nom, c'est-à-dire, le *nom* de quelqu'un.

QUATRIÈME EXEMPLE. Le philosophe *Kouan-tseu* (*Peï-wen-yun-fou*, liv. 25, fol. 120) emploie les mots *i-tch'ing* ⁷³ (un seul et même *nom*), comme synonyme de *thong-ming* ⁷⁴ (*Ibid.*), « nom semblable, » dans un passage où il dit que si, dans tout l'empire, les mêmes mesures (de longueur et de capacité) portaient les mêmes *noms*, il n'y aurait plus de fraude possible.

M. Pauthier s'est donc trompé en prétendant que le mot *tch'ing* ⁷⁵, ne se peut prendre dans le sens de *nom*.

Vingt-cinquième échec de M. Pauthier.

§ 3 ET 4.

M. Pauthier revient (pag. 114) sur les §§ 3 et 4 déjà expliqués complétement, et où j'ai montré que M. Pauthier a fait un bon nombre de fautes.

J'avais traduit : « Les Indiens, suivant le pays qu'ils habitent, don-

---

⁶⁶ 稱 ⁶⁷ 稱 ⁶⁸ 稱 ⁶⁹ 稱 ⁷⁰ 幼稱 ⁷¹ 乳名
⁷² 稱 ⁷³ 一稱 ⁷⁴ 同名 ⁷⁵ 稱

« nent à leur royaume un nom particulier. *Chaque pays a des usages
« différents.* »

« Je me contenterai de citer celui qui (le nom qui) est le plus gé-
« néral et qu'ils regardent comme le plus beau. Ils l'appellent (ils ap-
« pellent leur royaume) *In-tou*, nom qui répond au mot chinois *youeï*
« (lune). »

M. Pauthier me reproche à cette occasion *de ne pas écrire en français*. La syntaxe française, dit-il, veut *les usages*, c'est-à-dire, suivant lui, veut que le mot *usages*, soit le *régime* du verbe *citer*.

N'est-il pas évident, au contraire, pour toute personne qui connait la syntaxe française, que l'axiome : *chaque pays a des usages différents*, forme une sorte de parenthèse, ayant un sens complet et indépendant de la phrase suivante : « Je me contenterai de *citer*, etc. »

Les mots « ils l'appellent *In-tou*, » correspondent aux mots de la phrase précédente : « ils donnent à leur royaume un nom particulier. » Le second membre de phrase était trop rapproché du premier pour que je traduisisse le relatif *tchi* [76], *l'* (de ils *l'*appellent), par le substantif *royaume*, déjà exprimé un peu plus haut.

M. Pauthier a cru être spirituel et plaisant en écrivant dans sa réponse : ils l'appellent (quoi ? le pays ? les usages ?) *In-tou*.

J'aurais beau jeu si je voulais plaisanter M. Pauthier sur son style, ses constructions et les sens inqualifiables qu'il donne aux mots les plus faciles. Est-ce moi qui ai écrit dans sa traduction : *les ténèbres du jour* (§ 7) ? — « des montagnes qui cachent dans leur sein *des collines transversales* » (§ 7) ? « des vêtements de *la forme de la rosée* (§ 31)', au lieu de *nudare corpus* » — Gonçalvez, *Dict. Port. chin.*, page 904 : *descobrir se nu*)? etc., etc., etc.

Les fautes que M. Pauthier a commises dans les §§ 3 et 4 n'ont pas besoin d'être rappelées ici; je les ai exposées amplement dans les §§ 3 A jusqu'à 3 J, et § 4 A jusqu'à 4 H.

---

[76] 之

§ 6.

Question. Est-il vrai que le mot *hoeï* [77] (revenir) signifie ici *tourner circulairement?*
— Preuves du contraire.

Sens littéral de *lun-hoeï* [78] (*vulgò* métempsychose, ici par position : être soumis à la métempsychose, *transmigrer* dans d'autres corps, par la métempsychose).

Yen-tchou-kiun-sing-lun-hoeï-pou-si [79] : Ils disent que tous les êtres reviennent sur eux-mêmes comme une roue sans jamais se reposer (ou s'arrêter), c'est-à-dire *meurent et renaissent sans interruption*. (Voyez plus bas l'exemple tiré de l'ouvrage *Ching-king-loui-tsouan*).

M. Pauthier avait traduit : « ils disent que tous les êtres vivants tour-
« nent sans fin dans un cercle d'existences successives. »

Je n'avais pas reproché à M. Pauthier d'avoir fait un contre-sens, mais j'avais exprimé le regret qu'il n'eût pas conservé la métaphore qu'emploie l'auteur (reviennent sur eux-mêmes comme une roue) et qui est la seule usitée en chinois pour rendre cette idée.

M. Pauthier répond que *lun-hoeï* [80] signifie « *tourner circulairement comme une roue.* »

M. Pauthier se trompe : *lun* [81] veut dire *une roue*, ici par position « comme une roue, » et *hoeï* [82] signifie *revenir*, ici *revenir sur soi-même* »

En voici un excellent exemple tiré du dictionnaire *P'ing-tseu-loui-pien*, liv. 156, fol. 12, verso : *Tch'in-cha-ji-youeï-lun-hoeï-pe-i* [83], « les « jours et les mois, aussi nombreux que les grains de poussière et de « sable, *reviennent sur eux-mêmes comme une roue* (*lun-hoeï* [84]), dix « millions de fois. »

---

[77] 回 [78] 輪回 [79] 言諸群生輪回不息。 [80] 輪回 [81] 輪 [82] 回 [83] 塵沙日月輪回百億 [84] 輪回

Autre exemple. Ching-king-louï tsouan, liv. 11, 3ᵉ traité, fol. 1 : « *Youen-chi* répandit au loin une lumière resplendissante qui éclaira « tous les mondes. Il vit la multitude des mortels exposée à la révolution « des siècles, éprouvant des amertumes et des douleurs sans fin, quit- « tant et regagnant sans cesse ce monde corrompu, et repassant *tour à* « *tour de la vie à la mort, comme une roue qui revient toujours sur* « *elle-même* (mot à mot : *lun-hoeï sing-sse* [85], « rotæ-instar redeundo, « nascentes et morientes. »

Il résulte de ces passages, qu'ici *hoeï* [86] signifie au fig. *revenir sur soi-même*, et non « *tourner circulairement*, » ainsi que le prétend M. Pauthier.

C'est dans *lun* [87], *roue*, qu'est renfermée l'idée de *mouvement circulaire*, et non dans *hoeï* [88], *revenir*.

Vingt-sixième échec de M. Pauthier.

M. Pauthier ajoute, page 114, que « c'est mal entendre l'esprit du « texte que de le traduire comme moi *à la lettre*. »

« La traduction de M. Julien, dit-il plus loin, est aussi contraire à « l'esprit du dogme indien de la métempsychose qu'au texte chinois. « Comment les êtres *reviendraient-ils sur eux-mêmes comme une roue ?* « La roue ne subit pas de *transformations*, et les êtres en subissent. »

Réplique. 1° Comment M. Pauthier peut-il dire que ma traduction *est contraire au texte chinois*, puisqu'elle le rend *à la lettre*, ainsi qu'il en convient lui-même ?

2° Comment serait-elle contraire *au dogme indien de la métempsychose*, puisque les Chinois n'emploient pas d'autre métaphore pour exprimer l'idée de la métempsychose ? (On en a vu plus haut un exemple remarquable, tiré du *Ching-king-louï-tsouan : Lun-hoeï-sing-sse* [89], « rotæ-instar redeundo, nasci et mori. »

Si la locution figurée, *lun-hoeï* [90], « revenir sur soi-même comme une roue, » était contraire au dogme indien, les Chinois, dont la langue est si riche, n'auraient pas manqué d'en choisir une autre.

Si, par impossible, il était vrai que cette métaphore fût *contraire*

---

[85] 輪回生死 [86] 回 [87] 輪 [88] 回 [89] 輪回生死 [90] 輪回

au *dogme indien*, il faudrait s'en prendre aux Chinois et non à moi, qui me suis fait un devoir ici, comme partout ailleurs, de rendre fidèlement la tournure et l'idée chinoise, sans songer à substituer, comme on le fait trop souvent, une figure dans le goût européen, à une métaphore purement chinoise.

3° M. Pauthier demande « *comment les êtres reviendraient-ils sur eux-mêmes comme une roue?* » Il ne voit pas apparemment qu'il y a ici une métaphore. Autant vaudrait demander « *Comment les jours et les mois peuvent-ils revenir sur eux-mêmes comme une roue?* (voir l'exemple cité plus haut); *Comment* (suivant M. Pauthier) *tous les êtres peuvent-ils tourner dans un cercle d'existences successives?* » M. Pauthier répondrait sans doute comme moi (et par là il se réfuterait lui-même); il dirait: les mots « cercle d'existences successives » sont *une expression métaphorique*.

4° M. Pauthier nous apprend un fait curieux, savoir « que *la roue ne subit pas de transformations.* » D'abord je n'ai émis nulle part cette étrange idée que « *la roue subit des transformations.* » D'un autre côté, M. Pauthier pense-t-il donc que son « *cercle d'existences successives* » subisse des transformations? Son raisonnement nous autoriserait à lui attribuer cette bizarre opinion.

M. Pauthier s'est donc trompé, 1° en prétendant que ma traduction de *lun-hoeï* [91] (rotæ-instar redire, *i. e.* vicissim nasci et mori) est contraire au *texte chinois* et au dogme indien; 2° faute de savoir que l'expression « revenir sur soi-même comme une roue » est une métaphore très usitée en chinois, pour exprimer l'idée de *passer sans interruption dans d'autres corps par la métempsychose*, ainsi que le prouvent le texte même de *Hiouen-thsang*, et l'exemple précité du Recueil *Ching-king-louï-tsouan*.

Vingt-septième échec de M. Pauthier.

§ 7.

Sens et construction de *wou-ming* [91], obscur.

Wou-ming-tch'ang-ye [92]: Dans une longue nuit obscure.

Cette expression, « longue nuit obscure » se retrouve dans le même

---

[91] 輪回 [91] 無明 [92] 無明長夜。

auteur, liv. vi, fol. 18 v. lin. 10. On la traduit en mandchou par ᠩᡝᠩᡤᡳᠶᡝᠨ ᠠᡴᡡ ᡤᠣᠯᠮᡳᠨ ᡩᠣᠪᠣᡵᡳ *genggiyen akô golmin, dobori.* Cf. *Fan-i-louï-pien,* liv. 1, fol. 13.

M. Pauthier avait traduit les deux mots *wou-ming* [93], « obscur, » par : *ceux qui sont privés des lumières de l'intelligence !*

Aujourd'hui M. Pauthier, n'osant défendre une pareille traduction rend (A., pag. 115) l'expression *wou-ming* [94], « obscur, » par « sans (sa) clarté, » c'est-à-dire, « *sans la clarté* de la lune, » interprétation que j'examinerai tout-à-l'heure.

Ainsi, M. Pauthier a reconnu positivement qu'il s'était trompé en écrivant : « *ceux qui sont privés des lumières de l'intelligence,* » puisqu'aujourd'hui il a cru devoir corriger sa traduction.

Vingt-huitième échec de M. Pauthier.

§ 7. A.

M. Pauthier s'est encore trompé dans le second cas (A. pag. 115) où, pour rectifier sa première version de *wou-ming* [95], « ceux qui sont privés des lumières de l'intelligence, » il a rendu cette expression de *wou-ming* [96] « obscur, » qui se rapporte à la nuit (longue nuit obscure), par les mots « sans (sa) *clarté,* » c'est-à-dire, *sans la clarté de la lune !*

Vingt-neuvième échec de M. Pauthier.

§ 7. B.

Wou-ming [97], obscur, est toujours un adjectif qualificatif ; on ne peut l'employer adverbialement dans le sens absolu de « sans lumière, sans clarté. »

Je ferai observer que l'expression *wou-ming* [98], ne signifie jamais adverbialement et d'une manière absolue « *sine lumine,* sans clarté. »

---

[93] 無明 [94] 無明 [95] 無明 [96] 無明 [97] 無明 [98] 無明

Elle est toujours prise adjectivement dans le sens de *obscur* (mot à mot: dépourvu de lumière) si elle qualifie une chose, comme ici, dans « nuit *obscure*, » ou de « *orbus luminibus*, privé de la vue, aveugle, » si elle qualifie une personne. On lit dans les poésies intitulées *Thsou-thse : Li-leou* (homme célèbre par sa vue perçante) regardait obliquement et les yeux presque fermés, *i-wei-wou-ming* 99, on l'eût cru *privé de la vue, aveugle.* Cf. Dictionn. *Peï-wen-yun-fou*, liv. 23 A, fol. 69 r.

Il résulte de ce qui précède, que l'expression *wou-ming* 100 s'emploie toujours comme un adjectif qualificatif, se rapportant à un substantif suivant (comme dans notre phrase), ou déjà exprimé (comme dans l'exemple de *Li-leou*), et non dans un *sens adverbial* et *absolu*, comme le veut M. Pauthier.

Trentième échec de M. Pauthier.

§ 7. C.

Wou-ming-tch'ang-ye 1 (longue nuit *obscure*).

J'ai expliqué plus haut l'expression *wou-ming* 2 « obscur, » et j'ai montré que M. Pauthier ne l'avait comprise ni la première, ni la seconde fois. Je passe à *tch'ang-ye* 3, « longue nuit. »

M. Pauthier avait traduit ces deux mots par « (ils) *subissent* un LONG CRÉPUSCULE ! »

M. Pauthier, cette fois encore, n'a pas osé soutenir cette singulière version, et aujourd'hui (A. page 115) il se voit réduit à adopter mon interprétation et à traduire *tch'ang-ye* 4 par « longue nuit. »

Trente-et-unième échec de M. Pauthier.

§ 7. D.

Question. Le mot chinois *ye* 5 (la nuit) peut-il se prendre pour le *crépuscule ?* — Non.

Dans le même endroit (A. page 115, ligne 21), M. Pauthier, pour

⁹⁹ 以爲無明 ¹⁰⁰ 無明 ¹ 無明長夜
² 無明 ³ 長夜 ⁴ 長夜 ⁵ 夜

tâcher de pallier sa version critiquée plus haut, présente l'expression de « *long crépuscule* » comme synonyme de « *longue nuit.* » Il écrit en effet : *tch'ang-ye* [6] signifie à la lettre « *long crépuscule, longue nuit.* »

Cette expression signifie uniquement *longue nuit,* et c'est ainsi que j'avais traduit ; mais où M. Pauthier a-t-il vu que *tch'ang-ye* [7], longue nuit, a aussi le sens de *long crépuscule* ? « Quand le soleil est couché, dit le dictionnaire de *Khang-hi*, il fait nuit ; la nuit est l'opposé du jour : *Ji-ji-wei-ye, iu-cheou-touï* [8]. M. Pauthier, oserait-il, dans cette définition, remplacer le mot *nuit* par le mot *crépuscule* ? Le même dictionnaire nous apprend que *la cavité d'un tombeau* s'appelle (au fig.) *tch'ang-ye-chi* [9], mot à mot « la maison de la *longue nuit.* » M. Pauthier traduirait probablement « la maison du *long crépuscule !* »

Il résulte évidemment de ce qui précède que le mot chinois *ye* [10], *la nuit*, ne peut se prendre pour *le crépuscule*.

Trente-deuxième échec de M. Pauthier.

§ 7. E.

Question. L'expression *sse-chin* [11] désigne-t-elle la lune ?
Signifie-t-elle mot à mot *directrice lumière ?*
— Preuves du contraire.
Véritable sens de l'expression *sse-chin* [11] dans ce passage.

Mo-yeou-sse-chin [12] : (Dans une longue nuit obscure), où personne n'annonce les heures.

Suivant le dictionnaire Mandchou-chinois, intitulé : *Thsing-wen-pou-louï*, supplément de celui qu'a traduit Amyot, on trouve, liv. 1, fol. 25, que l'expression chinoise, *sse-chin* [13], veut dire *erin-touvara khafan*, ⟨mandchou⟩, magistrat qui observe (et annonce) le temps, c'est-à-dire les heures.

---

[6] 長夜 [7] 長夜 [8] 日入爲夜。與晝對 [9] 長夜室 [10] 夜 [11] 司晨 [12] 莫有司晨 [13] 司晨

Précédemment, j'avais été induit par plusieurs exemples des dictionnaires *Tseu-sse-thsing-hoa* (liv. 3, fol. 1 r.), *Peï-wen-yun-fou* (liv. 2, fol. 27), et *Fen-louï-tseu-kin* (liv. 56, fol. 39) à rendre *sse-chin* [14] par « le coq, littéralement : l'oiseau qui préside au matin, » et cette traduction semblait confirmée par cet autre nom élégant du coq : *Tcho-ye* [15] (dans *Fen-louï-tseu-kin*, liv. 56, fol. 39) : « l'oiseau qui sert de flambeau pendant la nuit, » littéral. : « celui qui *éclaire la nuit*. »

Mais le sens nouveau que j'ai donné plus haut, et qui n'a rien de commun avec la traduction de M. Pauthier, me paraît aujourd'hui le seul admissible.

M. Pauthier avait traduit les quatre mots *mo-yeou-sse-chin* [16] (mot à mot : « (*lorsque*) il n'y a pas, suivant le dictionnaire *Thsing-wen-pou-louï*, celui qui observe le temps, c'est-à-dire, qui annonce les heures, » par : *ceux qui n'ont pas pour les guider la* LUMIÈRE DIRECTRICE *de l'astre qui brille dans le ciel!*

Il y a ici vingt-quatre mots français pour rendre quatre mots chinois. Quand même M. Pauthier aurait compris le texte chinois, serait-ce traduire que de délayer et de paraphraser de la sorte quatre caractères chinois?

Aujourd'hui (A. page 115), M. Pauthier abandonne cette belle amplification (et c'est grand dommage); il se contente de soutenir, sans apporter aucune preuve, que l'expression *sse-chin* [17] (magistrat qui annonce les heures) signifie (*sa*) *directrice lumière*, c'est-à-dire la lumière directrice de la lune !

Trente-troisième échec de M. Pauthier.

§ 7. F.

Question. Quelle est la signification du mot *sse* [18]? Peut-il avoir le sens absolu du mot *directeur, directrice*, appliqué à un nom de choses?
— Preuves du contraire.

Les Chinois emploient le mot *sse* [20] tantôt dans un sens verbal, en

[14] 司晨 [15] 燭夜 [16] 莫有司晨 [17] 司晨 [18] 司 [19] 司晨 [20] 司

le faisant suivre d'un régime, comme ici, « celui *qui préside* au temps, aux heures; » tantôt substantivement, comme dans *pe-sse* [21], tous les magistrats (*Peï-wen-yun-fou*, liv. 107, fol. 1 r.); il est alors synonyme de *kouan* [22], dans la locution *pe-kouan* [23], « tous les magistrats. » Quelquefois il se prend dans le sens de « direction, contrôle; » ainsi l'on dit *yeou-sse* [24], mot à mot : « ceux qui ont la direction, le contrôle de, » c'est-à-dire ceux qui sont préposés à, en mandchou *afakha ourse*, ᠠᠠᠠᠠᠠᠠᠠ ᠠᠠᠠᠠᠠ. Traduction mandchoue du *Lun-yu*, chap. 8, § 4. (Cf. *Meng-tseu*, liv. 1, page 41, et Morrison, *Dictionn. chin.* Part. 1, clef 30, page 354).

Le mot *sse* [25] n'est jamais employé comme *adjectif* d'un nom de chose.

M. Pauthier s'est donc trompé en considérant ce mot comme l'attribut du mot *lumière* (« directrice lumière ! »)

Trente-quatrième échec de M. Pauthier.

§ 7. G.

Question. Le mot *chin* [26] peut-il se traduire par *lumière?*
— Preuve du contraire.

M. Pauthier, ainsi que nous l'avons vu plus haut, explique (A. page 115) par *lumière*, le mot *chin* [27], le temps, en mandchou *erin*, ᠠᠠᠠᠠ, c'est-à-dire ici les heures; *sse-chin* [28]; le magistrat qui observe, qui annonce le temps, c'est-à-dire les heures *de la nuit*.

Voici l'origine de l'erreur de M. Pauthier. Dans le dictionnaire de *Khang-hi*, on lit au mot *chin* [29] (vulgo *matin*) que ce caractère signifie encore *ming* [30] (vulgo *lumière*), d'après le dictionnaire *Iu-pien*, et, pour prouver ce sens, on cite ce passage du Rituel des *Tcheou: Iu-chin-hing-tche* [31]. Dans cet endroit, tous les commentateurs expliquent

---

[21] 百司 [22] 官 [23] 百官 [24] 有司 [25] 司 [26] 晨
[27] 晨 [28] 司晨 [29] 晨 [30] 明 [31] 禜晨行者

chin ³² par *ye* ³³, et *siao* ³⁴, « la nuit. » Le magistrat appelé *Sse-ou-chi* — *kin-siao-hing*, *ye-yeou-tche* ³⁵, empêche qu'on ne marche et qu'on ne se promène la nuit.

Il faut donc lire *ye* ³⁶, la nuit, au lieu de *ming* ³⁷, lumière, dans cet endroit du dictionnaire de *Khang-hi*.

M. Pauthier aurait évité la faute que je signale ici, s'il fût remonté au texte même du *Tcheou-li* (voyez l'Édition Impériale de ce Rituel, *Kin-ting-tcheou-kouan*, liv. 34, fol. 17 *v*. lin. 2); il faut ajouter, et s'il eût été en état de comprendre l'explication des commentateurs chinois.

Trente-cinquième échec de M. Pauthier.

§ 7. H.

Question. Est-il vrai que *pe-ji* ³⁸ signifie *soleil pâlissant?* — Preuves du contraire.

Khi-yeou-pe-ji-ki-in ³⁹ : « Ils (les hommes) se trouvent comme lorsque l'éclat du soleil a disparu, » mot à mot : lorsque le soleil brillant est caché.

M. Pauthier a traduit : « Ils ressemblent à ceux qui sont plongés dans les ténèbres d'un JOUR brillant qui s'est obscurci. »

On dit bien en français : « les *ténèbres de la nuit;* » mais que signifient les mots « *ténèbres du jour ?* »

Aujourd'hui, M. Pauthier, n'osant justifier ses « *ténèbres du jour*, » soutient que l'expression *pe-ji* ⁴⁰ signifie le *soleil pâlissant*.

Je vais démontrer, par plusieurs exemples, que *pe-ji* ⁴¹ veut dire *soleil brillant*.

PREMIER EXEMPLE. On lit dans le dictionnaire *Peï-wen-yun-fou*, liv. 93 : « les calomniateurs nuisent aux hommes justes et droits. C'est

---

³² 晨 ³³ 夜 ³⁴ 宵 ³⁵ 禁宵行夜遊者
³⁶ 夜 ³⁷ 明 ³⁸ 白日 ³⁹ 其猶白日既隱
⁴⁰ 白日 ⁴¹ 白日

comme lorsque les nuages qui flottent dans l'air, cachent, dérobent le *brillant soleil*, » *pi-pe-ji* 42.

Il est évident qu'il s'agit ici du soleil considéré au moment où il brille du plus vif éclat.

M. Pauthier traduirait « cachent *le soleil pâlissant !* »

DEUXIÈME EXEMPLE. On lit dans les Annales des *Han*, biographie de *Tsi-tou :* les voleurs et les brigands marchent publiquement et en *plein jour (pe-ji* 43). *T'ao-tse-pe-ji-kong-hing* 44. M. Pauthier traduirait : « marchent par *un soleil pâlissant !* »

TROISIÈME EXEMPLE. *Peï-wen-yun-fou*, liv. 93, fol. 18 : « transgresser les lois pour acquérir de la réputation, c'est aussi dangereux que de marcher sur la glace mince (d'une rivière) en attendant *le brillant soleil*, c'est-à-dire en attendant que le soleil ait acquis *tout son éclat, toute son ardeur : Yeou-tsien-po-ping-i-taï-pe-ji* 45. L'auteur veut dire que l'ardeur du soleil ne tarderait pas à fondre la surface de la glace, et que l'homme dont il s'agit, périrait infailliblement. Sa pensée n'aurait plus de sens si l'on traduisait (avec M. Pauthier) : « en attendant le *soleil pâlissant !* »

On peut voir encore dans Premare, page 125, lin. 29, l'expression *pe-ji* 46, traduite par *in ipso meridie* (en plein midi).

Il est ainsi démontré que l'expression *pe-ji* signifie *soleil brillant*, et non *soleil pâlissant*.

Trente-sixième échec de M. Pauthier.

§ 8.

Question. Le mot *ki* 48, continuer, succéder à, peut-il se prendre pour le substantif *succession*, lorsqu'il est placé

---

42 蔽白日 43 白日 44 盜賊白日公行
45 猶踐薄冰以待白日 46 白日
48 繼

comme ici après un adverbe? — Non. L'adverbe *sse* [49], alors, indique que *ki* [50] est un verbe.

Siao-tcho-sse-ki [51], etc.

Je reprends ma traduction, rectifiée d'après l'Encyclopédie *Fen-loui-tseu-kin*, liv. 26, et insérée dans le numéro de juin 1841, page 686. Je laisse *siao* [52], synonyme de *ye* [53], «nuit,» que j'ai trouvé depuis combiné avec le mot *tcho* [54], dans le sens de *ye-tcho* [55] (littéralement «flambeaux de nuit, c'est-à-dire flambeaux»).

Ce passage signifie : alors les flambeaux succèdent (au-jour); mais quoiqu'ils brillent comme les étoiles, pourrait-on comparer leur éclat à la splendeur de la lune ?

M. Pauthier a compris la pensée de l'auteur, mais il s'est trompé sur le rôle grammatical du mot *ki* [56], *continuer*, succéder à (sous-entendu *ji* [57], le soleil, *succèdent* au soleil, au jour) ; et il en a fait le substantif *succession*. « Que l'on s'éclaire, dit-il, par une *succession* de lumières artificielles. »

De plus, il a ajouté, sans nécessité, le verbe *s'éclairer*.

Les exemples suivans montrent, avec la dernière évidence, que dans notre passage, le mot *ki* [58], continuer, succéder, a le sens de *ki-ji* [59], succéder au soleil, ou continuer le jour.

Premier exemple. *Si-yu-ki*, liv. 6, fol. 18 : *Tcho-kiu-ki-ji* [60], les flambeaux et les torches *continuent le jour*.

Deuxième exemple. *Si-yu-ki*, liv. xi, fol. 3 : *Ming-kiu-ki-ji* [61], les torches brillantes *continuent le jour*.

Troisième exemple. *Fen-loui-tseu-kin*, liv. 26, fol. 6 : *Fen-kao-yeou-i-ki-kouei* [62], brûler de la graisse et de l'huile pour *continuer le jour*. Ici

---

[49] 斯 [50] 繼 [51] 宵燭斯繼。雖有星光之照。豈如朗月之明。[52] 宵 [53] 夜 [54] 燭 [55] 夜燭 [56] 繼 [57] 日 [58] 繼 [59] 繼日 [60] 燭炬繼日 [61] 明炬繼日 [62] 焚膏油以繼晷

le mot *kouëi* 63, vulgo, *cadran solaire*, se prend pour le *jour* (Morrison. *Diction. chin.*, part. II, n° 6814 : it is used for *the day*). L'exemple que cite Morrison est absolument le même que celui de l'Encyclopédie *Fen-louï-tseu-kin*, pour ce qui regarde le sens de *ki* 64, *continuer*. *Fen-kao-ki-kouëi* 65, to burn tallow and *continue the day* (brûler du suif et *continuer le jour* — pour étudier).

Il résulte des exemples précités que, dans notre passage, le mot *ki* 66 est le verbe *continuer* (sous-entendu *ji* 67, le soleil, *le jour*).

L'adverbe *sse* 68, alors, rattache les mots « *siao-tcho* 69 flambeaux, » au mot *ki* 70, et montre qu'il est le verbe *continuer*, *succéder à*, dont ces deux mots sont le sujet.

M. Pauthier s'est donc trompé sur le rôle grammatical de ce mot (*continuer*) en le rendant substantivement par « *une succession* » (de lumières artificielles). En outre, il a construit au génitif le mot *tcho* (flambeaux), sujet du verbe *succéder*.

Trente-septième échec de M. Pauthier.

§ 9.

Sens du mot *youen* 71, employé comme verbe, et du mot *tchi* 72 pris substantivement. (Le sens de ces deux mots a échappé à M. Pauthier.) — Dans quels cas le mot *in* 73 est-il l'adverbe *propter* ou le substantif *causa* ?

Keou-youen-sse-tchi 74, etc. J'ai traduit : si, partant de ce point, ils ont comparé leur pays à la lune, c'est surtout parce que dans cette contrée, les saints et les sages se sont succédé les uns aux autres....

M. Pauthier : « Si dominé par ces considérations de causes et

---

63 晷 64 繼 65 焚膏繼晷 66 繼 67 日 68 斯
69 宵燭 70 繼 71 緣 72 致 73 因 74 苟緣
斯致。因而譬月。良以其土。聖
賢繼軌。

« d'effets, et après avoir comparé l'excellence de la lune avec leur
« pays, les saints hommes ont successivement saisi ces rapports. »

M. Pauthier, pag. 117 : « En retraduisant le passage, M. Julien (qui
« reproduit cependant le texte chinois) a montré qu'il l'entendait
« moins que personne, et il l'a ponctué *de la manière la plus contraire*
« *au sens et à la grammaire chinoise*. En voici la preuve : la première
« ligne du texte chinois devrait correspondre à la première phrase de
« la traduction, et la seconde à la seconde; il n'en est cependant rien.
« Des caractères de la seconde ligne sont traduits dans la première, et
« des caractères de la première dans la seconde, pour en tirer *le pré-*
« *tendu sens* donné comme exact. »

Réplique. Ma ponctuation est celle de l'édition impériale. Il est
assez plaisant que les erreurs de ponctuation et de traduction que m'impute M. Pauthier, soient précisément celles qu'il a faites lui-même,
faute d'entendre ce passage. Je vais montrer (pour me servir de ses expressions) que c'est lui-même qui *a ponctué ce passage de la manière la
plus contraire au sens et à la grammaire chinoise.*

Voici le mot à mot de ma version. Le lecteur sera frappé de l'exactitude avec laquelle chaque partie de ma phrase suit pas à pas les mots
chinois : *Keou* 75, si, *youen* 76, suivant, *sse* 77, cette, *tchi* 78, cause, *in-
eul* 79, alors d'après cela (c'est-à-dire, d'après les idées rapportées plus
haut), *pi* 80, ils ont comparé (leur pays), *youeï* 81, à la lune, *liang* 83, en
vérité, *i* 84 (c'est) parce que, *khi-thou* 85, dans cette contrée, *ching* 86,
les saints, *hien* 87, et les sages, *ki* 88, ont continué, *koueï* 89, l'ornière, etc.
(*Continuer l'ornière* est une expression figurée pour dire : suivre la
même voie, se succéder l'un à l'autre. Nous en verrons tout-à-l'heure
plusieurs exemples.)

Ce calque fidèle du texte se retrouve exactement dans ma traduction. Qu'on relise maintenant les critiques que m'adresse M. Pauthier
et sa traduction française, on reconnaîtra que c'est précisément lui qui,
en ponctuant le texte à sa guise, a bouleversé et interverti les mots et
les idées du texte dont il n'entendait pas le sens. Cette vérité va être

75 苟 76 緣 77 斯 78 致 79 因而 80 譬 81 月
83 良 84 以 85 其土 86 聖 87 賢 88 繼 89 軌

démontrée avec la plus grande évidence dans les paragraphes suivants où j'explique séparément chaque partie de ce passage.

Je reprends la phrase en détail. Je traduis en mot à mot *keou-youen* 9⁰, par « si *suivant* (cette cause), *se conformant* à (cette cause), » c'est-à-dire à ces idées.

Exemple de *youen* 9², « suivre, suivant. » On lit dans le *Si-yu-ki*, liv. 4, fol. 14 *v. keou-youen-ta-i* 9¹ : « si, *suivant* la grande justice, etc. » Ainsi le mot *youen* 9² a bien ici le sens de *suivre, se conformer.*

Exemple de *tchi* 9³, cause. *Si-yu-ki*, liv. xɪ, fol. 13 : *weï-tsiang-khi-tchi* 94, « je n'ai pu en expliquer la cause. » Il s'agit dans ce passage d'une statue de *Bouddha* qui paraissait suspendue en l'air, sans qu'on pût deviner la cause de ce prodige.

Ainsi se trouve justifié ce sens de *tchi* 95, *cause,* que j'ai donné dans mon mot à mot.

1° M. Pauthier a donné à *youan* 9⁶, « se conformer à » (Morrison, part. II, n° 12559 : *to accord with*), le sens de *être dominé par.*

2° Il a passé le pronom démonstratif *sse* 97, ce, cette (cette cause, ces raisons).

3° Il a construit le mot *tchi* 9⁸, « cause, raisons, » qui est suivi d'un point (o) dans l'édition impériale, et se trouve le régime direct du verbe *youen* 99, « se conformer à; » il a construit, dis-je, ce mot *tchi* 1⁰⁰, « cause, » avec l'adverbe *in* ¹, *propterea, inde,* « d'après cela, par suite de cela, » qui commence le membre de phrase suivant, et il a rendu ces deux mots si disparates (*un régime direct* et *un adverbe*) que sépare un signe de ponctuation (... ² *tchi* o *In*...) par « des considérations de causes et d'effets ! »

Le mot *in* ³ est toujours adverbe et signifie « *à cause,* à cause de cela, d'après cela, » lorsqu'il commence un membre de phrase, comme en cet endroit.

Pour qu'il soit substantif et signifie *cause,* il faut qu'il se trouve dans un des cas suivants : 1° qu'il soit précédé d'un nom de nombre.

9⁰ 苟 9¹ 苟緣大義 9² 緣 9³ 致 94 未詳其致 95 致 9⁶ 緣 97 斯 9⁸ 致 99 緣 1⁰⁰ 致 ¹ 因 ² 致。因 ³ 因

TRADUITES PAR M. G. PAUTHIER.

Peï-wen-yun-fou, liv. 11, fol. xɪ, r.: *San-in-pou-sing* 4, (alors) les trois *causes* (de péché) ne naissent point (ce sont la luxure, le meurtre et le vol).

2° Qu'il soit précédé d'un verbe dont il se trouve alors le régime direct. Exemple: *Peï-wen-yun-fou*, liv. ɪx, fol. 1. *Wou-in* 5... ne pas avoir de *cause*, de *motif* (pour faire une chose).

3° Qu'il soit précédé d'un génitif. *Ibid.* fol. 11, v. *Tseu-sou-tchi-in* 6, les *causes* de ces différentes choses.

Je ferai observer, en terminant, que M. Pauthier a ajouté le mot *effets*, dont le texte n'offrait aucune trace.

Trente-huitième et trente-neuvième échecs de M. Pauthier.

§ 9. A.

Question. Le mot *liang* 7, au commencement d'une phrase, peut-il se prendre substantivement? — Ce mot a-t-il le sens d'*excellence* dans notre passage?
— Preuves du contraire.

In-eul-pi-youeï, liang-i 8, etc. Mot à mot: *in-eul* 9, et (si) d'après cela, *pi* 10, ils ont comparé (leur pays), *youeï* 11, à la lune, — *liang* 12, précisément, *ou* en vérité, *i* 13, (c'est) parce que (c'est précisément parce que), etc.

M. Pauthier: «Après avoir comparé l'*excellence* de la lune avec leur pays.»

Dans l'édition impériale, il y a un point entre le mot *youeï* 14, lune, et l'adverbe *liang* 15, «précisément» (je prouverai ce sens dans le paragraphe suivant).

M. Pauthier a commis ici trois erreurs très graves.

1° Il a considéré l'adverbe *liang* 16, «précisément, en vérité,» comme

---

⁴三因不生 ⁵無因 ⁶此數之因
⁷艮 ⁸因而譬月艮以 ⁹因而 ¹⁰譬
¹¹月 ¹²艮 ¹³以 ¹⁴月 ¹⁵艮 ¹⁶艮

un substantif (*l'excellence*) qui serait le régime direct du verbe *comparer* (comparer *l'excellence* de la lune), dont il est séparé par un point dans l'édition impériale !

2° En écrivant « l'excellence DE la lune, » il a construit au *génitif* le mot *youeï* [17], lune, régime indirect du verbe *comparer* (dans comparer *leur pays* à la lune), et l'a fait dépendre d'un substantif (*l'excellence*) qui n'existe pas dans ce passage.

3° Il a cru que l'adverbe *liang* [18], *précisément, en vérité* (il a ces deux sens), signifiait ici « *excellens, præclarum,* » et en a fait un substantif, «*l'excellence* » (de la lune), comme si l'on pouvait dire *youeï-liang* [19], expression dissyllabique qui n'existe pas en chinois.

Quarantième, quarante-et-unième et quarante-deuxième échecs de M. Pauthier.

Je vais prouver dans le paragraphe suivant que *liang* [20] a bien le sens adverbial que je lui donne ici.

§ 9. B.

Sens remarquable de *liang* [21] (précisément), de *liang-i* [22], ou *liang-yeou* [23] (précisément, parce que). — Ce sens manque dans les dictionnaires chinois.

In-eul-pi-youeï, liang-i [24], etc. Mot à mot : *In-eul* [25], et (si) d'après cela, *pi* [26], ils ont comparé (leur royaume), *youeï* [27], à la lune, *liang* [28] (c'est) précisément (ou en vérité), *i* [29], parce que, etc.

J'ai expliqué la locution *liang-i* [30] par *précisément* (ou *en vérité*), *parce que*. Cette signification va être clairement démontrée par les exemples suivants. Les écrivains chinois disent aussi *liang-yeou* [31], dans le même sens.

[17] 月 [18] 良 [19] 月良 [20] 良 [21] 良 [22] 良以
[23] 良由 [24] 因而譬月。良以 [25] 因而
[26] 譬 [27] 月 [28] 良 [29] 以 [30] 良以 [31] 良由

On sait que *yeou*[32] se prend souvent pour *i*[33], dans le sens de *ex eo quod, quia* (de ce que, parce que).

On lit dans l'ouvrage intitulé *Fan-i-louï-pien*, liv. 1, fol. 54, lin. 10 : *liang-yeou-i-fou*[34], en mandchou : ᠰᠠᡴᠠᠨᡳ ᠨ ᠶᠠᡵᡤᡳᠶᠠᠨ ᠪᡳ ᠨᡳ *en vérité (yargiyan-i)*, il y a une cause.

Deuxième exemple. *Si-yu-ki*, liv. 8, fol. 29, v. *Liang-i-fang-yen-weï-yong*[35], etc., c'est *précisément parce que* les expressions locales n'étant pas encore bien comprises, ceux qui les ont transmises ou traduites ont pu commettre quelque erreur.

Troisième exemple. On lit dans l'ouvrage bouddhique *Weï-chan-king-tse-kiu-chi*, liv. 1, fol. 26 : *Liang-yeou-jin-iu-fa-tcha*[36], c'est précisément parce que l'homme s'écarte de la loi.

Quatrième exemple. *Thong-kien-kang-mou*, part. 11, liv. 38, fol. 87, v. *Thou-kioue-pi-sou-weï-keou ; liang-i*[37], etc. Si le prince (*pi*[39]) des *Thou-kioue* fait souvent des incursions (sur le territoire chinois), c'est *précisément*, c'est *justement* parce qu'il a fait halte dans la ville de *Ma-i*.

La version tartare-mandchoue (liv. 38, fol. 65 v., lin. 5) rend *liang*[40] par *tchokhome*, ᠴᠣᡴᡠᠮᡝ, « précisément, justement. »

Dans les deux premiers exemples, le mot *i* (de *liang-i*[41]) signifiait seul *parce que*. Ici, où l'on a ajouté le mot *kou*[42], cause, raison, il veut dire seulement *par*, *i*[43], *kou*[44], la raison *que* — *par la raison que*, c'est-à-dire *parce que*. Il y a en mandchou *dourgoun kai*, ᠵᠠᡵᡤᡳᠶᠠᠨ ᠨᡳ, c'est *parce que*, mot à mot : *la cause est*, la raison (en) est que.

---

[32] 由 [33] 以 [34] 良有以夫 [35] 良以方言未融。傳譯有謬。[36] 良由人與法差 [37] 突厥比數爲寇。良以馬邑之中頓故也。[39] 比 [40] 良 [41] 良以 [42] 故 [43] 以 [44] 故

M. Pauthier s'est donc gravement trompé en rendant l'adverbe *liang* [45], précisément, par *l'excellence* (de la lune).

§ 9. C.

Plus j'examine la traduction de M. Pauthier, plus j'y découvre de nouvelles fautes. En voici deux qui m'avaient échappé dans l'origine. On a vu plus haut que, dans la locution *liang-i* [46], le mot *i* [47] signifie *parce que*.

In-eul-pi-youei [56], (il y a ici dans l'édition impériale un point qui en cet endroit équivaut à notre virgule), *liang-i khi-tou*, etc., mot à mot : et (si) d'après cela-ils ont comparé—(leur royaume) à la lune,— (c'est) *précisément*-PARCE QUE *dans cette contrée*, etc.

M. Pauthier ayant considéré l'adverbe *liang* [57], *précisément*, comme un substantif (*l'excellence*) qui serait le régime direct du verbe *pi* [58], *comparer*, a rendu le mot *i* [59], *parce que*, de la locution « c'est précisément parce que, » par la préposition *avec*, « comparer *l'excellence* de la lune AVEC (leur pays) ! »

2° Les mots *khi-thou* [60], « cette contrée, » sont ici au locatif : « c'est précisément parce que, *dans cette contrée*, les saints et les sages se sont succédé les uns aux autres, etc. »

M. Pauthier a considéré, ainsi qu'on l'a dit plus haut, l'adverbe *liang* [61] comme un substantif (*l'excellence*) qui serait le régime direct de *pi* [62], *comparer*. Il s'est imaginé alors que les mots *khi-thou* [63] (qui sont ici au locatif : *dans cette contrée*) étaient gouvernés par le mot *i* [64] (qu'il rend par *avec*— on a vu qu'il signifie ici *parce que*), et qu'ils étaient pour ainsi dire le régime indirect du verbe *comparer*; et il a traduit : « après avoir comparé *l'excellence* de la lune *avec* LEUR PAYS ! »

Ainsi M. Pauthier s'est trompé sur le rôle grammatical de *khi-*

---

[45] 良 [46] 良以 [47] 以 [56] 因而譬月。良
以其土 [57] 良 [58] 譬 [59] 以 [60] 其土 [61] 良
[62] 譬 [63] 其土 [64] 以

tou [63], qui est ici au locatif (*dans cette contrée*), et sur la fonction de *i* [64] (parce que) qui dépend de *liang* [61], *précisément*, ou *en vérité*, et dont il a fait la préposition *avec*.

Quarante-troisième et quarante-quatrième échecs de M. Pauthier.

§ 9. D.

Question. Le verbe *ki* [65] « continuer », peut-il se prendre ici pour l'adverbe *successivement?*
— Preuves du contraire.
— En chinois, le mot *ki* [66] ne se prend jamais *adverbialement*.
— Sens propre et figuré de la locution *ki-kouei* [67], mot à mot *continuer l'ornière*.

Liang-i-khi-thou [68], *ching-hien-ki-kouei* [69] : C'est précisément parce que, dans cette contrée, les saints et les sages se sont succédé les uns aux autres — littéralement : *ont continué l'ornière*, c'est-à-dire qu'ils se sont succédé dans l'enseignement de la loi Bouddhique.

Voici plusieurs exemples de *ki-kouei* [70], « continuer l'ornière » (c'est-à-dire se succéder), au propre et au figuré.

Peï-wen-yun-fou, liv. 34, fol. 99 : « *Tsao-tseng* était originaire du « royaume de Lou. Il excellait dans la calligraphie. Il rectifia tous les « caractères *Tchouan* incorrects que l'antiquité avait légués, et quand « les troubles de l'empire furent apaisés, il recueillit dans sa maison « une foule de livres qu'on croyait perdus. *Lien-tche-ki-kouei* [71] : « Des voitures (de livres) disposées en longues files, se succédèrent « (littéralement, *continuèrent les ornières*) pendant plusieurs jours, « pour les apporter dans le palais de l'empereur. »

Deuxième exemple. Au figuré, l'expression *ki-kouei* [72] (*continuer*

---

[65] 繼 [66] 繼 [67] 繼軌 [68] 良以其土。 [69] 聖賢繼軌。 [70] 繼軌 [71] 連車繼軌 [72] 繼軌

l'ornière) signifie *se succéder*, en suivant l'exemple des prédécesseurs. On lit dans les Annales des *Tsin*, biographie de l'empereur *Youen-ti: Sse-ching*-ki-kouei; *hoeï-tse-meou-iu-yeou-yu* 73, ces quatre saints hommes *se succédèrent* (marchèrent sur les traces les uns des autres), et par les bienfaits (qu'ils répandirent sur le peuple) ils ressemblèrent à *Chun*.

M. Pauthier (A. page 118): « le caractère *ki* 74 étant immédiate-
« ment suivi de deux verbes (suivant lui *kouei* 75 et *tao* 76 — je reviendrai sur ces deux mots qui sont séparés par un point dans l'édition impériale, et dont M. Pauthier a fait, à ce qu'il dit *un terme complexe*), « ne peut avoir que la signification adverbiale de *successivement*
« que je lui ai donnée (les saints hommes et les sages ont *successivement*
« saisi ces rapports.)»

Nous avons vu, au contraire, par les exemples précédents, que dans la locution *ki-kouei* 77, le mot *ki* 78 veut dire *continuer* (on dit ici *continuer* l'ornière, c'est-à-dire au propre, en parlant des chars, et au figuré, en parlant des hommes, « *se succéder l'un à l'autre* »).

M. Pauthier s'est donc trompé en rendant le verbe actif *ki* 79, « continuer, » par l'adverbe *successivement!*

J'ajouterai que la langue chinoise n'offre aucun exemple de *ki* 80 employé *adverbialement*.

Quarante-cinquième échec de M. Pauthier.

§ 9. E.

Question. Dans la locution *ki-kouei* 81, le mot *kouei* 82, peut-il signifier verbalement *agir en se conformant à la loi, se diriger dans le droit chemin* ?
— Preuves du contraire.

Ching-hien-ki-kouei 83, les saints et les sages se sont succédé les uns aux autres (littéralement: *ont continué l'ornière*).

---

73 四聖繼軌。惠澤侔於有虞。
74 繼 75 軌 76 導 77 繼軌 78 繼 79 繼 80 繼
81 繼軌 82 軌 83 聖賢繼軌

On a vu, par les deux exemples du paragraphe précédent, que le mot *kouei* [84], littéralement, *ornière*, est ici le régime direct du verbe *ki* [85], *continuer*.

M. Pauthier l'avait d'abord construit avec le mot suivant *tao* [86] (conduire, diriger), dont il est séparé par un point dans l'édition impériale, et il avait traduit ces deux mots « *ornière*, *traces* » et « *diriger* » (le siècle) par « *saisir des rapports !* »

Aujourd'hui, pour corriger cette traduction, M. Pauthier assure (page 117) que le mot *kouei* [87], *ornière*, *traces*, est un verbe qui signifie ici *agir en se conformant à la loi*, *se diriger dans le droit chemin*; c'est, comme on le voit, une seconde erreur.

Quarante-sixième et quarante-septième échecs de M. Pauthier.

§ 9. F.

Question. Est-il vrai que le mot *kouei* [87 a], « ornière », est presque synonyme du verbe *tao* [88], « diriger » ? Non.
— Peut-on combiner ensemble ces deux mots pour former l'expression complexe *kouei-tao* [89], et la traduire par *saisir des rapports* ?
— Preuves du contraire.
— Le mot double *kouei-tao* [90] n'existe pas en chinois.
— Origine de l'erreur de M. Pauthier.

Ki-kouei [91], (§ 10) *tao-fan* [92], etc.

D'après l'édition impériale, et surtout d'après le sens de la phrase, il faut mettre un o (o, équivalant ici à une virgule) après le mot *kouei* [93], littéralement, *l'ornière* (ils ont continué *l'ornière*, c'est-à-dire : ils se sont succédé les uns aux autres).

Le mot *tao* [94], *diriger*, commence le membre de phrase suivant (ils ont dirigé le siècle, *fan* [95]), etc.

---

[84] 軌 [85] 繼 [86] 導 [87] 軌 [87 a] 軌 [88] 導 [89] 軌導
[90] 軌導 [91] 繼軌 [92] 導凡 [93] 軌 [94] 導 [95] 凡

M. Pauthier prétend (page 117) que le mot *kouei* 96 (*orbita, vestigia-rotæ*, au fig. « *vestigia alicujus* »), régime direct du verbe *ki* 97, « continuer, » qui termine le § 9, « doit être placé au commencement de « la phrase suivante, c'est-à-dire du § 10, et former avec *tao* 98 (« *diri-* « *ger* » le siècle) qui *lui* est presque synonyme, dit-il, une *expression* « *verbale* désignant une *action complexe*. »

Or, suivant M. Pauthier, cette *action complexe* exprimée par deux mots distincts, ayant un rôle et une signification absolument différent (*kouei* 99 est le substantif *ornière, traces*, et *tao* 100, le verbe actif *diriger*), et qui sont d'ailleurs séparés par un point dans l'édition impériale, cette *action complexe* serait celle-ci : « *ils ont saisi ces rapports*, » traduction qui ne ressemble ni de près ni de loin aux deux mots *kouei* 1, *ornière, traces*, et *tao* 2, *diriger*.

Il résulte de ce qui précède, 1° que le mot *kouei* 3 (ornière, traces) termine le § 9, où il est le régime du verbe *ki* 4, *continuer*, et qu'il ne doit pas commencer le membre de phrase suivant, c'est-à-dire le § 10 ; 2° qu'il ne peut former avec *tao* 5, « conduire, diriger, » un mot double exprimant une *action complexe*, parce que d'un côté ces mots sont séparés par un point dans l'édition impériale, et que de l'autre (et c'est là le motif le plus puissant) l'association de deux mots si disparates par leur sens et leur rôle grammatical, n'existe point et ne peut exister en chinois.

L'erreur de M. Pauthier vient de ce qu'il a confondu ensemble deux mots différents, et qu'il a pris notre mot *tao* 5, « diriger (clef 41), » pour le mot *tao*, « droite voie (clef 162). » Le mot *kouei* 99 (ornière, traces), se prend quelquefois verbalement dans le sens de *suivre*, lorsqu'il précède le mot *tao* (voie). Ces deux mots signifient alors *suivre la voie*, au propre, ou au fig. Ainsi dans *Khang-hi*, ils ont, 1° le sens de *suivre sa route* (en parlant d'un astre); 2° le sens de *suivre la droite voie, se conformer aux lois* (en parlant des hommes). Cf. *Kou-wen-youen-kien*, liv. XI, fol. 8, *v*. Le mot *kouei* 99, « ornière, » est presque *synonyme* du mot *tao*, voie (clef 162), mais non du mot *tao* 5, diriger (clef 41).

Quarante-septième échec de M. Pauthier.

---

96 軌 97 繼 98 導 99 軌 100 導 1 軌 2 導 3 軌
4 繼 5 導

§ 10.

Question. Est-il vrai qu'il n'y a dans ce passage aucun mot chinois signifiant le siècle? Preuves du contraire.
— Sens du mot *fan* [6], « le vulgaire, le siècle », dans le langage des *lettres* et des *bouddhistes*.

Tao-fan-iu-we, jou-youeï-tchao-lin [7].
J'ai traduit... ils ont dirigé le *siècle* et gouverné les êtres, semblables à la lune, lorsqu'elle abaisse son éclat (sur le monde), littéralement : semblables à-la lune (qui)-en éclairant-s'approche.

M. Pauthier : « Ils ont été amenés à en faire une application spé-
« ciale aux choses qui, comme l'éclat de la lune, s'étendent au loin. »

J'avais ajouté : *« Il y a ici autant de fautes que de mots. »* Je vais prouver de point en point cette assertion dont M. Pauthier se scandalise si fort (A. page 118). Je ferai plus : je montrerai qu'il y a bien plus de fautes que de mots.

En effet, ici comme presque partout, M. Pauthier s'est mépris sur le sens des mots et, en outre, ce qui est plus grave, sur leur construction et leur rôle grammatical.

M. Pauthier soutient (A. page 119) qu'il n'y a, dans ce passage, aucun mot qui signifie « *le siècle.* »

M. Pauthier ignore, comme on le voit, que dans le langage des lettrés le mot *fan* [8] désigne *le vulgaire, les hommes du commun*, par opposition avec les sages, et dans les ouvrages bouddhiques, *le vulgaire, les séculiers, le siècle,* par opposition avec *les religieux, l'état religieux, l'état monastique.*

J'ai publié à la fin du volume où se trouve ma traduction de « l'Orphelin de la Chine, » une romance intitulée *Ni-kou-sse-fan* [9], c'est-à-dire : la religieuse bouddhiste (*ni-kou*), qui pense, *sse*, au monde, au siècle, *fan* [10].

---

[6] 凡 [7] 導凡御物。如月照臨。 [8] 凡
[9] 尼姑思凡 [10] 凡

Deuxième exemple. La même locution *tao-fan* [11], diriger le *siècle*, les hommes du siècle, se retrouve encore dans le *Si-yu-ki*, liv. xi, fol. 15 : Ce Brahmane disait : « *Ngou-chou-ching-tao-fan* [12], je conti-
« nuerai les exemples des saints, et je *dirigerai le siècle ;* — parmi les
« sages anciens et modernes, il n'y en a pas un qu'on puisse me com-
« parer. »

Troisième exemple. On lit dans Gonçalvez, *Dictionn. portug. chin.*, page 547 : *to-fan* [13], *deixar o mundo*, c'est-à-dire « quitter le monde, le siècle, » *par exemple*, pour embrasser la vie religieuse.

Voici maintenant des exemples de *fan* [14], « le vulgaire, » suivant les idées des *Tao-sse* et des Lettrés, c'est-à-dire des sectateurs de Confucius. On lit dans les Annales des *Han*, biographie de *Tsouï-in* : « Il se
« conformait aux nécessités des temps. La doctrine du *Tao* recommande
« de suivre (en apparence) l'exemple du *vulgaire*, *thsong-fan* [15]. »
Lao-tseu, dit le commentaire, nous apprend que « le saint tempère l'éclat de sa vertu, et se rend semblable au vulgaire. »

Cinquième exemple. *Peï-wen-yun-fou*, liv. 30, fol. 38 : *Ching-jin-tchi–hing-pi-i-yu-fan* [16], l'extérieur du saint diffère nécessairement (de l'extérieur) du vulgaire, c'est-à-dire des hommes du *siècle*.

Sixième exemple. L'expression *tao-fan*, « diriger le siècle, » se trouve encore dans le *Si-yu-ki*, liv. xi, fol. 22, r. l. 7.

Septième exemple. Même ouvrage, *ibid. K he-fan, teng-ching* [17], il se dépouille des goûts du *monde*, du *siècle*, et s'élève à la sainteté.

Ici (7ᵉ ex.) *fan* [18] signifie par extension « les goûts du *siècle*. »

Ainsi l'on a parfaitement droit de conclure des exemples qui précèdent, et surtout des exemples bouddhiques 1, 2, 3, que le mot *fan* [19] a dans notre passage le sens de « *le vulgaire, le monde, le siècle.* »

M. Pauthier s'est donc gravement trompé en soutenant (A. pag 119), qu'il n'y a, dans notre § 10, aucun caractère qui signifie « *le siècle.* »

Quarante-huitième échec de M. Pauthier.

---

[11] 導凡 [12] 吾述聖導凡 [13] 脫凡 [14] 凡
[15] 從凡 [16] 聖人之形必異於凡
[17] 革凡登聖 [18] 凡 [19] 凡

§ 10. A.

Sens de *iu* [19], dans les locutions *iu-we* [20], *iu-chi* [21].

Tao-fan-iu-we [22], etc. Ils ont dirigé le siècle et *gouverné* les êtres, etc. *Gouverner les êtres*, est ici une phrase parallèle à *tao-fan* [23], « diriger le siècle; » elle n'ajoute rien à la pensée de l'auteur, mais elle donne à la phrase ce nombre et cette régularité qu'affectionnent les bons écrivains chinois. On sait qu'ils aiment à balancer ensemble des expressions dissyllabiques, qui offrent la même, ou presque la même idée, exprimée en termes différents. Ainsi pour dire *se cacher*, ils emploient les deux locutions *tsien-tsong* [24], *in-tsi* [25], mot à mot : cacher ses pas et celer ses traces (Gonçalvez, *Dictionn. portug. chin.*, page 314). Pour dire qu'un homme est *éminent, hors de ligne*, ils écrivent : *Tchou-louï-pa-tsouï* [26], mot à mot : « il s'élève au-dessus de (son) espèce, il domine la foule. » Gonçalvez, *ibid.* page 341.

Le mot *iu* [27] a ici le sens de *gouverner* (Dictionn. de Basile : *gubernare*), comme dans ce passage de l'ouvrage bouddhique *Kiaï-hoe-pien*, liv. 1, fol. 1, *v.* : « (A l'époque où la vie des hommes durait cent ans, il s'incarna pour) *gouverner* le monde, le siècle, *iu-chi* [28]. »

M. Pauthier avait traduit ici le mot *iu* [29], « gouverner » (les êtres), par « *en faire une application spéciale* » (aux choses qui, etc.). Aujourd'hui il n'ose plus tenter un effort inutile pour justifier cette étrange interprétation qui, du reste, ne peut être appuyée ni par les dictionnaires ni par les auteurs chinois.

Quarante-neuvième échec de M. Pauthier.

---

[19] 御 [20] 御物 [21] 御世 [22] 導凡御物
[23] 導凡 [24] 潛蹤 [25] 隱迹 [26] 出類拔萃
[27] 御 [28] 御世 [29] 御

§ 10. B.

Sens de *we* [30], dans la locution *iu-we* [31]. Le mot *we* [32] (vulgò *chose*) peut désigner aussi les animaux et les hommes.

Dans la locution *iu-we* [33], le mot *we* [34] désigne les êtres en général.

Le mot *we* [35] (vulgò *chose*) se dit aussi des êtres qui respirent, des êtres privés ou doués de raison. On lit dans les Annales des *Han*, histoire des barbares de l'Est : Les Japonais n'ont point de champs fertiles ; pour se nourrir ils mangent des *animaux* « *we* [36] » de mer (des poissons, des mollusques, etc.).

Nous voyons dans le *Dictionn. Peï-wen-yun-fou*, liv. 94, fol. 4, les expressions *mao-we* [36 a], « les êtres à poils, *i. e.* les quadrupèdes ; » *iu-we* [37], « les êtres à plumes, *i. e.* les oiseaux ; » *lin-we* [38], « les êtres à écailles, *i. e.* les poissons, etc. » Suivant les Chinois, le Saint gouverne et rend heureux non-seulement les hommes, mais en général tous les êtres qui respirent. Cf. *Kou-wen-youen-kien*, liv. x, fol. 13, *v*.

Le mot *we* [39] se dit aussi des hommes. On lit dans *Lao-tseu* (chap. 31), *we-ou-tchi* [40], c'est-à-dire, suivant les commentateurs, « *les hommes* le détestent. »

Dans le *Tso-tch'ouen*, une belle femme est appelée *yeou-we* [41], mot à mot : un être, une créature extraordinaire. Voyez *Yeou-hio-sin-youen*, liv. 4, fol. 4.

Le mot *we* [42] doit avoir ici le sens « d'*êtres* (animés), » parce que (ainsi qu'on l'a vu plus haut, § 10 A) l'expression *iu-we* [43], « gouverner les êtres, » est parallèle à *tao-fan* [44], « diriger le siècle, c'est-à-dire les hommes du siècle ; » elle doit par conséquent offrir, par suite du goût des Chinois pour cette sorte de parallélisme, une idée analogue à celle de la locution précédente.

---

[30] 物 [31] 御物 [32] 物 [33] 御物 [34] 物 [35] 物
[36] 物 [36 a] 毛物 [37] 羽物 [38] 鱗物 [39] 物 [40] 物
惡之 [41] 尤物 [42] 物 [43] 御物 [44] 導凡

M. Pauthier s'est donc trompé en rendant le mot *we* [45], « les êtres, » par « *les choses* » (qui s'étendent au loin !).

Cinquantième échec de M. Pauthier.

§ 10. C.

Sens de *tchao-lin* [46].
Le mot *we* [47], « les êtres, » du membre de phrase précédent, peut-il être le sujet du verbe *lin* [48]? Non.

Jou-youeï-tchao-lin [49], j'ai traduit : « semblables à la lune lorsqu'elle abaisse son éclat » (sur le monde), mot à mot : comme-la lune-en éclairant s'approche (*lin* [48]). Les Mandchous rendent cette locution par ᠪᡳᠶᠠ ᡶᠣᠰᠣᠮᡝ ᡝᠩᡤᡝᠯᡝᠮᠪᡳ, *bia fosome enggelembi*, mot à mot : *luna fulgendo appropinquat*. Cf. *Fan-i-louï-pien*, liv. 1, fol. 2.
On voit que *tchao-lin* [51] signifie mot à mot : *en éclairant, elle s'approche*. Gonçalvez (*Dictionn. chin. port.*, page 45) le traduit fidèlement par *alumiar para baixo*, « éclairer en bas. »
Cette même idée est rendue exactement, ce semble, par la tournure française : *abaisser son éclat* (sur le monde).

M. Pauthier s'est donc trompé, 1° en faisant du mot *we* [52], « *les êtres* » (de la locution, « gouverner *les êtres* ») suivant lui « *les choses* » le sujet du verbe *lin* [53] « (en faire, dit-il, une application spéciale aux *choses* qui s'étendent au loin) ; » tandis que c'est la lune qui, ainsi qu'on l'a vu plus haut, est le sujet du verbe *lin* [54], *s'approcher* (mot à mot : la lune-en éclairant–*s'approche*).

Cinquante-et-unième échec de M. Pauthier.

---

[45] 物　[46] 照臨　[47] 物　[48] 臨　[49] 如月照臨
[51] 照臨　[52] 物　[53] 臨　[54] 臨

§ 10. D.

Question. Le mot *lin* [55] peut-il se rendre ici par « *s'étendre au loin* »? Non.

Nous avons vu plus haut (§ 10 C), par la traduction mandchoue de *tchao-lin* [56] (*fosome enggelembi, fulgendo appropinquat*), qu'ici le mot *lin* [57] veut dire littéralement *s'approcher*. La même locution se trouve dans le *Chi-king*, liv. 1, sect. *Pi-fong*, od. 4 ; mais le poète a ajouté le régime *hià-thou* [58], « inferius-posita terra, » qui est sous-entendu dans notre passage : *Ji-youeï-*TCHAO-LIN-*hia-thou* [59], mot à mot : *sol et luna fulgendo appropinquant inferius-positæ terræ*, ce qui peut se traduire en français par : le soleil et la lune font descendre, abaissent leur éclat sur la terre, sur le monde (c'est la traduction que j'avais adoptée, en mettant les mots *le monde* entre parenthèses). Dans la version *mandchoue*, liv. 2, fol. 4, r. le mot *tchao* [60] est également rendu par *briller* (*eldembi*), et le mot *lin* [62] par *s'approcher* (*enggelembi*).

M. Pauthier s'est donc trompé en rendant le verbe *lin* [63], littéralement *s'approcher*, par *s'étendre au loin* (en faire une application spéciale aux choses qui... *s'étendent au loin!*) Du reste, le mot *lin* [63] n'a jamais le sens de *s'étendre au loin*.

Cinquante-deuxième échec de M. Pauthier.

§ 10. E.

Question. Dans la locution *tchao-lin* [64], peut-on rendre la première syllabe substantivement? Non.
— Sens propre et figuré de *tchao-lin* [65].

Jou-youeï-tchao-lin [66]. J'ai traduit : semblables à la lune lorsqu'elle

---

[55] 臨 [56] 照臨 [57] 臨 [58] 下土 [59] 日月照臨下土 [60] 照 [62] 臨 [63] 臨 [64] 照臨 [65] 照臨 [66] 如月照臨。

abaisse son éclat (sur le monde), mot à mot : *quemadmodum-luna-fulgendo-appropinquat.*

M. Pauthier : « ... (choses qui), *comme l'éclat de la lune,* s'étendent au loin. »

Je ne m'étendrai pas de nouveau sur ce passage que j'ai discuté plus haut (§ 10, C, D). Je me bornerai à parler du rôle grammatical de *youeï* [67], lune, et de *tchao* [68], « s'approcher. » On a vu par la version mandchoue de *tchao-lin* [69], *fosome enggelembi* (fulgendo appropinquat), et par le passage précité (§ 10, D) du *Chi-king* (liv. 1, sect. *Pi-fong,* od. 4.), que dans cette locution, 1° le mot *tchao* [70] est un verbe (*fulgere*); 2° que le mot *youeï* [71], la lune, doit être considéré comme étant au nominatif, puisqu'il est le sujet des deux verbes *tchao* [72], « briller, éclairer, » et *lin* [73], « s'approcher. »

M. Pauthier a commis ici deux erreurs graves : 1° Il a considéré le verbe *tchao* [74] (fulgere) comme un substantif, et l'a rendu par « l'éclat. »

2° Il a construit *au génitif* le mot *youeï* [75], la lune, qui est le sujet des deux verbes suivants, *éclairer* et *s'approcher*, et a traduit « *l'éclat* DE *la lune.* »

J'ajouterai, et cette faute a été signalée plus haut (§ 10 C), qu'il a regardé le mot *we* [76], « les êtres, » qui termine le membre de phrase précédent (gouverner les *êtres*), comme le sujet du verbe *lin* [77], *s'approcher* (verbe qu'il rend par *s'étendent au loin !*), tandis que c'est évidemment le mot *youeï* [78], la lune, qui est le sujet du verbe *lin* [79], « *s'approcher.* »

En rapportant au mot *we* [80], « les êtres, » selon lui *« les choses, »* le verbe *lin* [81], *s'approcher*, M. Pauthier a séparé les deux parties de l'expression *tchao-lin* [82] (fulgendo appropinquare), qui sont toujours unies et se rapportent constamment au même sujet, tantôt comme ici à la lune seule, tantôt au soleil et à la lune ensemble, comme dans le *Chi-king*, liv. 1, sect. *Pi-fong*, od. 4; quelquefois enfin (au fig.) au

---

[67] 月 [68] 照 [69] 照臨 [70] 照 [71] 月 [72] 照 [73] 臨
[74] 照 [75] 月 [76] 物 [77] 臨 [78] 月 [79] 臨 [80] 物
[81] 臨 [82] 照臨

roi, *wang* [83], ou au maître du ciel, *hoang-thien* [84], lorsque l'on veut dire que l'un du haut de son trône, ou que l'autre du haut des cieux, étendent leurs regards pénétrants sur tous les hommes placés au-dessous d'eux.

Ainsi, M. Pauthier s'est trompé ici deux fois.

Cinquante-troisième et cinquante-quatrième échecs de M. Pauthier.

§ 11.

Question. Pourquoi a-t-on employé le mot *indou* 𑀇𑀦𑁆, « lune, » pour désigner le royaume que décrit *Hiouen-thsang*?

— Peut-on dire que le sens du mot samskrit *indou* 𑀇𑀦𑁆, « lune, » est dérivé des considérations que rapporte ce voyageur? Non.

Yeou-chi-i-kou, wei-tchi-in-tou [85]. C'est par suite de cette idée qu'ils l'ont appelé (leur royaume) *In-tou* (Inde).

M. Pauthier : « C'est de là que vient le *sens* de l'expression (samskrite) *In-tou*, « Indou, » qui a été donnée à ce pays. »

Je reprends ma première observation (*Examen critique*, § XI) : « Le « sens de *lune* que présente le mot samskrit *indou*, ne peut venir de la « comparaison rapportée par notre auteur, puisque c'est sa signification « propre. *Hiouen-thsang* veut dire, au contraire, que c'est de l'idée « exprimée plus haut qu'est dérivé l'emploi du mot *in-tou* [86] (lune), « pour désigner avec emphase le royaume qu'il décrit. »

On peut se convaincre de ce que j'avance, en relisant le passage où se trouve l'idée qui a donné naissance à l'emploi du mot *lune*, pour désigner le royaume dont parle le voyageur chinois.

« Dans une longue nuit obscure, où personne n'annonce les heures, « les hommes se trouvent comme lorsque l'éclat du soleil a disparu. « Alors, les flambeaux succèdent au jour, mais quoiqu'ils brillent comme « des étoiles, pourrait-on comparer leur lumière à *la splendeur de la* « *lune?*

---

[83] 王 [84] 皇天 [85] 由是義故。謂之印度 [86] 印度

« Si, partant de ce point, *ils ont comparé leur royaume à la lune*
« (s'ils l'ont appelé *Indou*, c'est-à-dire *lune*), c'est surtout parce que,
« dans cette contrée, les saints et les sages se sont succédé les uns aux
« autres, qu'ils ont dirigé le siècle et gouverné les êtres, *semblables à*
« *la lune, lorsqu'elle abaisse son éclat* (sur le monde)!

« C'est par suite de cette idée (ou de ces considérations), qu'ils l'ont
appelé *In-tou* (lune). »

On voit, d'après le texte même, que les Indiens ont appelé leur royaume *In-tou* « lune, » parce que les sages qui ont illustré ce pays leur ont paru avoir éclairé le monde intellectuel par leurs leçons et leurs exemples, comme la lune éclaire le monde matériel par sa splendeur.

Cette idée est pleine de noblesse et d'élévation. Elle disparaîtrait si, avec M. Pauthier, on faisait dire à *Hiouen-thsang* que c'est des considérations rapportées plus haut qu'est dérivé le sens du mot samskrit *Indou* इन्दु, *lune*. On énoncerait d'ailleurs un fait inexact, car le mot samskrit *indou* इन्दु, « lune », possède cette signification par lui-même, indépendamment des considérations que l'auteur vient de présenter.

Cinquante-cinquième échec de M. Pauthier.

§ 11. A.

Sens des locutions *in...kou* [87], *i-kou* [88], *yeou-kou* [89], « à cause de » (qui sont synonymes).

— Manière de construire les mots placés entre ces caractères.
— Dans ce cas, peut-on rendre *kou* [90] par l'adverbe *ideo*? Non.

Je reprends le même passage où M. Pauthier a commis plusieurs autres fautes.

---

[87] 因故 [88] 以故 [89] 由故 [90] 故

Yeou-chi-i-kou, weï-tchi-in-tou ⁹¹. C'est d'après cette idée (ou d'après ces considérations), qu'ils l'ont appelé (leur royaume) *In-tou* (Inde).

M. Pauthier : « C'est de là que vient le *sens* de l'expression samskrite *Indou*, qui a été donnée à ce pays. »

L'erreur que présente la traduction de M. Pauthier a été démontrée dans le § précédent. Ici je m'occuperai seulement de l'analyse et de la construction des quatre premiers mots.

M. Pauthier (A. pag. 119) : « M. Julien place ici une fausse ponc-
« tuation après le quatrième caractère *kou* ⁹², au lieu de la placer
« après le troisième *i* ⁹³, *comme l'exigent le sens et la composition de*
« *la phrase ;* car *kou* ⁹⁴ (ideo), particule *explicative* et *conjonctive*, ne
« peut appartenir au premier membre de cette phrase, dont voici le
« sens littéral : *Ex hoc sensus* (eruitur), *ideo vocant eam* (*regionem*)
« *In-tou* (*Indiam*). »

On voit que M. Pauthier ponctue et explique ainsi ces quatre mots : *Yeou-chi* ⁹⁵, de cela, *i* ⁹⁶, le sens (du mot samskrit *est tiré*) ; *kou* ⁹⁷, c'est pourquoi, etc.

Réplique. Ma ponctuation n'est point *fausse*, car c'est celle de l'édition impériale qui est admirablement correcte. M. Pauthier fait ici trois fautes.

1º Il traduit *chi* ⁹⁸ par « cela », ne s'apercevant pas que ce pronom démonstratif se rapporte au mot *i* ⁹⁹, *idée*, cette idée (attachée figurément au mot *lune*).

2º Il a construit au nominatif le mot *i* ¹⁰⁰ (idée), qui est au génitif, ainsi qu'on le verra plus bas.

3º La ponctuation impériale nous montre que le mot *kou* ¹ n'est point ici l'adverbe *ideo*, « c'est pourquoi », comme le prétend M. Pauthier. Il veut dire *cause, raison,* et se construit avec *yeou* ². Lorsque les Chinois veulent dire *à cause de,* ils se servent d'une préposition,

---

⁹¹ 由是義故。謂之印度 ⁹² 故 ⁹³ 義
⁹⁴ 故 ⁹⁵ 由是 ⁹⁶ 義 ⁹⁷ 故 ⁹⁸ 是 ⁹⁹ 義 ¹⁰⁰ 義
¹ 故 ² 由

comme *in*[3], *i*[4] ou *yeou*[5], « *ex, propter* » et du mot *kou*[6], « cause, raison, » et intercalent, entre ces deux mots, le caractère ou les caractères qui renferment *la cause* dont il s'agit (et qui se trouvent au génitif, cas qui est indiqué alors soit par la particule *tchi*[7], ou seulement par *la position*); comme si l'on disait en latin : *ex* hujus rei *causâ*, en chinois *in-thseu-tchi-kou*[8] ou [9] *i-thseu-tchi-kou*, ou [10] *yeou-thseu-tchi-kou*. Dans ce cas, *ex* répondrait aux prépositions *in*[11], *i*[12], *yeou*[13], qui signifient également *ex*, *propter*, lorsqu'elles se trouvent construites avec le mot *kou*[14], cause; mot à mot : par – de cela – la cause, c'est-à-dire par – la cause – de cela (à cause de cela).

Le principe que je viens d'énoncer est confirmé par les exemples suivants. Gonçalvez, *Dictionn. Port. chin.* pag. 645, col. 1 : *In-khi-pou-laï-tchi-kou*[15], mot à mot : PAR – de lui – ne pas – être venu – (signe du génitif) LA CAUSE, c'est-à-dire, à cause qu'il, parce qu'il n'est pas venu.

DEUXIÈME EXEMPLE. *Tso-tch'ouen*, liv. II, fol. 57, *v. I-pou-hie-tchi-kou*[16], mot à mot : *ex* τοῦ non concordes-esse *causâ*, c'est-à-dire, parce que (le ministre et le prince) n'étaient pas d'accord, ne vivaient pas en bonne harmonie.

TROISIÈME EXEMPLE. *Tso-tch'ouen*, liv. III, fol. 9, *v. Tsin-jin-i-nan-kou*[17], mot à mot : les hommes de Tsin-par-des dangers-la cause (en latin *propter* periculorum-*causam*, c'est-à-dire, à cause des dangers dont le royaume était menacé), voulurent abandonner le prince *Ling-kong*, et placer sur le trône *Tchang-kiun*.

D'où il résulte que dans notre passage, il faut construire les quatre premiers mots *yeou-chi-i-kou*[18], de cette manière : *yeou*[19], par – *kou*[20],

---

[3] 因 [4] 以 [5] 由 [6] 故 [7] 之 [8] 因此之故
[9] 以此之故 [10] 由此之故 [11] 因 [12] 以
[13] 由 [14] 故 [15] 因其不來之故 [16] 以
不恊之故 [17] 晉人以難故 [18] 由是
義故 [19] 由 [20] 故

la cause—*chi-i*[21], de cette idée, c'est-à-dire, à cause de, par suite de cette idée (de ces considérations) — ils ont appelé leur royaume *In-tou* (Inde).

Ainsi, M. Pauthier s'est trompé 1° en rendant *chi*[22] par « cela » (ex hoc) et en l'isolant du mot *i*[23], idée, auquel il se rapporte (*cette idée*).

2° En construisant au nominatif le mot *i*[24], suivant lui «*sensus*, le sens (sous-entendu : eruitur, *est tiré*), » quoiqu'il soit au génitif, étant suivi de *kou*[25], « la cause, » (par la cause DE, à cause DE, par suite DE cette idée), ce qui l'a obligé de sous-entendre le mot *eruitur* (le sens « *est tiré* »), qui était parfaitement superflu.

3° En considérant comme un adverbe (*ideo*, c'est pourquoi) le mot *kou*[26], cause, faute de connaître la locution *yeou... kou*[27] (ex... causâ) et la manière de construire les mots intercalés entre *yeou*[28], ex, et *kou*[29], causâ.

Cinquante-sixième, cinquante-septième et cinquante-huitième échecs de M. Pauthier.

§ 12.

M. Pauthier (A. pag. 120) : « Le texte en question comprend 23 pa-
« ges. Ce sont ces 23 pages, traduites par moi *presque en entier*, que
« M. Julien a prises pour sujet de son *Examen critique* ; il y en a donc
« plus de douze ! »

Réplique. J'ai dit que mes observations critiques portaient sur *douze pages*, et je vais le prouver catégoriquement. Je dois avertir d'abord que la justification de mon édition impériale du voyage d'*Hiouen-thsang*, est plus grande que celle du Recueil *Kou-kin-thou-chou*, dont s'est servi M. Pauthier, et où il se trouve par parties détachées. Sa notice sur l'Inde n'y occupe que 21 pages, qui, en tenant compte des blancs, se réduisent à 20 pages 4 lignes.

---

[21] 是義 [22] 是 [23] 義 [24] 義 [25] 故 [26] 故 [27] 由... [28] 由 [29] 故

1° J'ai examiné de suite les pages 14, 15, 16, 17, 18, 19, 20, 21.   8 pag.

2° Je ne me suis pas occupé des pages 11, 12, 13 que M. Pauthier a passées, *sans en avertir le lecteur*.

3° J'ai examiné de suite les pages 9, 10.   2

4° J'ai laissé de côté (en avertissant le lecteur) la seconde moitié de la page 6 et les pages 7, 8, dont la critique aurait occupé une place trop considérable.   0

5° J'ai examiné les pages 1 et 2, qui, en raison des blancs, ne forment que   1 pag. 3 lig.

Ce sont *ces treize lignes continues qui* font l'objet du présent Mémoire.

6° J'ai fait peu d'attention aux pages 3, 4, 5, qui ne présentaient qu'une série de courtes définitions et un catalogue de jours et de mois, où l'on ne trouve nulle difficulté grammaticale. J'ai relevé seulement, pag. 3, 2 lignes; page 5, 2 lignes, et les trois premières lignes de la page 6 qui ne pouvaient être comprises sans une connaissance solide de la syntaxe.   0 pag. 7 lig.

Total   11 p. 10 lig. ou 12 pages.

Je me suis donc exprimé d'une manière rigoureusement exacte, en disant que mes *Observations critiques*, distribuées en 140 §§, portaient sur une *douzaine* de pages de chinois. M. Pauthier se plaint ici et en beaucoup d'endroits, de ce que quelquefois je ne cite pas, *par ex.* une phrase qui précède ou suit celle que je cite. Je vais répondre à ce reproche une fois pour toutes. Je n'ai point dit que *chacun* des mots des 12 pages critiquées renfermât une erreur, car, dans ce cas, j'aurais eu à relever environ 2400 fautes! J'en compte, terme moyen, 4 par ligne de 20 mots; cela fait 40 par page, 400 en dix pages, 4000 en cent pages, etc.

Que M. Pauthier se réjouisse, s'il veut, de ce que certaines portions de ces 12 pages se sont trouvées passablement traduites. Il est, malheureusement pour lui, un fait qui atténue beaucoup la gloire qu'il se décerne lui-même en note (pag. 120), et ce fait est prouvé aujourd'hui d'une manière irréfragable, c'est que sa version de tout le reste de ces

12 pages (savoir, des passages dont je me suis occupé dans les 140 §§ de mon *Examen critique*) renferme plus de fautes graves de tout genre qu'on n'en pourrait découvrir dans la multitude de traductions du chinois, faites et publiées par d'autres auteurs, depuis un siècle jusqu'à nos jours. On ne peut songer, sans une sorte d'effroi, au nombre prodigieux d'erreurs que M. Pauthier *serait capable* de commettre s'il traduisait un texte chinois *inédit* et *difficile*, comme celui de la relation de *Hiouan-thsang*, qui forme 585 pages grand in-8° de 10 lignes à la page et de 20 mots à la ligne. Si l'on prend pour base les fautes signalées dans les 140 §§ de l'*Examen critique*, et celles que je relève ici dans un fragment de 13 *lignes continues*, ces erreurs s'élèveraient, d'après un calcul très modéré, à au moins 23,400 !

§ 12. A.

Question. Le mot *te* [30] peut-il être rendu par l'adjectif *seul* devant un verbe ? Non.

— Sens remarquable de *te* [31], adverbe et adjectif, dans *Khang-hi*, d'après le *Li-ki* et le *Chi-king*.

Je passe maintenant au § 12, en le faisant précédé d'une phrase antérieure qui lui sert de transition, et dont les huit derniers mots viennent à l'appui du sens que j'ai adopté.

In-tou-tchong-sing [32], etc : « Les races et les familles de l'Inde sont « divisées en une multitude de castes et d'espèces; mais les Po-lo-men (les « Brahmanes) sont particulièrement regardés comme purs et nobles. »

M. Pauthier : La population du *In-tou* est divisée en classes ou castes; celle des *Po-lo-men* (Brahmanes) est la seule pure et noble.

Je ne dirai point que M. Pauthier n'a pas compris ce passage, mais j'y ferai remarquer plusieurs incorrections.

1° Il a rendu les deux mots *tchong* [33], « les races » et *sing* [34], « les familles, » par « la population, » expression collective qui ne peut indi-

---

[30] 特 [31] 特 [32] 印度種姓族。類群分。
而婆羅門特為清貴 [33] 種 [34] 姓

quer, aussi bien que les mots *races* et *familles*, les différentes parties de la nation.

2° Il a omis le mot *kiun* 35 (*vulgo multitude*), qui est adverbe ici par position, et signifie *multifariè*, diversement.

3° Il a fait une faute en rendant le mot *te* 36, « spécialement, particulièrement, » par l'adjectif *seul*.

Ce mot signifie quelquefois *seul*; mais c'est devant un substantif. Morrison, part. 11, n° 10,197, « un *seul* (*te*) bateau; *une seule* (*te*) victime ». On le trouve aussi, dans le même cas, avec le sens de *spécial*. Morrison, *ibid*. un décret *spécial* (*te*).

Mais devant un verbe (ici il est placé devant *wei* 37, « ils sont ») *te* 38 est adverbe et signifie *spécialement* (Morrison, part. 11, n° 10197), *particulièrement*, comme dans ce passage du *Li-ki*, Sect. *Ping-i* (liv. 30, fol. 19 de l'édit. *Chin. mandch.*), que cite *Khang-hi* : *Koueï-tchang-*TE-*ta* 39, (l'envoyé qui porte) la tablette *koueï*, ou la tablette *tchang*, a *particulièrement* la faculté de pénétrer (auprès des *reguli*), mot à mot : *particulièrement* pénètre. Dans la version mandchoue de ce passage, le mot *te* 40, est rendu par *tchokhotoï*, en chinois *te-te* 41, spécialement, particulièrement. Cf. Dictionn. *mandch. chin. Thsing-wen-loui-chou*, livre 1, fol. 9.

On trouve encore le mot *te* 42 employé comme un adverbe signifiant *maximè*, extrêmement. Gonçalvez, Dict. *chin. port.*, page 134 : *Chang-hoï-*TE-*chin* 43 : grandissimo perjuizo, très grand préjudice, ou dommage; mot à mot : le dommage-*extrêmement*-est grand.

Le mot *te* 44 se trouve adjectivement dans le sens de *grand, éminent*, et par position dans le sens de *« le plus grand, le plus éminent. »* En voici un exemple que cite *Khang-hi*.

On lit dans le *Chi-king*, Sect. *Tsin-fong*, od. 6 : *Weï-thseu-yen si-pe-fou-tchi-*TE 45. Certe ille *Yen-si* (est) centum virorum præstantissimus, c'est-à-dire : Certes *Yen-si* l'emporte sur tous les autres hommes. Dans la version mandchoue (liv. 3, fol. 51, r.), le mot *te* 46 est

---

35 群　36 特　37 為　38 特　39 圭璋特達
40 特　41 特特　42 特　43 傷害特甚　44 特
45 維此奄息。百夫之特　46 特

rendu par *tcholgorombi* ᡨᠴᠣᠯᡤᠣᡵᠣᠪᡳ, l'emporter sur les autres, en chinois, *pa-tsouï*[47]. (Dictionn. mandch. chin. *Thsing-wen-louï-chou*, liv. 9, fol. 3, *v*.).

Il résulte des définitions et des exemples qui précèdent que M. Pauthier s'est trompé en rendant ici le mot *te*[48] par *seul*, au lieu de *spécialement, particulièrement*.

Cinquante-neuvième échec de M. Pauthier.

§ 12 B.

Il est temps que j'arrive au § 12, en le faisant précéder de sept mots antérieurs, relatifs aux Brahmanes, et qui servent de transition au passage que nous allons discuter en détail.

Po-lo-men-te-weï-thsing-kouei[1]. Les Brahmanes sont particulièrement regardés comme purs et nobles.

Thsong-khi-ya-tch'ing[2], etc.

« D'après leur nom éminent que la tradition conserve et que l'usage a consacré, lorsqu'on n'indique pas les divisions des différentes contrées de l'Inde, on lui donne le nom général de *Royaume des Brahmanes.* »

Mot à mot : « D'après leur belle qualification (liv. II, fol. 7, *r*, l'auteur explique le mot indien *Po-lo-men*, « Brahmanes, » par *« pure-agentes, »* c'est-à-dire, les hommes *dont la conduite est pure*), qui, par tradition, est devenue un usage, c'est-à-dire, est passée en usage, etc. »

M. Pauthier : « C'est de cette caste que *sortent* les *instructions* desti-
« nées à former et à perfectionner les mœurs. »

« Nous ne parlerons pas ici en détail de l'étendue et des limites de
« ce pays auquel on donne, en général, la dénomination de royaume des
« *Po-lo-men* (Brahmanes). »

---

[47] 拔萃 [48] 特 [1] 婆羅門特爲清貴
[2] 從其雅稱。傳以成俗。無云經
界之別。總謂之婆羅門國焉。

Question. Dans quel cas le sujet peut-il être placé après le verbe, au lieu de le précéder, suivant la règle?

M. Pauthier a rendu *thsong-khi-ya-tch'ing* [3] (mot à mot, d'après leur qualification distinguée), par : « c'est d'eux que *sortent* les instructions droites », mot à mot (selon M. Pauthier) : « SORTENT DE-eux-les droites-instructions. » J'ai pris l'épithète *droites*, dans sa réponse (A. pag. 129).

Il est évident que M. Pauthier a regardé le verbe « *thsong* [4] » comme signifiant *sortir de*, et l'a subordonné au mot *instructions*, qui pour lui en est le sujet. Plus bas, j'examinerai le sens qu'il a adopté; pour le moment, je ne m'occupe que de la syntaxe.

Or, les seuls verbes chinois qui puissent précéder un nom au nominatif, sont le verbe *yeou* [5], lorsqu'il signifie *il y a*, et les verbes qui, accompagnés d'un substantif, répondent à certains impersonnels français, comme *kia-iu* [6], il tombe de la pluie, c'est-à-dire *il pleut*, *hia-sioue* [7], il tombe de la neige, c'est-à-dire *il neige*. *Thsing wen-tien*, liv. 1, fol. 14 et 17. *Khi-yeou-tha-tsaï* [8], est-ce qu'*il y a* un autre motif? — *Meng-tseu*, liv. 1, page 35. *Ibid.* page 25 ; *kou-tchi-jin-yeou-hing-tchi-tche* [9], parmi les hommes de l'antiquité, *il y a eu* (un homme) qui a fait cela — c'est *Wou-wang*.

Dans tous les autres cas, le nominatif doit constamment précéder le verbe auquel il se rapporte.

M. Pauthier s'est donc trompé en subordonnant le mot *thsong* [10] (d'après, suivant) qui, à son avis, est le verbe *sortir*, au mot *tch'ing* [11], qu'il rend par *instructions* et qu'il regarde comme le *nominatif* de ce verbe.

Soixantième échec de M. Pauthier.

---

[3] 從其雅稱 [4] 從 [5] 有 [6] 下雨 [7] 下雪 [8] 豈有他哉 [9] 古之人有行之者 [10] 從 [11] 稱

§ 12. C.

Question. Comment reconnaît-on que le mot *t'song* [12] doit être traduit tantôt par le verbe *suivre*, tantôt par les prépositions *e*, *ex*, indiquant la *sortie*, l'*origine*, ou par les prépositions *d'après*, *suivant?*

Dans sa réponse (A. page 122), M. Pauthier se ravise, et soutient qu'il a voulu rendre le caractère *thsong* [13], non par *sortir*, mais par « *de* (indiquant *la sortie*, *l'origine*, comme *e*, *ex*. Cf. *Basile*, Dictionn. chin.). »

M. Pauthier se serait gardé d'avancer une telle assertion, s'il avait connu le principe suivant. Pour que le mot *thsong* [14] ait le sens des prépositions *e*, *ex*, lorsqu'elles indiquent *la sortie*, *l'origine*, il faut absolument que le régime de *thsong* [15] (*e*, *ex*) soit suivi d'un verbe signifiant *venir*, *naître*, *sortir* (Si ce mot répondait à *de* (par exemple dans « recevoir DE »), à *par* (par exemple dans « entrer PAR la porte »), son régime serait suivi de verbes en rapport avec cette signification. Voyez Morrison, part. II, n° 11154.)

En voici des exemples authentiques : 1° *Khang-hi*, pour appuyer le sens de *tseu* [16], en latin *e*, *ex*, que *thsong* [17] a quelquefois, cite ce passage : *chi-yen*-THSONG-*choui*-SING-*hou* [18] ? mot à mot : *hæc verba* EX *quonam-homine nata-sunt?* c'est-à-dire : quel est l'auteur de ces propos (calomnieux) ?

DEUXIÈME EXEMPLE. Même dictionnaire : *Pou-wen-jin*-THSONG-*ji-pien*-LAÏ [19], mot à mot, non-audivi-virum (quemquam)-EX-solis-fini-

---

[12] 從 [13] 從 [14] 從 [15] 從 [16] 自 [17] 從 [18] 是
言從誰生乎。[19] 不聞人從日邊
來

bus-venisse, c'est-à-dire, je n'ai pas appris que quelqu'un soit jamais venu des extrémités de la terre, où naît le soleil.

TROISIÈME EXEMPLE. On lit dans le Dictionn. *Peï-wen-yun-fou*, liv. 93, fol. 67 : *tsou-choui*-THSONG-*ho*-TCH'OU [20], mot à mot, tributa-EX-quibusnam EXEUNT, c'est-à-dire, qui est-ce qui paie les impôts?

Mais lorsque *thsong* [21] signifie *depuis*, il peut commencer une phrase sans être suivi d'un verbe. *Tong-si-yang-khao*, liv. 4, fol. 1 : *thsong-thseu* [22], mot à mot, *ab illo* (tempore) « depuis cette époque », il ne dépendit plus du royaume de Siam.

M. Pauthier se trompe donc gravement en voulant traduire aujourd'hui *thsong* [23] par la préposition *de*, indiquant (suivant lui), comme *e*, *ex*, l'origine, la sortie, dans ce passage où ce mot n'a pas pour corrélatif un des verbes *laï* [24], venir, *tch'ou* [25], sortir, ou *sing* [26], naître, que nous avons vus dans les exemples cités plus haut.

Soixante-unième échec de M. Pauthier.

N. B. On reconnaît que *thsong* [27] doit être traduit ici par la préposition *suivant* ou *d'après*,

1° Parce qu'il n'est point précédé d'un nominatif (ce qui empêche de le rendre par *sortir de*);

2° Parce qu'il n'a pas pour corrélatif, à la fin du membre de phrase qu'il commence, un verbe neutre signifiant *venir*, *sortir*, *naître de* (ce qui ne permet pas de donner à *thsong* [28] le rôle de la préposition *de* (*e*, *ex*).

On peut comparer (§ 2): *kin-thsong-tching-in* [29], aujourd'hui, suivant, d'après la prononciation exacte, *i-yun-In-tou* [30], il convient de dire (c'est-à-dire de prononcer) *In-tou*.

---

[20] 租稅從何出 [21] 從 [22] 從此 [23] 從 [24] 來 [25] 出 [26] 生 [27] 從 [28] 從 [29] 今從正音。 [30] 宜云印度。

§ 12. D.

Question. Quel est le rôle du mot *khi* [31], lorsqu'il est suivi d'un verbe ou d'un substantif au nominatif, ou bien lorsqu'il est régi par un verbe ou une préposition qui le précède?

1° Le mot *khi* [32], suivi d'un verbe, est ordinairement le pronom de la troisième personne, *il, elle, eux, elles* (Cf. Remusat, *Gramm. chin.* page 56). On le trouve quelquefois après le pronom de la première personne (*ngo-khi* [33] ou *ngou-khi* [34]), répondant à *ipse, ipsi*, dans la locution latine, *ego ipse, nos ipsi* (Cf. *Tso-tch'ouen-kiu-kiaï*, liv. 2, fol. 62. *v.*); quelquefois aussi il répond au pronom de la deuxième personne *tu, vos*, lorsqu'on parle à quelqu'un et qu'on lui donne un conseil ou un ordre : *Tso-tch'ouen-kiu-kiaï*, liv. 3, fol. 6 : *Kiun-khi-thou-tchi* [35], « princeps, TU meditare illud, prince, songez-y sérieusement. » Dans les décrets impériaux (Cf. *Kou-wen-youen-kien*, liv. X, fol. 8, *r.* lin. 9, sqq.) presque tous les verbes à l'impératif sont précédés de *khi* [32].

2° Lorsque ce mot est initial et précède un substantif, il est en général le démonstratif *ille, iste*. *Fo-koue-ki*, fol. 39 : *Khi-jin-kong-chun* [36], cet homme (*Fa-hien*) fut respectueux et docile.

3° Lorsque *khi* [37] se rattache à une personne ou à des personnes déjà mentionnées, et qu'il est accompagné d'un substantif au nominatif, et sujet d'un verbe suivant, on le rend par le génitif du pronom de la troisième personne « *de lui, d'elle, d'eux, d'elles*, » répondant aux pronoms possessifs, *son, sa, ses, leur, leurs*. *Meng-tseu*, liv. 1, p. 51 : *khi-miao-tchi-pou-tch'ang* [38] (un homme qui s'affligeait de ce que) *ses* moissons naissantes ne grandissaient pas, mot à mot : *de lui*–les moissons-naissantes, etc.

---

[31] 其 [32] 其 [33] 我其 [34] 吾其 [35] 君其圖之 [36] 其人恭順 [37] 其 [38] 其苗之不長

4° Le mot *khi* [39] se rend encore par le génitif *de lui*, *d'eux*, *d'elle*, *d'elles*, répondant à *son*, *sa*, *ses*, *leurs*, lorsqu'il est suivi (et c'est le cas le plus fréquent) d'un substantif que régit un verbe ou une préposition (placés avant *khi* [40]). Ce double cas se trouve dans cet exemple de *Meng-tseu*, liv. 1, page 31 : *Yeou-tho-khi-tsi-tseu-iu-khi-yeou-tche* [41], il y eut un homme qui confia *sa* femme et (ses) enfants à *son* ami, littéralement : qui commisit EJUS *uxorem et liberos* — EJUS *amico* — qui confia l'épouse et les enfants *de lui*, à l'ami *de lui*. Il y a en mandchou *ini* ᠢᠨᡳ, *ejus*.

5° Lorsqu'il est suivi d'un substantif régime, désignant une chose inanimée, déjà énoncée auparavant, on l'explique en *mot à mot* par le génitif « *de cela, de cette chose.* »

Prémare, page 44, 6° : *Ngo-pou-kiaï*-KHI-*kou* [42], je ne puis m'en expliquer la cause, littéralement : « expliquer la cause *de cela*. »

Il résulte des développements et des exemples qui précèdent, que dans notre passage les mots *ya-tch'ing* [43], « la qualification distinguée, le nom distingué, » sont régis par la préposition *thsong* [44], « d'après, » et que le mot *khi* [45] doit être considéré comme étant au *génitif* (*eorum*, d'eux, mot à mot : d'après-*d'eux*-le distingué-nom, c'est-à-dire d'après leur nom distingué).

M. Pauthier s'est donc trompé,

1° En subordonnant le génitif *khi* (*eorum*, d'eux — la qualification distinguée, c'est-à-dire LEUR qualification distinguée) au mot *thsong* (suivant lui « sortir ») ; c'est D'EUX que sortent... (comme s'il y avait en latin : *exeunt-ex* ILLIS).

2° En construisant au nominatif les mots *ya-tching* [43], « qualification distinguée » (suivant lui : « *les instructions droites* » — sortent D'EUX) qui sont régis par la préposition *thsong*, « suivant, d'après » (d'après leur qualification distinguée, etc.) (J'examinerai plus bas cette traduc-

---

[39] 其 [40] 其 [41] 有託其妻子於其友者 [42] 我不解其故 [43] 雅稱 [44] 從 [45] 其

tion de *ya-tch'ing* 46, et je justifierai le sens de *qualification distinguée*).

Soixante-deuxième échec de M. Pauthier.

§ 12. E.

Question. Le mot *khi* 47 peut-il se traduire par *lui, eux*, répondant à l'ablatif latin *illo, illis ?* Non.

M. Pauthier a traduit « c'est *de cette caste*, que sortent les instructions, etc. » Comme il a ajouté le mot *caste*, qui n'est pas dans le texte, il est évident qu'il a fait ainsi le mot à mot « sortent de- *eux*, *khi* 48, sortent d'*eux*, c'est-à-dire : des Brahmanes-sortent les instructions. »

M. Pauthier paraît croire, par conséquent, que le mot *khi* 49, pris isolément, peut se rendre quelquefois par *lui, elle, eux, elles.* C'est ce qui n'a jamais lieu. Pour que *khi* 50 puisse être rendu par le pronom singulier ou pluriel de la troisième personne, il faut qu'il soit au nominatif (dans le cas dont il s'agit, il serait à l'ablatif en latin : oriuntur ex illis...) et qu'il remplace le sujet déjà exprimé d'un verbe suivant (Rémusat, *Gramm. chin.*, § 132), ou qu'il soit au génitif et serve à déterminer avec précision le sujet précédent, comme dans ce passage de *Meng-tseu*, liv. 2, pag. 31 : Un de vos sujets confia *sa* femme et *ses* enfants *à son* ami; littéralement : la femme et les enfants de *lui*, à l'ami de *lui* (*khi* 49).

M. Pauthier s'est donc trompé en isolant le mot *khi* 50, et en lui donnant un rôle et une construction qu'il n'a jamais en chinois.

Soixante-troisième échec de M. Pauthier.

---

46 雅稱 47 其 48 其 49 其 50 其

§ 12. F.

Question. Est-il vrai que l'adjectif *ya* [51] ne peut signifier *élégant, distingué?*
— Preuves du contraire.

Thsong-khi-ya-tch'ing [52], d'après leur nom distingué, etc. J'ai été autorisé, par une multitude d'exemples, à penser qu'ici l'adjectif *ya* [53] signifie *beau, élégant, distingué.* Mais cette acception ne plaît pas à M. Pauthier. « *Ya* [54], dit-il, page 123, n'a JAMAIS signifié *distingué,* mais *justum, rectum, conveniens.* »

RÉPLIQUE. Rien n'est plus ordinaire que le sens de *beau, élégant, distingué,* donné à cet adjectif.

PREMIER EXEMPLE. On lit dans le recueil *Tchao-ming-wen-siouen,* liv. XI, fol. 43, *v.*, glose : *ma-youe-long; ya-tching-ye* [55] (en poésie, quelquefois) « le cheval est appelé *Dragon.* C'est une qualification, une dénomination *élégante, distinguée.* » Suivant M. Pauthier, on devrait traduire : *c'est une instruction* DROITE !

Par malheur pour lui, *instruction droite* serait aussi choquant ici que dans notre passage. Le lecteur remarquera que cette expression *ya-tch'ing* [56] (nom distingué) est précisément celle dont nous nous occupons.

DEUXIÈME EXEMPLE. *Ping-tseu-louï-pien,* liv. 232, fol. 2, *v. ya-thsaï* [57], « des talents distingués. »

TROISIÈME EXEMPLE. Même Dictionnaire, liv. 232, fol. 5, *v. yeou-sou-jou-tche* [58], il y a des lettrés vulgaires, *yeou-ya-jou-tche* [59], il y a des lettrés *distingués, ya* [60].

---

[51] 雅　[52] 從其雅稱　[53] 雅　[54] 雅　[55] 馬曰龍。雅稱也。　[56] 雅稱　[57] 雅才　[58] 有俗儒者　[59] 有雅儒者　[60] 雅

On trouve dans le même ouvrage, *ya-tou* [61], des disciples *distingués*, *ya-khe* [62], un hôte *distingué*, etc.

QUATRIÈME EXEMPLE. Prémare, page 126, lin. 5 : *ya-hao* [63], (quel est votre) titre *distingué?*

CINQUIÈME EXEMPLE. On lit dans les Anuales des *Han*, Biographie de *Weï-pieou*, que ce personnage aimait l'étude, qu'il jouissait d'une grande réputation, et qu'on lui avait donné « la qualification *distinguée* » *ya-tch'ing* [56], de *jou-tsong* [64], « le plus honorable des lettrés » : (littéralement : sa *qualification distinguée*, *youe* [65], se disait *jou-tsong* [66]).

Ainsi le sens de *beau*, *élégant*, *distingué*, donné à l'adjectif *ya* [67], ne saurait être mieux démontré.

Suivant M. Pauthier, il faudrait traduire : « ses *instructions droites* s'appelaient.... » Avec cette étrange interprétation, l'expression *jou-tsong* [68], *le plus honorable des lettrés*, n'aurait aucun sens.

Soixante-quatrième échec de M. Pauthier.

§ 12. G.

Question. Est-il vrai que le mot *tch'ing* [69] ne peut signifier ici *nom, qualification?*
— Preuves du contraire.

Thsong-khi-ya-tch'ing [70], « d'après leur *nom* distingué, » etc.

M. Pauthier (page 123): « Le mot *tch'ing* [71], qui suit l'adjectif *ya* [72], « ne peut signifier *nom*, comme le traduit M. Julien, car on ne peut « pas dire un *nom juste, droit, équitable*; ces épithètes ne peuvent s'ap-

---

[61] 雅徒 [62] 雅客 [63] 雅號 [64] 儒宗 [65] 曰
[66] 儒宗 [67] 雅 [68] 儒宗 [69] 稱 [70] 從其雅
稱 [71] 稱 [72] 雅

« pliquer qu'à des *actions*, comme celles de *gouverner*, etc., ou à des
« *instructions*, des *lois*, qui prescrivent ce qui est *juste*, *droit*, *équi-
« table*. »

Réplique. On voit que, faute de connaissances suffisantes, M. Pauthier crée, à ses propres yeux, des impossibilités qui n'existent pas, en restreignant, ainsi qu'il le fait, le sens de *ya* 7³, adjectif qui, dans beaucoup de cas, signifie clairement *beau*, *élégant*, *distingué*, comme je l'ai démontré plus haut (§ 12 F).

Ici donc M. Pauthier soutient (en raison de la signification restreinte de *justum*, *rectum*, *conveniens*, qu'il attribue à *ya* 7⁴, que le mot *tch'ing* 7⁵ ne peut signifier ici *nom* (littéralement *qualification*).

Les lecteurs ont sans doute remarqué (§ 12 F) la glose du Recueil *Tchao-ming-wen-siouen*, qui nous apprend qu'en poésie, le mot *long* 7⁶, « dragon, » est quelquefois *une qualification élégante*, *distinguée*, *un nom élégant* (*ya-tch'ing* 77), pour désigner un cheval, *ma* 7⁸.

Que dans cette glose, on rende l'expression *ya-tch'ing* 79 (*nom élégant*, *distingué*), par *instruction droite*, comme le veut M. Pauthier, l'on aura la définition la plus *choquante*, j'oserai dire la plus *bouffonne*, qui se puisse imaginer, savoir (en poésie) : « un cheval s'appelle quelquefois *un dragon* : c'est UNE INSTRUCTION DROITE ! au lieu de : c'est
« *une qualification élégante*, un *nom élégant*, *distingué*. »

Le même *non-sens* aurait lieu dans le passage suivant, déjà cité plus haut, si l'on s'aventurait à substituer « *les instructions droites* » de M. Pauthier, à l'expression « *qualification distinguée*, *nom distingué*. »

On lit dans les Annales des *Han*, biographie de *Weï-pieou*, que ce personnage excellait dans la littérature, qu'il jouissait d'une grande réputation, et qu'on lui avait donné *la qualification distinguée* (*ya-tch'ing* 83) de *jou-tsong* 84, « *le plus honorable des lettrés*. »

Il résulte de ce qui précède que M. Pauthier s'est gravement trompé

---

⁷³ 雅　⁷⁴ 雅　⁷⁵ 稱　⁷⁶ 龍　⁷⁷ 雅稱　⁷⁸ 馬
⁷⁹ 雅稱　⁸³ 雅稱　⁸⁴ 儒宗

92   EXAMEN DE TREIZE LIGNES DE CHINOIS

en soutenant que, dans ce passage, le mot *tch'ing* doit se traduire par *instructions*, *lois*.

Soixante-cinquième échec de M. Pauthier.

§ 12. H.

Question. Est-il vrai que le mot *tch'ing* [85 a] signifie «*paroles, instructions,*» suivant le dictionnaire de *Kang-hi* et le dictionn. *I-wen-pi-lan?*
— Preuves du contraire.

Thsong-khi-ya-tch'ing [86], mot à mot : d'après leur qualification distinguée.

M. Pauthier : « C'est d'eux que sortent les *instructions droites,* etc. » Le même (A. page 123) : « Ma traduction (*instructions*) est conforme « à la nature des choses. Elle est aussi conforme au texte, car *tch'ing* [87] « signifie *yen* [88], paroles, *instructions,* suivant le dictionnaire de *Khang-* « *hi* et le *I-wen-pi lan.* »

Réplique. Nous avons vu jusqu'ici (Cf. § 3 B, C, D, E, etc.) que M. Pauthier n'a jamais manqué de se tromper gravement chaque fois qu'il a voulu chercher, dans ses dictionnaires *tout chinois*, des arguments contre moi, arguments qui (disait-il page 106) devaient être *sans réplique.*

C'est encore ce qui lui arrive en ce moment, c'est ce qui lui arrivera toujours, parce qu'il n'est pas en état d'entendre les définitions ni les exemples de ces sortes de dictionnaires.

Je vais remonter à la source que cite M. Pauthier, et montrer que le mot *tch'ing* [89] n'a point dans *Khang-hi* le sens de « *paroles, instructions.* »

Khang-hi, clef 115, fol. 68 v. : « Le mot *tch'ing* [90] signifie *peser,*

[85] 稱 [85 a] 稱 [86] 從其雅稱 [87] 稱 [88] 言
[89] 稱 [90] 稱

« pour connaître le poids d'une chose. — Il a en outre le sens de
« *yang* 91, « louer une chose, » de *wei* 92, « citer quelqu'un avec
« éloge, » en son absence. On lit dans le *Li-ki* (section *Piao-ki*, liv. 26,
« fol. 21, de l'édit. *Mandchou-chin*.) : *Kiun-tseu-*TCHING-*jin--tch'*
« *chen* 93, *si le sage* LOUE *les bonnes qualités d'un homme*, etc. On lit
« dans les Annales des *Han*, biographie de *Kou-i* : « Comme il excel-
« lait à réciter le *Chi-king* (le Livre des Vers) et le *Chou-king* (les An-
« nales Impériales), et à faire des compositions littéraires, *tch'ing-iu-*
« *kiun* 97, on le citait avec éloge (littéralement : il était cité avec éloge)
« dans tout l'arrondissement. — Le mot *tch'ing* 98 a encore le sens de
« *yen* 99, « *parler* d'une chose, *prononcer* un mot (Le lecteur remar-
« quera que c'est dans cet endroit que M. Pauthier a cru trouver le
« sens de « *paroles, instructions* »). On lit dans le *Li-ki* (section *Che-i*,
« liv. 30, fol. 5 *v*. de l'édit. *Mandchou-chin*.) : *Tch'ing-tao* 100, « *parler*
« *de la droite voie*. »

(*Ex.* de *tching* 1, signifiant « *proférer, prononcer* » un nom). On lit
« dans le *Li-ki* (sect. *Than-kong*, liv. 2, fol. 31 *v*. de l'édit. de *Tchin-*
« *hao*, et liv. 4, fol. 30, de l'édit. *Mandchou-chin*.) : *Fou-tseu-tchi-*
« *mou-ming-tch'ing-tsaï* 2, etc. (J'ai complété la citation de *Khang-hi*
« qui ne renferme que les mots 8 à 12) : *La mère de Confucius portait*
« *le nom* (dissyllabique) *de Tch'ing-tsaï*. (Quand il l'eut perdue), *s'il*
« *proférait le mot Tsaï, il ne prononçait pas le mot Tch'ing; s'il profé-*
« *rait le mot Tch'ing, il ne prononçait pas le mot Tsaï*. »

Les mêmes définitions se trouvent dans le dictionnaire *I-wen-pi-lan*.
J'ai traduit en entier les définitions et les exemples de *Khang-hi*, sur lesquels M. Pauthier prétendait s'appuyer.

Les lecteurs ont pu voir que dans les deux exemples du *Li-ki*, auxquels s'applique la définition de *Khang-hi*, le mot *tch'ing* 3 est synonyme

---

91 揚　92 謂　93 君子稱人之善　97 稱
於郡　98 稱　99 言　100 稱道　1 稱　2 夫子
之母名徵在。言在不稱徵。言徵
不稱在。　3 稱

de *yen* 4, lorsque ce mot signifie « *parler* d'une chose, » ou « *proférer, prononcer* un mot, un nom. »

Ainsi, M. Pauthier n'a point compris cet endroit de *Khang-hi*, et s'est trompé gravement en soutenant que, dans cet article du dictionnaire impérial, le mot *yen* 5, donné comme synonyme de *tch'ing* 6, signifie substantivement « *paroles*, INSTRUCTIONS. »

Soixante-sixième échec de M. Pauthier.

§ 12. I.

Question. Est-il vrai que, dans notre passage (§ 12), on altère le texte en disant que *tch'ouen-i* 7 est ici pour *i-tch'ouen* 8 (par la tradition)?
— Preuves du contraire.
— Postposition remarquable du mot *i* 9, qui ordinairement précède son régime.

Je suis obligé de reprendre les mots *thsong-khi-ya-tch'ing* 10 (D'après leur nom distingué, — traduction que j'ai justifiée plus haut), afin que le lecteur saisisse bien la liaison des quatre mots qui suivent: *Tch'ouen-i-tch'ing-sou* 11 (nom distingué qui), mot à mot : tradition-par (en latin : tradition-*e*, par la tradition) est-devenu un usage, c'est-à-dire est passé en usage.

M. Pauthier veut (A. page 123) qu'on traduise « *les instructions droi-* « *tes* (j'ai réfuté plus haut, § 12 E, F, ce sens de « *instructions droites*, » au lieu de *nom distingué*) sont transmises *tch'ouen* 12, pour *i* 13, perfectionner *tch'ing* 14 les mœurs, *sou* 15. »

---

⁴言 ⁵言 ⁶稱 ⁷傳以 ⁸以傳 ⁹以
¹⁰從其雅稱 ¹¹傳以成俗 ¹²傳
¹³以 ¹⁴成 ¹⁵俗

« Il n'est pas (dit M. Pauthier, page 123), il ne peut être question
« de *tradition* dans le texte. »

« M. Julien, pour trouver ce sens, *ne se fait aucun scrupule d'alté-*
« *rer ce même texte*, en écrivant *tch'ouen-i* [18] pour *i-tch'ouen* [19], par
« *tradition.* »

« Je dois avertir (dit encore M. Pauthier) que la ponctuation adop-
« tée par M. Julien est aussi contraire au sens qu'à la construction
« grammaticale chinoise. »

Réplique. 1° La ponctuation que j'ai adoptée est celle de l'édition impériale ; il n'est donc pas permis de dire qu'elle *est aussi contraire au sens qu'à la construction chinoise!*

2° Je n'ai point *altéré le texte* (comme l'affirme M. Pauthier, du ton
le plus injurieux), puisqu'en citant le passage original, j'ai écrit
tchouen-i [20].

Je ne l'altère pas non plus lorsque, pour montrer au lecteur une
construction remarquable de *i* [21], je dis, qu'à mon avis, *tch'ouen-i* [22] est
est ici pour *i-tch'ouen* [23].

Ceci demande une explication.

Il est un fait assez curieux, qui n'est point consigné dans les grammaires chinoises, et que paraît ignorer M. Pauthier : c'est que, si le
mot *i* [24], marque de l'ablatif ou de l'instrumental, se place ordinairement avant son régime, souvent les bons écrivains le *post-posent*, c'est-
à-dire, le *placent après* ce même régime. Il fait alors l'effet de la terminaison *e* dans « *ense* », lorsqu'on dit en latin « *ens-e* occidere hominem »
(on pourrait dire en chinois *kien-i-cha-jin* [25], littéralement :
« l'épée-*par*, tuer un homme » au lieu de *i-kien-cha-jin* [26], « par-
l'épée, tuer un homme »).

Premier exemple. *Meng-tseu*, liv. 2, page 27 : *ye-i-ki-ji* [27], mot
à mot en latin : « noct-*e* continuabat diem, » mot à mot en français :
« la nuit-*par* (par la nuit) -il continuait-le jour. »

---

[18] 傳以 [19] 以傳 [20] 傳以 [21] 以 [22] 傳以
[23] 以傳 [24] 以 [25] 劍以殺人 [26] 以劍
殺人 [27] 夜以繼日

Ceci est dit de *Tcheou-kong*, qui, lorsqu'il songeait dans le jour à une affaire, ne se couchait pas et restait assis jusqu'au matin, en cherchant la solution qu'il avait en vue. Le P. Noël traduit (pag. 350, § 31) : *Noctem cum die conjungebat.*

Il est évident que, dans ce passage, *ye-i* [28] (noct-*e*, la nuit-*par*) est pour *i-ye* [29] (par la nuit).

De même, dans notre passage, *tch'ouen-i* [30] (tradition-*e*, la tradition-*par*) est pour *i-tchouen* [31], « par la tradition. »

C'est en vertu d'une *post-position* analogue du mot *i* [32], qu'on dit *ho-i* [33], mot à mot : *quoi-par?* (au lieu de *par-quoi?*), c'est-à-dire, pourquoi? comment? *Cf.* Prémare, page 178, § 4, et pag. 223, § 8. Mais cette locution est si fréquente, qu'on ne songe pas à se rendre compte de sa composition.

TROISIÈME et QUATRIÈME EXEMPLES de *i* [34] *post-posé*. On lit dans le *Tso-tch'ouen-kiu-kiaï*, liv. 2, fol. 24 : *tchao-i-ji* [35], « entrer le matin, » pour *i-tchao-ji* [36] ; *si-i-ji* [37] (vesper-*e* intrare) « entrer le soir, » pour *i-si-ji* [38]. Je donnerai plus bas un exemple remarquable de *tch'ouen-i* [39] (la tradition-*par*) au lieu de *i-tch'ouen* [40] (*par-la-tradition*).

M. Pauthier se trompe donc lorsqu'il avance (page 122) que j'ai *altéré le texte*, en disant qu'ici *tch'ouen-i* [41] me paraissait employé pour *i-tch'ouen* [42] (par la tradition).

Cette transposition, déjà justifiée par les exemples précédents, recevra une confirmation nouvelle et complète dans le § 12 J.

Soixante-septième échec de M. Pauthier.

---

[28] 夜以 [29] 以夜 [30] 傳以 [31] 以傳 [32] 以
[33] 何以 [34] 以 [35] 朝以入 [36] 以朝入
[37] 夕以入 [38] 以夕入 [39] 傳以 [40] 以傳
[41] 傳以 [42] 以傳

§ 12. J.

Question. Est-il vrai que, dans notre passage, *tch'ouen-i* [43] signifie *communicare ad*, et non *par tradition*?
— Preuves du contraire.

Tch'ouen-i-tch'ing-sou [44] (d'après leur nom distingué *qui*), mot à mot : par la tradition, est devenu un usage, *c'est-à-dire*, est passé en usage.

M. Pauthier (page 122) : les instructions droites *sont transmises pour perfectionner les mœurs.*

M. Pauthier affirme (page 122) qu'il ne peut être question ici de tradition, et que l'expression *tch'ouen-i* [45] veut dire « *communicare ad, transmittere ad.* »

Cette assertion vient de ce que M. Pauthier ignore (ainsi que je l'ai prouvé plus haut) l'usage reçu parmi les bons écrivains, de *post-poser*, par élégance, le mot *i* [46], *par*, marque de l'instrumental, au lieu de le placer avant son régime. Voici un curieux exemple de *tch'ouen-i* [47] (la tradition-*par*) pour *i-tch'ouen* [48] « *par* la tradition. » On lit dans le *Kou-wen-youen-kien*, liv. 5, fol. 4 r., lin. 2: *chou-jin*-TCH'OUEN-*i-iu-wang* [49], mot à mot : « les hommes du peuple — la tradition-par (par la tradition, au moyen de la tradition), parlaient à l'empereur, » c'est-à-dire qu'ils se transmettaient de bouche en bouche (au moyen des chansons populaires) des faits relatifs aux bons ou aux mauvais rois, et qui, arrivant à l'empereur par l'intermédiaire des magistrats chargés de recueillir ces chansons, tenaient lieu de remontrances que le peuple n'aurait osé adresser directement à son souverain.

Voici une autre preuve dont le lecteur sera sans doute frappé, c'est que souvent, lorsqu'un auteur chinois dit qu'une chose est *devenue un usage*, c'est-à-dire, est *passée en usage* (c'est ainsi que j'ai entendu la lo-

---

[43] 傳以 [44] 傳以成俗 [45] 傳以 [46] 以
[47] 傳以 [48] 以傳 [49] 庶人傳以語王。

cution *tch'ing-sou* [50]), le mot qui indique la manière dont cette chose *est passée en usage*, est suivi d'un *i* [57] *post-posé*.

PREMIER EXEMPLE. On lit dans le *Si-yu-ki*, liv. XI, fol. 20 *v*. : « On n'a pas besoin de leur donner des leçons de religion. Chez les fils et les petits-fils, *par l'effet de l'habitude*, la pratique de la loi (de Bouddha) *est passée en usage,* » *si-i-tch'ing-sou* [51], mot à mot « l'habitude-*par*, (cela) est devenu un usage établi. »

DEUXIÈME EXEMPLE. On lit dans la nouvelle édition du *Si-yu-wen-kien-lo* (sous le titre de *Si-yu-ki*), liv. IV, fol. 7, *v*. : *Jen-si-tchi-so-chang-tsin-i-tch'ing-fong* [52] (on verra dans le § suivant qu'ici *tch'ing-fong* [53] est synonyme de *tch'ing-sou* [54]) : « Ainsi les habitudes auxquelles (les hommes) sont attachés — insensiblement (mot à mot : un progrès lent-*par*) deviennent un usage, » c'est-à-dire, passent en usage (passent dans les mœurs).

Il est donc bien démontré par les exemples cités plus haut, qu'ici *tch'ouen-i* [55] signifie « *par la tradition* » (revoir plus haut l'exemple *tch'ouen-i-iu-wang* [56], mot à mot : tradition-*e* alloquuntur regem), et non *transmittere ad* « transmettre pour (sic), » et que de plus, *i* [57] est surtout *post-posé* par élégance, parce que les deux mots suivants *tch'ing-sou* [58] signifient *devenir un usage, passer en usage*.

Soixante-huitième échec de M. Pauthier.

---

[50] 成俗　[51] 習以成俗　[52] 然習之所尚。浸以成風。　[53] 成風　[54] 成俗
[55] 傳以　[56] 傳以語王　[57] 以　[58] 成俗

§ 12. K.

Question. Est-il vrai qu'ici l'expression *tch'ing-sou* [59] signifie « perfectionner les mœurs? »
— Preuves du contraire.

Tch'ouen-i-tch'ing-sou [60], mot à mot « (d'après leur nom distingué *qui*) par la tradition-est devenu un usage, est passé en usage. »

M. Pauthier « (les instructions droites) sont transmises pour *perfectionner les mœurs.* »

M. Pauthier (page 123) « *Former et perfectionner les mœurs* est la « traduction littérale et exacte de *tch'ing-sou* [61]; car le premier de ces « caractères, selon Basile et tous les dictionnaires chinois, signifie » *perfectum, perficere, complere,* et le second : *consuetudo, mos,* « *mores.* »

Réplique. Les dictionnaires chinois donnent en général le sens des mots, sans tenir compte des valeurs qui résultent de leurs différentes positions. Ainsi, le mot *tch'ing* [62] signifie, suivant sa position, tantôt *achever, perfectionner*, tantôt *être achevé, être fait, se faire, devenir*. Du reste, le sens de *devenir* se trouve (quoi qu'en dise M. Pauthier) : 1° dans Morrison, *Dict. chin.*, part. II, n° 1074 : *tch'ing-kong* [63], « to become a void; » 2° dans Gonçalvez, *Dict. port. chin.*, page 385 : *tch'ing* [64], « fazer se » devenir. Le dictionnaire *chin. franç.* de M. Callery (Macao, 1841) commence la définition de *tch'ing* [65] par les mots « *fieri*, devenir. » M. Pauthier, qui possède le Morrison et le Gonçalvez, ne devrait pas ignorer le sens de *devenir* que j'ai donné ici à *tch'ing* [66].

Dans le § 12 H, j'ai déjà cité deux exemples de *tch'ing* [67], « devenir » (devenir un usage, c'est-à-dire, passer en usage). En voici trois autres, dont les deux derniers sont accompagnés d'une version mandchoue.

---

[59] 成俗   [60] 傳以成俗   [61] 成俗   [62] 成
[63] 成空   [64] 成   [65] 成   [66] 成   [67] 成

TROISIÈME EXEMPLE. On lit dans le Commentaire de *Lao-tseu*, par *Sie-hoeï* (édition que possède M. Pauthier), liv. 2, fol. 54, *r*, lin. 4 : « Je « pense qu'à cette époque, le soin d'arranger les différends fut d'abord « confié aux magistrats ; *khi-heou-khieou-eul-tch'ing-sou* [68], dans la « suite et à la longue, (cela) *devint un usage*, (cela) *passa en usage*, « *tch'ing-sou* [69]. »

QUATRIÈME EXEMPLE. *Fan-i-louï-pien*, liv. 1, fol. 28 : *hi-hao-tch'ing-sou* [70], la joie du cœur et la concorde *passèrent en usage*, c'est-à-dire, devinrent l'état habituel des hommes, ᢒᢔᡳᠣᠸ ᠨᠣᡧᠣᡴᡳᠶᠠᠰᠣᠣᠨ ᠨᠣᠣᡥᠠ ᠪᠠᠨᡩᠰᡳᡥᠠᠪᡳ *elekhoun khóvaliyasoun kooli bandsikhabi*.

CINQUIÈME EXEMPLE. *Ibid.*, liv. 1, fol. 30 : *Kien-'go-tch'ing-fong* [71], la droiture et la sincérité *passèrent en usage*, ᢈᠣᠷᡳᢒ ᠰᡳᡩᠰᡳᠷᡤᠣᠨ ᠨᠣᠣᡥᠠ ᠪᠠᠨᡩᠰᡳᡥᠠᠪᡳ *tondo sidsirgon kooli bandsikhabi*.

En comparant ce dernier exemple avec le précédent, on voit qu'ici *tch'ing-sou* [72] est exactement synonyme de *tch'ing-fong* [73], puisque, dans ces deux cas, ces expressions sont également traduites en mandchou par *kooli bandsikhabi*, « sont devenues un usage, sont passées en usage. »

Il résulte de ce qui précède que M. Pauthier a commis ici deux fautes graves : 1° en rendant *tch'ing* [74], « devenir » par *perfectionner*; 2° en traduisant le mot *sou* [75] « usage » (passer en *usage*) par les *mœurs*.

Soixante-neuvième et soixante-dixième échecs de M. Pauthier.

---

[68] 其後久而成俗 [69] 成俗 [70] 熙皡成俗 [71] 謇諤成風 [72] 成俗 [73] 成風 [74] 成 [75] 俗

§ 12. L.

Wou-yun-king-kiai-tchi-pie [76], etc.

« (D'après leur nom distingué (ce nom de *Brahmanes*) que la tradi-
« tion conserve et que l'usage a consacré), lorsqu'on n'indique pas les
« différentes parties de l'Inde, on donne à cette contrée le nom général
« de royaume des *Brahmanes*. » *Mot à mot :* « lorsqu'on n'énonce pas la
« distinction de limites particulières (de l'Inde), etc. »

Ainsi, quand on n'indique pas une portion particulière de l'Inde, comme lorsqu'on dit : *l'Inde méridionale*, *l'Inde septentrionale*, *l'Inde centrale*, on la désigne d'une manière générale par le nom de *royaume des Po-lo-men*, ou *Brahmanes*, et cette dénomination est évidemment empruntée à la *qualification distinguée* de *Po-lo-men* ou *Brahmanes*, mot samskrit qui signifie (suivant *Hiouen-thsang*, liv. 2, fol. 7, r.) : *les hommes dont la conduite est pure.*

M. Pauthier n'ayant pas compris, ainsi que nous l'avons vu plus haut, le membre de phrase « *d'après leur nom distingué* (c'est-à-dire, d'après le nom de *Brahmanes*) », n'a pu saisir la liaison qui existe entre ces mots et les suivants : « (d'après ce nom de *Brahmanes*), on appelle l'Inde *le royaume des Brahmanes*. »

Quand appelle-t-on ainsi l'Inde? C'est, dit notre auteur, lorsqu'on la désigne d'une manière générale, c'est-à-dire lorsqu'on n'indique pas une contrée particulière de l'Inde et qu'on dit, par exemple, « *l'Inde méridionale, l'Inde centrale*, etc. »

M. Pauthier ayant séparé du texte précédent, l'espèce de parenthèse à l'aide de laquelle l'auteur explique dans quelles circonstances on désigne l'Inde par le nom général de royaume des Brahmanes (et c'est ainsi qu'on vient de le voir, lorsqu'on n'indique pas une contrée particulière), s'est imaginé qu'en cet endroit, l'auteur ne voulait pas parler *de l'étendue et des limites de l'Inde!*

M. Pauthier : « Nous ne parlerons pas ici en détail *de l'étendue et*
« *des limites de ce pays*, auquel on donne la dénomination générale de
« *royaume des Brahmanes*. »

---

[76] 無云經界之別。總謂婆羅門國。

M. Pauthier se trompe deux fois ici. 1° Il ne s'agit point dans cette espèce de parenthèse, de *l'étendue de l'Inde*, mais de *la distinction des différentes parties de l'Inde;* cette erreur vient de ce qu'il n'a pas compris le mot *pie* 77, *la distinction* (mot à mot : « lorsqu'on *n'énonce pas la distinction - des limites particulières*, c'est-à-dire, des différentes parties de l'Inde »).

2° Il existe une liaison intime entre la parenthèse (« *d'après leur nom distingué*, savoir, *d'après le nom de Brahmanes*, » — les Brahmanes viennent d'être cités ainsi dans la phrase précédente : *les Brahmanes sont particulièrement regardés comme nobles et purs*), entre la parenthèse, dis-je, et les mots qui la suivent (*on donne à l'Inde le nom général de royaume des Brahmanes*). Faute d'avoir saisi cette liaison, M. Pauthier a fait faire à l'auteur ce contre-sens : « Nous ne « parlerons pas *de l'étendue et des limites de ce pays*, » tandis que *Hiouen-thsang* parle précisément de *l'étendue et des limites de ce pays*, dans cette phrase qui suit immédiatement : « Quant aux frontières de ce « royaume, je puis les faire connaître. Les LIMITES des cinq Indes em-« brassent une ÉTENDUE d'environ 90,000 lis. Trois sont bornées par « une grande mer. Au nord, l'Inde a derrière elle des montagnes nei-« geuses. Elle est large au nord et étroite au midi. Par sa forme, elle « ressemble à une demi-lune Les différentes parties entre lesquelles elle « est divisée, forment environ soixante-dix états. »

Soixante-et-onzième et soixante-douzième échecs de M. Pauthier.

§ 12. M.

Maintenant que j'ai justifié de point en point ma traduction de tout le § 12, et démontré que M. Pauthier y a fait *autant de fautes que de mots*, je crois devoir reprendre le passage entier et comparer entre elles les deux traductions. (J'ajoute plusieurs mots précédents qui lui servent de transition.) « Les Brahmanes sont particulièrement re-« gardés comme nobles et purs. — D'après leur nom distingué (ce nom « de *Brahmanes*) que la tradition conserve et que l'usage a consacré,

77 別

« (*lorsqu'on n'indique pas les différentes parties de l'Inde*, — mot à
« mot : la distinction des limites particulières), on donne à ce pays le
« nom général de *royaume des Brahmanes.* »

Voici maintenant la première traduction de M. Pauthier. « La caste
« des Brahmanes est la *seule* noble et pure. C'est de cette caste que *sor-*
« *tent les instructions* destinées à *former* et à *perfectionner* les mœurs.

» Nous ne parlerons pas de l'étendue et des limites de ce pays,
« auquel on donne, en général, la dénomination de royaume des
« Brahmanes. »

Dans sa réponse, M. Pauthier a cherché à rectifier ainsi le second membre de phrase, mais il est aisé de voir qu'il a scrupuleusement conservé les fautes signalées plus haut. « C'est PAR cette caste que les *instructions*
« *morales*, *droites*, *sont transmises pour former et perfectionner les*
« *mœurs !* »

§ 13.

Question. Comment reconnaît-on que *jo* [78] signifie : 1° *si* ;
2° *comme*, *de même que* ; 3° *quant à*, *pour ce qui regarde* ?

1° *Jo* [79] répond à la conjonction conditionnelle *si*, (et alors, suivant Prémare, page 176, § 1, il est synonyme de *keou* [80], si (que *Meng-tseu* emploie plus fréquemment), lorsqu'il est suivi d'un verbe actif ou neutre, ou d'un adverbe après lequel on sous-entend soit *chi* [81], être, soit *yeou* [82], *il y a*.

EXEMPLES. Gonçalvez, *Dict. port. chin.*, page 746 : *jo-tha-pou-*LAÏ [83], mot à mot : *Si*-ille-non-*venit*, s'il ne vient pas). *Ibid. jo-pou-jen* [84], mot à mot : *Si*-non-ita (s.-ent. *est*), s'il n'en est pas ainsi.

2° *Jo* [85] signifie « *comme*, *de même que*, » lorsqu'il indique une comparaison entre *deux situations*, *deux personnes* ou *deux choses*.
Exemples : *Yeou-jo-wou* [86], habere *sicut* non habere (Prémare,

---

[78] 若 [79] 若 [80] 苟 [81] 是 [82] 有 [83] 若他不
來 [84] 若不然 [85] 若 [86] 有若無

page 176.). Cette locution s'applique au sage qui reste indifférent aux biens qu'il possède, et n'y songe pas plus que s'ils lui étaient étrangers.

Autre exemple. Meng-tseu, liv. I, page 11, lin. 3 : *jo-wou-tsoui-eul-tsieou-sse-ti* [87], « (ce bœuf est) *comme* (c'est-à-dire, ressemble à) un homme innocent qu'on mènerait à la mort. »

3° *Jo* [88] signifie *quant à*, *pour ce qui regarde*, lorsqu'il n'est point suivi d'un verbe ou qu'il n'indique pas une comparaison (Prémare, page 177 : *jo* [89], interdùm significat *quod ad* (quant à). Cette observation est exacte; mais Prémare oublie d'indiquer dans quelles circonstances *jo* [90] a le sens de *quant à*.)

EXEMPLE. *Meng-tseu*, liv. II, page 123, lin. 9 : *jo-fou-hao-kie-tchi-sse, soui-wou-Wen-wang-yeou-hing* [91], QUANT AUX lettrés du premier ordre, ils peuvent encore s'élever sans l'assistance d'un *Wen-wang* (c'est-à-dire, d'un empereur semblable à *Wen-wang*).

On trouve dans *Meng-tseu*, liv. II, page 161, six exemples remarquables où *jo* [92] veut dire *quant à*, *pour ce qui regarde*, parce qu'il se trouve dans les circonstances indiquées plus haut, qui déterminent cette signification.

Ce préambule était nécessaire pour démontrer l'erreur que M. Pauthier a commise dans le passage suivant, en traduisant *jo* [93] par la conjonction conditionnelle *si*.

J'ajouterai (et je laisse au lecteur le soin de condamner un tel procédé), j'ajouterai que M. Pauthier m'accuse (page 124) *de vouloir évidemment en imposer au lecteur*, parce que je n'ai pas dit qu'en rendant *jo* [94], par la conjonction *si*, « *il avait donné à ce mot une signification qui lui est habituelle.* »

C'est là précisément le tort de M. Pauthier. Lorsqu'on donne à un mot *une signification qui lui est habituelle*, mais qui est en contradiction manifeste avec le texte, on fait *une faute grave*, et le devoir de la critique est de le déclarer sans détour. Si M. Pauthier se trompe pres-

---

[87] 若無罪而就死地 [88] 若 [89] 若 [90] 若
[91] 若夫豪傑之士。雖無文王。猶
興。 [92] 若 [93] 若 [94] 若

que toujours, ce n'est point parce qu'il ignore *le sens le plus ordinaire des mots*, c'est uniquement *parce qu'étant tout-à-fait dépourvu du sentiment grammatical*, il ne sait pas donner aux caractères chinois une signification qui, d'un côté, soit d'accord avec leur étymologie et l'usage qu'en font les auteurs, et qui de l'autre, exprime fidèlement le rôle qu'ils acquièrent par *leur position*.

Voici maintenant le passage en question, dont je donnerai et examinerai la suite tout-à-l'heure : *Jo-khi-fong-kiang-tchi-iu, kho-te-eul-yen*. 95 (Ce point existe dans l'édition impériale.)

« *Quant aux* frontières de ce royaume, je puis les faire connaître. » M. Pauthier : « *Si l'on y comprend* toutes les contrées dont les fron- « tières se communiquent et qu'on peut *appeler*... »

On a vu plus haut : 1° que *jo* 96 ne peut être traduit par la conjonction conditionnelle *si*, que lorsqu'il est suivi d'un verbe. Aussi M. Pauthier, pour faire passer cette conjonction, s'est-il vu obligé d'ajouter le verbe *comprendre* qui n'existe point dans le texte. Or, comme dans ce passage, le mot *jo* 97 n'est pas suivi d'un verbe, et que, d'ailleurs, il n'indique point une comparaison (voyez plus haut 2° et 3°), il est évident qu'il doit être traduit ici, non par *si*, mais par *quant à*, *pour ce qui regarde*.

Soixante-treizième échec de M. Pauthier.

---

[95] 若其封疆之域。可得而言。
[96] 若 [97] 若

§ 13. A.

Question. Comment reconnaît-on que le mot *yu* [98] signifie *limites*, ou *région, contrée* ?

Fong-kiang-tchi-iu [99], mot à mot : la démarcation, les limites (*iu* [100]) des frontières (*fong-kiang* [1]).

Si nous consultons *Khang-hi* sur le sens du mot *iu* [2], nous voyons qu'il signifie *seuil d'une porte*, *limites* (Morrison, part. I, page 506 : *a limit*), et verbalement *tracer les limites de*. L'acception de *limites*, qui est la plus fréquente, y est appuyée par ce passage du rituel des *Tcheou* : « Au moyen de la carte des contrées de l'empire, *tcheou-tchi-khieou-tcheou-tchi-ti-iu* [3], on connaît complétement *les limites des « terres des neuf Tcheou.* (Morrison, part. I, page 506 : *the limits of « the nine regions.*) »

Ces neuf *Tcheou* sont les neuf parties entre lesquelles l'empire était partagé du temps de l'empereur *Iu*. (Voy. le *Chou-king* de Gaubil, chap. *Iu-kong*.)

Lorsque le mot *iu* [4] signifie *démarcation de*, *limites de*, il est d'ordinaire précédé d'un génitif, comme dans notre passage et dans la citation du *Tcheou-li*, et alors il termine le sens d'un membre de phrase ou d'une portion de phrase. Quelquefois ce mot signifie *limites,* sans être au génitif, mais alors le mot qui le précède ou le suit, signifie aussi *bornes, limites,* et forme avec lui un composé dont le sens est clairement déterminé par leur mutuelle analogie. Cf. *Peï-wen-yun-fou*, liv. 120 B, fol. 77 r. *kiai-iu*, limites ; Dictionn. *Yun-fou-kiun-iu*, liv. 6, fol. 47 : *iu-pan*, bornes.

Le mot *yu* [5] peut être, par position, un verbe actif ; alors il signifie *tracer les limites de*, *enfermer dans des limites*. *Chi-king*, liv. IV, cap. 3, od. 3 (*Thien-ming-hiouen-niao*) : *Kou-ti-ming-wou-thang-tching-iu-*

---

[98] 域 [99] 封疆之域 [100] 域 [1] 封疆 [2] 域
[3] 周知九州之地域 [4] 域 [5] 域

TRADUITES PAR M. G. PAUTHIER. 107

*pi-sse-haï*⁶, mot à mot : « Autrefois-le maître du ciel-ordonna - au belliqueux – Thang – d'administrer – et de *délimiter* – ces - quatre mers. »
Le commentaire du *Chi-king* (Edit. intitulée *Chi-king-tsun-tchu-ho-kiang*, liv. 8, fol. 30 *r.*), explique l'expression *iu-sse haï* ⁷, « *délimiter* les quatre mers, » par *thsao-sse-fang-tchi-fong-kiang* ⁸, mot à mot : faire les limites de tout l'empire. On voit qu'ici le mot *yu* ⁸ᵃ a un sens verbal, parce qu'il est suivi du régime *sse-haï* ⁹, les quatre mers, c'est-à-dire tout l'empire.

Quelquefois le mot *iu* ¹⁰ signifie d'une manière générale *une région, une contrée*, mais dans ce cas il n'est pas en construction avec un génitif. Ordinairement il est précédé d'un attribut ou d'un participe qui sert à le caractériser, comme *différent, éloigné* dans les exemples suivants, et alors il est plus souvent régime que sujet, et de plus, les mots qui l'accompagnent servent à déterminer ce sens de *région, contrée*. Gonçalvez, *Dict. chin. port.*, page 191 : *chin-kiu-i-yu* ¹¹, « il *habite* dans un *pays* étranger. » *Ibid.* : *Tch'ou-tching-tsioue-yu* ¹², « sortir pour *subjuguer* les *pays* éloignés. » On ne dirait pas habiter « *les limites étrangères* », subjuguer les *limites étrangères*. Il résulte des observations exposées plus haut, que dans notre passage le mot *yu* ¹³ signifie clairement *démarcation, limites*.

M. Pauthier s'est trompé en le rendant par *les contrées* (dont les frontières, etc.).

Soixante-quatorzième échec de M. Pauthier.

---

⁶ 古帝命武湯正域彼四海 ⁷ 域
四海 ⁸ 造四方之封疆 ⁸ᵃ 域 ⁹ 四
海 ¹⁰ 域 ¹¹ 身居異域 ¹² 出征絶域
¹³ 域

§ 13. B.

Question. Quelle est l'étymologie de l'expression *fong-kiang* [14] ?

Khi-fong-kiang [15], ses frontières, c'est-à-dire, les frontières de ce royaume, de l'Inde. Nous voyons dans *Khang-hi* que le magistrat préposé aux frontières, *fong-kiang-tchi-kouan* [16], était chargé de tracer la démarcation des frontières, et de faire élever, pour cet objet, des remparts de terre, *fong* [17], sur lesquels on plantait des arbres ; on lui donnait le titre abrégé de *fong-jin* [18], mot à mot : « terreni-aggeris homo. » *Khang-hi* nous apprend encore que le mot *fong* [19] signifie *fong-khi-thou-kiaï* [20], mot à mot : « élever des limites de terre, » c'est-à-dire, en formant une levée avec de la terre.

Si nous consultons *Khang-hi* (clef 102, fol. 96), nous y lisons que le mot *kiang* [21] a le sens de *limites, frontières, kiaï* [22].

Ainsi les deux syllabes *fong* [23] et *kiang* [24] forment un mot composé signifiant littéralement « limites (*faites*) *de terre accumulée* ; » par suite de cette étymologie, le mot *fong-kiang* [25] signifie en général *frontières*.

M. Pauthier s'est donc trompé, en divisant ce mot dissyllabique, et en rendant *fong* [26], « *terre accumulée*, » par le verbe » *se communiquer*, » sens que le mot *fong* [27] n'a ni dans les dictionnaires, ni dans les auteurs. M. Pauthier a traduit « les contrées dont les frontières, *kiang* [28], *se communiquent, fong* [29]. »

Soixante-quinzième échec de M. Pauthier.

[14] 封疆 [15] 其封疆 [16] 封疆之官 [17] 封
[18] 封人 [19] 封 [20] 封起土界 [21] 疆 [22] 界
[23] 封 [24] 疆 [25] 封疆 [26] 封 [27] 封 [28] 疆 [29] 封

§ 13. C.

Question. Le mot *yen* [30], dire, énoncer, peut-il signifier appeler, « *appellare* »? Non.

Je suis forcé de reprendre tout le texte chinois de ce §, pour montrer plusieurs autres fautes très graves que M. Pauthier y a commises.

Jo-khi-fong-kiang-tchi-iu, *kho-te-eul-yen* [31]. (Il y a ici un point dans l'édition impériale.) *Ou-in-tou*, etc. « Quant aux frontières de ce « royaume, je puis les faire connaître (littéralement, *les dire*).

« Les limites des cinq Indes embrassent une étendue d'environ « 90,000 lis. »

M. Pauthier : « Si l'on y comprend toutes les contrées dont les fron- « tières se communiquent et QUE L'ON PEUT APPELER les cinq *In-tou*, « ce pays a 90,000 lis environ de circonférence. »

Les mots *kho-te-eul-yen* [32] signifient littéralement : *je puis les dire, les énoncer*. (Il y a ici un point dans l'édition impériale, et ce point o indique que le sens du premier membre de phrase est complet : « Quant aux limites de ce royaume, — *je puis les faire connaître.* »)

Le mot *king* [33], « limites, » qui commence la construction du membre de phrase suivant, se trouve au *nominatif*, « les limites des cinq *In tou* embrassent, etc. »

M. Pauthier a commis ici trois fautes:

1° Il n'a pas vu que le verbe *yen* [34], « dire, énoncer, » se rattachait à l'expression *fong-kiang* [35], « les frontières, » du premier membre de phrase (« quant aux frontières de ce royaume, je puis les *dire*, les *énoncer* »). Il l'a traduit par *appeler*, sens qu'il n'a jamais en chinois ; puis empiétant sur les mots suivants dont *yen* [36], « dire, énoncer, » est

---

[30] 言 [31] 若其封疆之域。可得而言。五印度之境。周九萬餘里 [32] 可得而言 [33] 境 [34] 言 [35] 封疆 [36] 言

séparé par un point dans l'édition impériale, il l'a rattaché au mot *king* [37], « limites, » qui est le nominatif du second membre de phrase.

2° Par suite de cette intrusion du verbe *yen* [38], « dire, énoncer, » dans le membre de phrase suivant, il a considéré le nominatif *king* [39], « les limites » (les limites des cinq *In-tou* embrassent, etc.), comme le régime direct de ce verbe *yen* [40], « dire, énoncer, » (suivant lui *appeler*), qui appartient au premier membre de phrase, et il a traduit : « *qu'on peut* APPELER *les limites des cinq In-tou!....* »

3° M. Pauthier ayant fait un régime direct du nominatif *king* [41], « les limites, » qui est le sujet du verbe *tcheou* [42], « *former* un cercle, embrasser une circonférence, une étendue de » (Cf. Morris., part. II, n° 1377), n'a plus trouvé de sujet à ce verbe, et s'est vu forcé d'ajouter le mot « *pays* » pour lui en tenir lieu : « *Ce pays*, dit-il, a 90,000 lis, etc.

Ainsi, M. Pauthier s'est trompé trois fois.

Soixante-seizième, soixante-dix-septième et soixante-dix-huitième échecs de M. Pauthier.

§ 14.

Question. Quelle est la place des mots qui indiquent une position ?

— Quel rôle reçoit un adjectif lorsque (comme ici *kouang* [45], large, et *hia* [46], étroit) il est précédé d'un nominatif (exprimé ou sous-entendu) et termine un membre de phrase ?

Je rétablis huit mots qui, dans notre auteur, précèdent le paragraphe primitif. *San-tchouï-ta-haï*, *pe-peï-sioue-chan* [47]. Trois (des cinq *In-tou*) sont bornés par une grande mer ; au nord, (ce royaume) a derrière lui des montagnes neigeuses. »

M. Pauthier : « Des trois côtés, il *touche à la* grande mer ; au nord, il est *adossé aux* montagnes neigeuses. »

---

[37] 境 [38] 言 [39] 境 [40] 言 [41] 境 [42] 周 [45] 廣
[46] 狹 [47] 三垂大海。北背雪山。

Je n'avais point critiqué cette traduction de M. Pauthier, quoiqu'elle ne fût pas fort correcte. En effet, 1° comme on a parlé dans la phrase précédente des *cinq Indes*, *ou-in-tou* [48], il est évident que le mot *san* [47], « trois, » désigne ici *trois des cinq Indes*.

2° L'expression *ta-haï* [49] peut s'appliquer à toute sorte de *grande mer*. Pour la traduire, comme M. Pauthier, par « LA *grande mer*, » il faudrait qu'elle désignât particulièrement la mer dont il s'agit. Ce qui n'est pas. En effet, dans les Annales des *Heou-han*, la mer du Japon est appelé *ta-haï* [50], une grande mer (*Peï-wen-yun-fou*, liv. 40, fol. 34).

3° M. Pauthier a fait une faute du même genre en rendant l'expression *sioue-chan* [51], par « *les montagnes neigeuses* (l'Himâlaya). »

Pour que cette traduction fût exacte, il faudrait que l'expression *sioue-chan* [52], « montagnes neigeuses, » fût consacrée à désigner particulièrement *les montagnes neigeuses*, appelées *Himâlaya*. Or les Chinois emploient l'expression de *sioue-chan* [53], pour désigner indistinctement toutes les montagnes qui *sont couvertes de neige*.

Ainsi, ils appellent *sioue-chan* [54] (montagne neigeuse) une montagne située à quatre lieues au N. E. du district de *Song-kou-feï*, dépendant de *Thaï-youen-fou*, dans la province du *Chan-si*. Cf. *Ping-tseu-loui-pien*, liv. 13, fol. 35 r.

Le même dictionnaire cite plusieurs autres montagnes, également appelées *neigeuses*, et qui n'ont aucun rapport avec le groupe de l'*Himâlaya*.

4° Le mot *peï* [55] (vulgo *tergum*) est ici verbe et signifie *avoir derrière soi*. L'expression *être adossé à* n'est pas exacte, car, suivant le dictionnaire de l'Académie, *adosser* signifie *appuyer le dos contre quelque chose*, et le participe *adossé* veut dire, au pluriel, *mis dos à dos*.

Je répète les huit mots déjà cités, et je complète le sens de la phrase par les huit mots du paragraphe primitif. *San-tchouï-ta-haï, pe-peï-sioue-chan* [56]. Trois (des cinq *Indes*) sont bornées par une grande mer; au nord (ce royaume) a derrière lui des montagnes neigeuses. *Pe-kouang-*

---

[48] 五印度 [49] 大海 [50] 大海 [51] 雪山 [52] 雪山 [53] 雪山 [54] 雪山 [55] 背 [56] 三垂大海。北背雪山。

nan-hia [57], au nord, il est large; au midi, il est étroit. *Hing-jou-pan-youeï* [58], par sa forme, il ressemble à une demi-lune (littéralement : *forma sicut dimidia luna*).

On sait qu'en chinois, les mots qui indiquent une position se mettent ordinairement avant les verbes auxquels ils se rapportent. Ainsi, dans ce passage, le mot *pe* [59], « au nord », se rapporte au verbe suivant *kouang* [60], « il est large ; » le mot *nan* [61] *au midi*, se rapporte au verbe suivant *hia* [62], il est étroit.

De plus, la phrase : « *au nord il est large*, » a pour corrélative la suivante : « *au midi, il est étroit*. »

M. Pauthier : « Du Nord, en s'étendant au Sud, sa forme étroite et « *allongée* ressemble à une demi-lune. »

1° Il est aisé de voir que M. Pauthier a détruit le parallélisme, l'espèce d'opposition dont je viens de parler, en rendant le mot *kouang* [63], « il est large » (dont l'opposé est *hia* [64], « il est étroit »), par *s'étendre* (au sud).

2° Dans l'édition impériale, il y a un point après le mot *hia* [65], *il est étroit*, et ce verbe « *être étroit* » se rapporte au royaume de l'Inde. M. Pauthier nous prouve par sa traduction (« *en s'étendant au sud*, sa forme *étroite*, etc. »), qu'il a mis un point après *kouang* [66] (mot qui veut dire ici « *il est large* »), et qu'il a considéré le verbe *hia* [67], *il est étroit*, comme l'attribut du mot forme (« sa forme *étroite* »).

3° D'après la règle énoncée plus haut, qui veut que les mots qui indiquent une position se mettent avant un verbe (et notre passage nous en offre un double exemple), pour dire *être large au sud*, il faut nécessairement écrire le mot *nan* [68], *sud*, avant le mot *kouang*, [69] *être large*, de cette manière : *nan-kouang* [70] (mot à mot : *sud*-être large).

On ferait un contre-sens si l'on construisait ces deux mots comme M. Pauthier, et si l'on écrivait avec lui *kouang-nan* [71], mot à mot, suivant lui : être large-sud), au lieu de *nan-kouang* [72] (mot à mot : sud-être large). En effet, d'après la règle de *position*, les mots

---

[57] 北廣南狹 [58] 形如半月 [59] 北 [60] 廣
[61] 南 [62] 狹 [63] 廣 [64] 狹 [65] 狹 [66] 廣 [67] 狹
[68] 南 [69] 廣 [70] 南廣 [71] 廣南 [72] 南廣

kouang–nan 73 signifieraient *le large sud, la large partie du sud*. On trouve cette expression employée comme nom de pays dans le *Peï-wen-yun-fou*, liv. 28, fol. 30, *v*.

4° M. Pauthier a rapporté à la direction du *Sud*, le verbe *kouang* 74, « être large, » qui se rapporte à la direction du *nord* (*au nord, il est large ;* au sud, il est étroit).

5° M. Pauthier n'a vu dans ce passage que *la partie étroite* de l'Inde, et c'est cette *partie étroite* qu'il compare à une demi-lune.

Il résulte, au contraire, des observations qui précèdent, et de la ponctuation de l'édition impériale qui offre un point après *hia* 75, que ce mot est par sa position, un verbe neutre signifiant « *il est étroit* », et non un adjectif qualificatif du mot *hing* 76, « forme, » (comme l'a cru M. Pauthier), et que, de plus, *la forme de demi-lune*, que l'auteur attribue à l'Inde, doit nécessairement comprendre la partie *large au nord* et *étroite au sud ;* car la partie rétrécie de l'Inde ne correspondrait qu'à la partie la plus étroite du demi-cercle d'un croissant.

M. Pauthier paraît avoir senti cette contradiction, mais il n'a pas su y remédier, en construisant ce passage d'une manière correcte, et, pour le pallier de son mieux, il a ajouté le participe *allongée* (sa forme étroite et *allongée* ressemble à une demi-lune).

La plupart des fautes que j'ai signalées plus haut viennent de ce que M. Pauthier a mal ponctué ce passage, et a rapporté à *hing* 77, forme, le mot *hia* 78 (*il est étroit*) dont il a fait l'adjectif qualificatif *étroit* (« sa forme est *étroite*, etc. »), au lieu de reconnaître que ce mot devient ici, *par position*, le verbe neutre *être étroit* (au midi, *il est étroit*), correspondant au verbe neutre *kouang* 79, il est large (au nord, *il est large*).

Soixante-dix-neuvième échec de M. Pauthier.

---

73 廣南　74 廣　75 狹　76 形　77 形　78 狹
79 廣

ADDITION SUR LE LOCATIF.

Le locatif peut être indiqué, soit par la préposition *iu* [80], « dans, » soit par la position.

Les Chinois indiquent de deux manières fort différentes qu'un mot est au *locatif*, c'est-à-dire exprime le lieu où se trouve, où l'on place une chose.

La première qui est la plus usitée, ne présente aucune difficulté ; elle consiste à le faire précéder des prépositions *iu* [80] ou *iu* [81], (quelquefois) *hou* [82], et (plus rarement) *tchou* [83]. Sur cent exemples du *locatif*, on en trouve au moins quatre-vingts indiqués de cette façon, et surtout au moyen des prépositions *iu* [84] ou *iu* [85].

Dans ce cas, le mot placé ainsi au locatif suit ordinairement le verbe.

PREMIER EXEMPLE. *Meng-tseu*, liv. 2, pag. 21 : *Chun-sing*-IU-*tchou-fong* [86], *Chun-est-né* DANS (le pays de) *Tchou-fong*.

DEUXIÈME EXEMPLE. *Chi-king*, liv. 1, chap. 1, od. 2 : *Ko-chi-*IU*-kou* [87], « la plante *Ko* s'étend DANS la vallée. »

TROISIÈME EXEMPLE. *Chi-king*, liv. 2, cap. 3, od. 10 : *Ching-wen-*IU*-ye* [88], la voix (de la cicogne) s'entend DANS la plaine.

QUATRIÈME EXEMPLE. *Chou-king*, chap. *Kou-ming* : *Li-*IU*-tong-thang* [89], il se tenait debout DANS la salle orientale.

Exception. Quelquefois les Chinois suppriment la préposition *iu* [90], ou *iu* [91], tout en laissant le locatif après le verbe, mais ce cas est tellement rare qu'on ne le rencontre pas dix fois sur mille. Il suffit que les étudiants soient prévenus de cette exception.

---

[80] 於 [81] 于 [82] 乎 [83] 諸 [84] 於 [85] 于 [86] 舜生於諸馮 [87] 施於谷 [88] 聲聞於野 [86] 立于東堂 [90] 於 [91] 于

Premier exemple. *Meng-tseu*, liv. 2, pag. 43 : « Il lui ordonna de *hio-tchi*-tchi 92, mot à mot : nourrir-eux-étang, au lieu de *hio-tchi*-iu-*tchi* 93, mot à mot : nourrir-eux-dans-l'étang (les nourrir dans l'étang-il s'agit de *poissons*).

Deuxième exemple. *Lao-tseu,* chap. 54, la plupart des éditions portent : *sieou-tchi*-kia 94, mot à mot : s'il cultive-cela-*maison*, au lieu de *sieou-tchi*-iu-*kia* 95, mot à mot : s'il cultive-cela (le Tao) dans-sa maison. La même tournure se trouve employée cinq fois dans ce passage (s'il cultive le Tao (en) lui-même, mot à mot, (dans) son corps—(dans) sa maison — (dans) son village — (dans) le royaume — (dans) l'empire). Les commentateurs chinois rétablissent la préposition *in* 96 devant les cinq locatifs corps, maison, village, royaume, empire.

Troisième exemple. On lit dans le *Peï-wen-yun-fou*, liv. 81, fol. 18: « les poissons ne ferment pas les yeux, »—*cheou-ye* 97, mot à mot : ils gardent, ils veillent la nuit, c.-à-d., ils veillent (dans, pendant) la nuit.

Ibid., fol. 22, r., *Ou-ming-ye* 98, le corbeau-crie la nuit.

Suivant l'usage régulier dont nous parlerons plus bas, le locatif *ye* 99, nuit, devrait se placer avant le verbe *ming* 100 (crier).

Premier exemple. *Peï-wen-yun-fou*, liv. 23 A, fol. 82, *v.* : « Parmi les singes, *mo-ye-ming* 1, mot à mot : aucun-la nuit (ne) crie, « c'est-à-dire, ne crie dans la nuit, pendant la nuit. »

Deuxième exemple. *Peï-wen-yun-fou*, liv. 55, fol. 163 : *Fang-t'ao-ye-cheou* 2, prendre des précautions contre les voleurs et *la nuit* (c'est-à-dire pendant la nuit) — garder (la maison).

Locatif indiqué par la position.

Lorsque les Chinois suppriment la préposition *in* 3, marque la plus

---

⁹² 畜之池 ⁹³ 畜之於池 ⁹⁴ 修之家
⁹⁵ 修之於家 ⁹⁶ 於 ⁹⁷ 守夜 ⁹⁸ 烏鳴
夜 ⁹⁹ 夜 ¹⁰⁰ 鳴 ¹ 莫夜鳴 ² 防盜夜守
³ 於

fréquente du locatif, ils indiquent ce cas par *la position*, et alors ils placent devant un verbe, le mot (ou les mots) qu'ils veulent mettre au *locatif*, tandis que, dans le cas précédent, ce mot doit suivre le verbe dont il est le complément.

Nous avons vu plus haut un exemple du *Chi-king*, où les mots « dans la vallée » sont exprimés par *iu-kou* 4, mot à mot : IN *valle*.

En vertu du principe que je viens d'énoncer, le mot *kou* 5, *vallée*, peut être mis au locatif, sans qu'on ait besoin de la préposition *iu* 6, dans, pourvu qu'on le place avant un verbe. Le *Chi-king* nous fournira un exemple de cette construction, liv. 1, cap. 6, od. 5 : *Kou-yeou-touï* 7, mot à mot : vallée — il y a — la plante *Touï*, c'est-à-dire, *dans la vallée* — il y a, etc.

DEUXIÈME EXEMPLE. *Meng-tseu*, liv. 1, page 6, lin. 2 : *Thou-yeou-ngo-piao* 8, mot à mot : *les chemins* — il y a — (des hommes) mourant-de-faim, c'est-à-dire *sur les chemins*, il y a, etc. Ibid. *Kieou-yeou-feï-ma* 9, mot à mot : *l'écurie*-il y a-(de) gras-chevaux, c'est-à-dire *dans l'écurie*, il y a, etc.

TROISIÈME EXEMPLE. *Meng-tseu*, liv. 1, page 25, lin. 6 : *kouan-chi-ki-eul-pou-tching* 10, mot à mot : *portes du royaume, marchés* (c'est-à-dire *aux* portes du royaume et *dans* les marchés), on examinait (les hommes) et l'on ne faisait pas payer de taxes.

§ 15.

Question. Comment indique-t-on le génitif par *position* (lorsqu'on ne fait pas usage de *tchi* 11, marque ordinaire de ce cas)?

— La place du génitif par *position* est-elle invariable? NON.

---

⁴ 於谷 ⁵ 谷 ⁶ 於 ⁷ 谷有蓷 ⁸ 塗有餓莩 ⁹ 廄有肥馬 ¹⁰ 關市譏而不征 ¹¹ 之

— Dans quel cas, le *terme conséquent* (génitif) se place-t-il, contrairement à la règle, après le *terme antécédent* (nominatif)?

Hoe-ye-kiu-fen, thsi-chi-y u-koue [12], les différentes parties de l'Inde se divisent en soixante-dix états, *mot à mot :* Si delimites (ejus) campos, si dividas (ejus) partes, septuaginta circiter regna (sunt).

M. Pauthier : « On y a tracé les divisions d'environ soixante-dix royaumes. »

Il ajoute (A. page 125) : « En traduisant, en français et en latin, la phrase placée sous ce numéro, M. Julien *s'est mis en contradiction avec lui-même*, car sa version latine justifie ma propre traduction.

RÉPLIQUE. Je vais montrer que M. Pauthier n'a saisi ni la construction de ce passage, ni la pensée de l'auteur.

Hiouen-thsang ne parle point *des divisions des royaumes*, car le mot *divisions* indiquerait les différentes parties dont chacun de ces soixante-dix royaumes se composait. Il veut dire que, d'après la division du territoire de l'Inde, à l'époque où il s'y trouvait, on y comptait environ soixante-dix états, et non « *les divisions de soixante-dix états.* » (J'expliquerai plus bas pourquoi M. Pauthier a commis cette faute.)

1º M. Pauthier a omis le mot *ye* [13], champs, plaines, régime direct du verbe *hoe* [14], littéralement, *délimiter*.

2º Il a omis le deuxième verbe *kiu* [15], « séparer, diviser, » dont le régime est *fen* [16], les parties (de l'Inde).

3º (Et voici pourquoi il a traduit : « *les divisions des* royaumes »), il a considéré le mot *fen* [17], « parties, » comme le régime du premier verbe *hoe* [18] (qui signifie ici *delimitare*), tandis qu'il est régi par le verbe *kiu* [19], diviser, et sans mettre après *fen* [20], « les parties, » un repos (o) qu'exige le parallélisme des deux locutions *delimitare campos*, — *dividere partes*, il a construit ce mot *fen* [21], « parties » (selon lui *les divisions*), avec le *nominatif koue* [22], royaumes (septuaginta circiter regna

[12] 畫野區分。七十餘國。 [13] 野 [14] 畫
[15] 區 [16] 分 [17] 分 [18] 畫 [19] 區 [20] 分 [21] 分
[22] 國

sunt), qu'il a considéré comme étant *au génitif*, et il a traduit : « les divisions DE soixante-dix royaumes ! »

J'ai montré dans mon *Examen critique* que, d'après la règle du génitif, pour dire en chinois : « les divisions DE soixante-dix royaumes, » il faudrait nécessairement écrire : *thsi-chi-koue-tchi-*FEN [23] (parce que, dans ce cas, le terme conséquent (ou génitif) «*regnorum,* des royaumes,» doit se mettre avant le terme antécédent (ou *nominatif*) « *partes* , les parties. »)

Si, au contraire, on construit le mot *fen* [24] , « parties, » avant *royaumes*, comme l'a fait M. Pauthier, il devient par sa position le verbe actif *diviser*, et alors les mots *fen-thsi-chi-koue* [25] signifient : « diviser soixante-dix royaumes » et non « les divisions DE soixante-dix royaumes. »

Aujourd'hui M. Pauthier se récrie (A., pag. 125) sur ce que je lui ai reproché d'avoir oublié en cet endroit la règle du génitif, suivant laquelle *le terme antécédent* (ou nominatif) *se place après le terme conséquent* (ou génitif). Cf. Rémusat, *Gramm.-chin.*, § 79.

Ce reproche doit être sensible à une personne qui avoue (A. page 98) avoir consacré *douze ans* à l'étude du chinois. C'est à-peu-près comme si l'on reprochait à un latiniste qui aurait douze ans d'études, d'ignorer la règle *liber Petri*. Mais, par malheur pour M. Pauthier, il est coutumier du fait. N'a-t-il pas traduit (Voy. § 41): *kouang. In-ti* [26] (je conserve la ponctuation impériale) par « la large. *kouang* [27], surface [28] *in* , de la terre, *ti* [29] ? »

Admettons pour un instant, et *par impossible*, que *in* [28] signifie *surface*, n'est-il pas évident que si *ti* [29] était ici au génitif (de la terre), ce génitif, ou *terme conséquent*, se trouverait nécessairement avant le nominatif, ou terme antécédent ? En d'autres termes, l'auteur aurait écrit *ti-in* [30], *terre-surface* (*la* surface de la terre), et non *in-ti* [34], comme lorsqu'on dit en anglais *corn-law*, mot à mot : grain-loi, c'est-à-dire, loi des grains, sur les grains. *In-i* pour *ti-in* ressemblerait au solécisme *law-corn* (*loi-grain*), pour *corn-law* (grain-loi).

---

[23] 七十國之分 [24] 分 [25] 分七十國
[26] 廣。因地 [27] 廣 [28] 因 [29] 地 [30] 地因

Mais dans ce passage, le mot *kouang* [33] est le verbe *s'agrandir* (leur source *s'est agrandie*), et l'expression *in-ti* [34] (que M. Pauthier rend par *surface de la terre* (traduction qui blesse à-la-fois la syntaxe, l'étymologie chinoise et la langue) signifie : « se conformer au pays, » c'est-à-dire, aux besoins, aux exigences des habitants.

Dans un autre endroit (Voy. § 70, 3°), M. Pauthier a enfreint encore la règle du génitif, en rendant *li–i* [35] (les rites et la justice) par les rites (*li*) DE la justice (*i*). D'après la règle exposée plus haut, pour traduire « les rites DE la justice, » il faudrait qu'il y eût en chinois *i-li* [36], mot à mot, *justice-rites*. Cette règle de position du génitif est la même qu'en anglais, ainsi qu'on l'a vu plus haut, dans *corn-law*, mot à mot, *grain-loi*, c'est-à-dire, loi des grains, sur les grains. Mais cette locution n'est point chinoise ; on ne trouve dans aucun auteur « *les rites de la justice.* » Dans l'expression très fréquente *li-i* [37], ces deux syllabes sont constamment au même cas, et signifient *les rites et la justice*. Cf. *Meng-tseu*, liv. 2, pag. 10, lig. 3, et *passim*.

Il résulte de tout ce que je viens de dire plus haut, que, dans cet endroit, M. Pauthier a positivement enfreint la règle du *génitif*.

Quatre-vingtième échec de M. Pauthier.

§ 15. A.

Question. Quand deux noms chinois sont en construction, dans quels cas le génitif se place-t-il après le nominatif, contrairement à la règle généralement reçue ?
— Motifs du déplacement du génitif.

M. Rémusat dit, dans sa grammaire, pag. 40, § 79 : « Quand deux noms sont en construction, le terme *antécédent* (le nominatif) se place après le terme conséquent (le génitif). Exemple : *min-li* [38], mot à mot, *peuple-force*, c'est-à-dire, les forces du peuple. M. Rémusat ajoute : cette règle *est universelle* et ne souffre *jamais* d'exception. »

---

[33] 廣 [34] 因地 [35] 禮義 [36] 義禮 [37] 禮義
[38] 民力

120 EXAMEN DE TREIZE LIGNES DE CHINOIS

On trouve cependant une exception remarquable à cette règle, et voici dans quelles circonstances.

Lorsque le nominatif est un mot exprimant *une quantité de*, etc., (comme lorsqu'on dit en français : « un verre *de vin*, un mètre *de toile* »), le génitif se place après ce mot, au lieu d'être mis, suivant la règle, avant le nominatif, comme cela a lieu dans l'expression anglaise *corn-law*, mot à mot, *grain-loi*, c'est-à-dire loi des grains, sur les grains.

Exemples. Gonçalvez, *Dict. port.-chin.*, pag 198, *i-peï-thsieou* [39], mot à mot : *une-tasse-*vin, c'est-à-dire, une tasse de vin, une tasse pleine de vin. Si l'on plaçait le mot *thsieou* [40], « vin, » devant *peï* [41], *tasse*, l'expression *thsieou-peï* [42], mot à mot, *vin-tasse*, signifierait *tasse à vin, tasse pour boire du vin.* (Gonçalvez, *Ibid.*, copo de beber vino.)

Deuxième exemple. On lit dans les annales des *Tsin*, biographie de *Thao-khan : Ta-iu-si-tsun-*in [43], le grand (empereur) *Yu* ménageait jusqu'à *un pouce de temps* (mot à mot : ménageait *un pouce-temps*).

Troisième exemple. *Meng-tseu*, liv. 2, pag. 99 : *i-yu-yu* [44], mot à mot : un-char-plume, c'est-à-dire, une charretée de plumes.

Quatrième exemple. *I-*wan*-ni* [45], mot à mot, une-boulette-terre glaise, c'est-à-dire de terre glaise. *Peï-wen-yun-fou*, liv. 8, fol. 105 *r*.

Cette position exceptionnelle du génitif n'a point échappé au P. Gonçalvez ; il en donne plusieurs exemples (*Arte China*, pag. 146), mais il n'indique pas, ainsi que je l'ai fait plus haut, dans quelles circonstances cette *postposition* du génitif a lieu. Voici ses exemples : *i-kin-thsieou* [46], un catti (de) vin ; *i-kiun-yang* [47], un troupeau (de) moutons ; *i-liang-in* [48], une once (d') argent.

---

[39] 一杯酒 [40] 酒 [41] 杯 [42] 酒杯 [43] 大禹惜寸陰 [44] 一輿羽 [45] 一丸泥 [46] 一斤酒 [47] 一群羊 [48] 一兩銀。

§ 16.

Question. Est-il vrai que le mot *chi* [49] (vulgo *temps*) ne peut jamais signifier *toujours, en tout temps* ?
— Preuves du contraire.

Chi-te-chou-je [50], en tout temps le climat est extrêmement chaud. (Le sujet est le mot précédent « *royaume.* » J'ai mieux aimé employer le mot *climat*. M. Pauthier : « *les saisons* y sont très chaudes. »)

Ainsi il rend le mot *chi* [51] « en tout temps, » par « les saisons ! »

« *Il n'est pas vrai* (dit M. Pauthier, pag. 124) de prétendre que le « mot *chi* [52] est ici adverbe par *position* et signifie *en tout temps*. Au-« cun des dictionnaires chinois et chinois-européens n'autorise à don-« ner à ce mot une telle acception. Il n'en aurait, il n'en pourrait avoir « une semblable que s'il était répété, *chi-chi* [53]. »

RÉPLIQUE. M. Pauthier, qui paraît n'avoir presque rien lu en chinois, devrait bien se défaire de ces façons de parler : « *cela n'est pas vrai ;* « *ce mot n'a jamais un tel sens ; ce sens n'est dans aucun diction-« naire.* » Il ne s'exposerait pas à recevoir, à chacune de ces assertions, des démentis appuyés de preuves irréfragables. Pour raisonner d'une manière aussi décidée que M. Pauthier, il faudrait avoir une immense lecture, et de plus entendre les dictionnaires *tout chinois* comme un bon humaniste entend un dictionnaire latin. Cette double ressource lui manque complètement, ainsi qu'on a pu le voir par sa réplique et par les articles de ce mémoire où j'ai examiné la manière dont il a entendu certaines définitions des dictionnaires *Choue-wen*, *Khang-hi-tseu-tien*, etc.

D'un autre côté, les dictionnaires chinois ne donnent et ne peuvent donner en général, que le sens absolu des caractères. Les combinaisons de mots étant très variées, il était impossible d'y indiquer d'avance les valeurs qui peuvent résulter de leurs différentes positions.

---

[49] 時 [50] 時特暑熱 [51] 時 [52] 時 [53] 時時

Voici maintenant des exemples authentiques de *chi* [54] (vulgo *temps*), signifiant, par position, *toujours, constamment, en tout temps*. Ils sont la plupart accompagnés d'une interprétation mandchoue.

PREMIER EXEMPLE. *Fan-i-loui-pien*, liv. 3, fol. 34 : *chi-min* [55], en tout temps-montrer du zèle, de la diligence. Version mandchoue : ᠊᠊᠊᠊᠊᠊ *erindari kimtchembi*. Le mot *erindari* signifie *en tout temps*. Le dictionnaire mandchou-chinois *Thsing-wen-loui-chou* l'explique par *chi-chi* [56], « semper. » Cette expression est précisément celle dont M. Pauthier prétend que le mot *chi* [57] (vulgo *temps*) ne peut avoir le sens par position !

DEUXIÈME EXEMPLE. *Fan-i-loui-pien*, liv. 3, fol. 16, *we-yo-*CHI*-in* [58], « les objets sensibles et les passions — *en tout temps, constamment* (*erindari*)- l'entraînent. »

TROISIÈME EXEMPLE. *Kou-wen-youen-kien*, liv. v, fol. 2, r., lin. 2 : « Il se sauva chez une peuplade barbare. Il n'osa se livrer à l'oisiveté. CHI-*siu-khi-te* [59], « CONSTAMMENT il cultiva sa vertu. »

QUATRIÈME EXEMPLE. *Si-yu-ki*, liv. 6, fol. 13, r.: *Chin-kouang-*CHI*-tchao* [60], un éclat divin — *en tout temps* — resplendissait (dans la chapelle où l'on conservait les reliques de *Fo*).

CINQUIÈME ET SIXIÈME EXEMPLES. Dans le *Livre des Rites* (*Li-ki*), le mot *chi* [61] (vulgo *temps*) est employé également, liv. IV, fol. 1, et liv. XVII, fol. 3 (de l'édition *mandchou-chin*.), dans le sens de « *en tout temps, constamment.* » Dans ces deux endroits, la version mandchoue le rend par *erindari* ᠊᠊᠊᠊᠊᠊, *en tout temps*.

Le dictionnaire *Ping-tseu-loui-pien* donne (liv. 30, fol. 21 à 54) une foule d'exemples où *chi* [61] signifie par position *en tout temps*.

M. Pauthier s'est donc trompé : 1° en rendant *chi* [61] par *les saisons ;* 2° en prétendant que le mot *chi* [61] ne peut *jamais* avoir le sens de « *toujours, en tout temps*. »

Quatre-vingt-unième et quatre-vingt-deuxième échecs de M. Pauthier.

---

[54] 時 [55] 時敏 [56] 時時 [57] 時 [58] 物欲時引 [59] 時序其德 [60] 神光時照 [61] 時

§ 16. A.

Question. Est-il vrai que le mot *te* [64] signifie ici *seulement* (solummodo)?

— Preuves du contraire.

— Sens remarquable de *te* [65] pris verbalement. Origine de l'acception adverbiale qu'on lui donne ici.

Chi-te-chou-je [66], en tout temps le climat est *extrêmement* chaud. »
M. Pauthier (A., pag. 126) : « Le caractère *te* [67], qui suit *chi* [68], est « par lui-même un adverbe qui signifie *solum, solummodo, tantum*. »

Réplique. M. Pauthier se trompe. Le mot *te* [69] ne signifie pas ici *seulement*, mais bien *spécialement, particulièrement* (Cf. Morrison, part. II, n° 10197), et par extension *extrêmement* (Voy. plus haut, § 12, 3° observ.), comme dans cet exemple que cite Gonçalvez (*Dict. chin. port.*, pag. 434) : *chang-haï-te-chin* [70], grandissimo prejuizio, très grand préjudice ou dommage , *mot à mot*, « le blesser et le nuire *extrêmement* sont grands. »

Si l'on rendait ici *te* [71] par *seulement*, notre passage signifierait : « en tout temps, (l'Inde) est *seulement* chaude! » L'exemple de Gonçalvez signifierait : dommage *seulement* grave (au lieu de *extrêmement* grave). Cela n'a pas de sens.

M. Pauthier a fait une faute du même genre, lorsqu'il a traduit (Voy. plus haut, § 12), *pan-lo-men-ti-weï-thsing-kouei* [72], par : « les Po-lo-men (Brahmanes) sont les seuls purs et nobles, » au lieu de « les Brahmanes sont *particulièrement* regardés comme purs et nobles. »

J'ai cité plus haut (§ 12) un exemple du *Chi-king* où *te* [73] signifie *exceller, l'emporter sur les autres* (en mandchou : *tcholgorombi* ꡳꡳꡳꡳꡳ, mot que l'on traduit en chinois par *pa-tsoui* 74).

Cette acception se retrouve dans les locutions que cite Basile : *te-tch'ou* 75, supereminens emergit, *te-li* 76, supereminens stat, id est *alios superat*.

Il est aisé de voir que le sens de « *particulièrement, par excellence*, et par extension, *extrêmement*, » est dérivé de ce sens verbal de *te* 77, de même que le sens de « *excellenter* (par excellence) » est dérivé du verbe *excellere* (exceller). Seulement, en chinois, on peut indiquer par la position, le rôle adverbial, que, dans ce mot, la langue latine exprime par la terminaison *ter*.

M. Pauthier s'est donc trompé en expliquant ici le mot *te* 78 par *seulement*.

Quatre-vingt-troisième échec de M. Pauthier.

§ 16. B.

Question. Est-il vrai qu'ici les deux adverbes *chi* 79, en tout temps, et *te* 77, extrêmement, ne sont pas suivis d'un verbe ? — Preuves du contraire.

Chi-te-chou-je 80, en tout temps (le climat) est extrêmement chaud.

M. Pauthier (A. page 126) : Comment deux adverbes (*en tout temps* et *extrêmement*), si l'on admettait l'étrange traduction de M. Julien, pourraient-ils se suivre sans verbe exprimé dans la phrase ?

Réplique. J'ai démontré plus haut (§ 16 et § 16 A.) l'exactitude du sens que j'ai donné à *chi* 81 (en tout temps) et à *te* 82 (particulièrement, extrêmement). Il me sera aussi aisé de faire évanouir le reproche que m'adresse ici M. Pauthier. L'adjectif dissyllabique *chou-je* 83, *chaud*, devient par position, et parce qu'il termine la phrase, un verbe neutre

---

74 拔萃 75 特出 76 特立 77 特 78 特
79 時 80 時特暑熱 81 時 82 特 83 暑熱

signifiant *être chaud*. Aussi ai-je traduit : « en tout temps, le climat *est extrêmement chaud*, mot à mot : extrêmement *est-chaud*.

C'est en vertu de la même règle de position que le mot *chen* [84], qui est l'adjectif *bon* lorsqu'il précède le mot *sing* [85], « le naturel, » devient le verbe neutre *être-bon*, lorsqu'il suit ce mot : *sing-chen* [86] (son) naturel *est-bon*. Cet exemple est de Prémare, *Notitia ling. sin.*, page 47.

M. Pauthier se trompe donc en prétendant qu'il n'y a point de *verbe* dans cette phrase.

Quatre-vingt-quatrième échec de M. Pauthier.

§ 17.

Question. Est-il vrai que l'expression *in-tchin* [87] ne peut signifier ici *former une chaîne* (en parlant des montagnes)?
— Preuves du contraire.
— Décomposition, analyse, et sens propre et figuré de cette expression.

Pe-naï-chan-feou-in-chin [88]. (Ce point est dans l'édition impériale). *Khieou-ling-si-lou* [89]. Au nord les montagnes *forment une chaîne immense* ; les collines et les tertres sont imprégnés de sel.

M. Pauthier : « Au nord, c'est-à-dire *dans* les montagnes qui *cachent
« dans leur sein* de nombreuses collines *transversales*, il y a beaucoup de
« mines de sel. »

Le même : « Je ne connais aucune autorité chinoise ou européenne
« qui justifie le sens donné par M. Julien aux deux caractères *in-tchin* [90],
« le premier signifiant *cacher*, «abscondere, recondere » (Basile), et le
« second, *lignum transversum in parte posteriori currus* (Ibid.). En
« outre, et à part l'autorité de tous les dictionnaires, il est impossible
« de déduire, du sens spécial, le sens composé ou complexe : *former
« une chaîne immense*. Ils pourraient aussi bien et à plus forte raison
« signifier *bateaux à vapeur*. Ce sens serait assurément *plus naturel*.

---

[84] 善 [85] 性 [86] 性善 [87] 隱軫 [88] 北乃山阜隱軫。 [89] 丘陵潟滷 [90] 隱軫。

« Comment peut-on *oser dire* après cela que le verbe *cacher* n'existe
« pas dans le texte ? »

RÉPLIQUE. Non, assurément, le verbe *cacher* n'existe pas dans cet
endroit du texte. J'*ose* le dire encore, et, qui mieux est, je vais *oser* le
prouver d'une manière péremptoire.

On verra tout-à-l'heure que les dénégations et les raisonnements
contradictoires de M. Pauthier (voire même sa spirituelle plaisanterie
empruntée aux *bateaux à vapeur*) ne tournent qu'à sa confusion.

Parmi les difficultés que présente la langue chinoise, il en est deux
qui sont tellement graves qu'il est presque impossible d'aborder la
lecture des textes écrits en style antique, si l'on n'est en état de les
lever d'une manière satisfaisante.

1° Les mots chinois n'étant pas susceptibles de flexions, sont soumis
(comme on l'a vu cent fois dans mon *Examen critique*) à des combinaisons très variées qui modifient leur rôle grammatical, de manière à donner à la phrase un sens tout différent de celui qu'elle aurait, si les caractères dont elle se compose étaient pris dans leur acception générale, abstraction faite de la *position*.

2° La langue chinoise renferme une quantité prodigieuse de mots
composés, ordinairement dissyllabiques, dont les éléments analysés
avec soin ne peuvent toujours donner le sens, parce que, dans beaucoup
de cas, il résulte, soit d'une métaphore inusitée dans nos langues ou
d'un fait historique peu connu, soit d'un mot dont la véritable étymologie nous échappe.

On trouve quelquefois dans les langues modernes, des mots polysylla-
biques qui présentent la même difficulté. Ainsi on dit en anglais *a seesaw*
(mot à mot : un-voir-scie), « une balançoire ; » a nipperkin, « une petite
coupe » (le mot *nipper* signifie un satirique, et la syllabe *kin*, parent).

Je vais citer plusieurs exemples remarquables de ces combinaisons
de mots. Les mots *tsan-chi* 9¹ signifient ordinairement : *le ver à soie
mange.*

Si le verbe *chi* 9², « manger, » est suivi d'un mot se rapportant à
une personne, ce mot devient le régime direct du verbe *manger*, et le
caractère *thsan* 9³, « ver à soie, » prend le rôle d'un adverbe signifiant
bombycis instar, « à la manière du ver à soie. » (Dans *Meng-tseu*,

9¹ 蠶食 9² 食 9³ 蠶

liv. 1, page 3, lin. 1, le mot *tseu* 94, « fils, » se trouve employé de même adverbialement : *tseu-laï* 95, *filiorum-instar* venerunt, « ils vinrent *comme des fils*, mot à mot : *filialement.* »)

On lit dans le *Sse-ki*, histoire de *Thsin-chi-hoang-ti* 96 : Le roi de Thsin-peu à peu - détruisit - l'un après l'autre-les princes (des différents états de la Chine), et à la fin, il devint (l'empereur) *Chi-hoang* ; littéralement : peu-à-peu — il mangea (détruisit) les princes tributaires, à la manière du ver à soie (qui mange insensiblement et jusqu'à la fin la feuille de mûrier), etc.

DEUXIÈME EXEMPLE. Les mots *ma-sing-kio* 97 signifient mot à mot, *il pousse des cornes au cheval* ; ils s'emploient pour dire : revenir dans son pays natal, après en avoir été long-temps éloigné. Voici l'origine (un peu fabuleuse) de cette locution. *Pe-meï-kou-sse*, liv. 4, fol. 22 : « Tan, « fils aîné du roi de *Yen*, était retenu en otage dans le pays de Thsin. « Il demanda la faveur de s'en retourner. Le roi de *Thsin* lui dit : « Attendez que la tête du corbeau blanchisse et qu'il pousse des cornes « au cheval. Alors je vous laisserai partir. Le prisonnier leva les yeux « au ciel en pleurant amèrement. Tout-à-coup on vit paraître un cor- « beau à tête blanche, et un cheval à qui il était poussé des cornes. Le « roi de Thsin fut rempli de stupeur, et le renvoya aussitôt. »

TROISIÈME EXEMPLE. L'expression *Tcho-lou* 98 signifie ordinairement *poursuivre un cerf;* elle s'emploie au figuré dans le sens de *briguer le trône;* l'expression *chi-lou* 99, mot à mot : « perdre le cerf, » se prend par suite de la même idée, dans le sens de *perdre le trône.*

On lit dans les Annales des *Han*, biographie de *Pong-tchang: Thsin-chi-khi-lou, thien-hia* 100, etc., littéralement, *Thsin* (l'empereur des) ayant perdu *son cerf*, tout l'empire *le poursuivait.* L'homme le plus distingué par ses talents-devançant (les autres)-en est devenu le maître,

---

⁹⁴子 ⁹⁵子來 ⁹⁶秦稍蠶食諸侯。竟成始皇 ⁹⁷馬生角 ⁹⁸逐鹿 ⁹⁹失鹿 ¹⁰⁰秦失其鹿。天下共逐之。高材之先得之。

c'est-à-dire, en retranchant la métaphore : Thsin (l'empereur des) avait perdu *son trône;* tous les hommes de l'empire se le disputaient, etc.

J'ai donné dans ma Préface du drame chinois intitulé *le Cercle de craie,* plusieurs centaines d'expressions de ce genre qui ne se trouvent pas même dans les dictionnaires *tout chinois,* et sans la connaissance desquelles il est presque impossible de comprendre complétement les compositions les plus estimées en style ancien et en style moderne.

C'est faute de posséder les règles de position et de connaître un grand nombre de ces sortes de mots composés que M. Pauthier se trompe si souvent.

Je reviens à notre expression *in-tchin* [1] qui n'est pas sans difficulté, même pour un sinologue de quelque force.

Le mot *in* [2] (vulgo *cacher*) signifie quelquefois *s'appuyer sur* ou *contre* (*inniti*, Basile). Cf. *Meng-tseu,* liv. 1, pag. 80, lin. 5 : « *il s'appuya, in* [3], sur la table et s'endormit.» Il signifie aussi *nombreux,* et peut-être est-ce un sens dérivé, par extension, de l'idée de *s'appuyer* sur ou contre, comme si l'on disait : choses « *appuyées,* pressées les unes contre les autres. » *Tchao-ming-wen-siouen,* liv. III, fol. 21, glose : *in* [4] signifie ici *tchong-to* [5], nombreux. Dans le même recueil, liv. IV, fol. 11, le mot *tchin* [6] (vulgo : lignum transversum in parte posteriori currus) se prend pour *tche* [7], char. De sorte que l'expression *in-tchin* [8] paraît signifier au propre, mot à mot : « *chars appuyés* les uns contre les autres,» et en général *chars nombreux.* Cette expression *in-tchin* s'écrit aussi *in-tchin* [9], dans le même sens. (Mais dans ce cas, le mot *in* [10] signifie proprement « nombreux », *multi,* Basile.)

On lit dans le Dictionnaire de *Khang-hi,* clef 159, fol. 6 : «*in-tchin* [11] signifie « multitude de chars. [12] »

L'expression *in-tchin* [13] se dit ordinairement des *chars disposés en file,* qui se touchent, pour ainsi dire, les uns les autres. Le commentateur chinois du Recueil *Tchao-ming-wen-siouen* (liv. VI, fol. 22) l'explique par *siang-lien* [14], mot à mot : « ils se sont joints ensemble,»

---

[1] 隱軫 [2] 隱 [3] 隱 [4] 隱 [5] 衆多 [6] 軫 [7] 車
[8] 隱軫 [9] 殷軫 [10] 殷 [11] 殷軫 [12] 乘輿多盛貌 [13] 隱軫 [14] 相連

ils se touchent l'un l'autre. » Au lieu de *in-tchin* [15], on dit quelquefois dans le même sens : *tsie-tchin* [16] (*Peï-wen-yun-fou*, liv. 41, fol. 1 *v.*) et *lien-tchin* [17] (*Tchao-ming-wen-siouen*, liv. 6, fol. 22). Les premières syllabes *tsie* [18] et *lien* [19] de ces deux expressions signifient pareillement « joindre, unir, être joint, uni. Dans un passage semblable du Recueil *Tchao-ming-wen-siouen* (liv. 2, fol. 24 *v.*), le commentateur explique *in-tchin* [20] par *siang-lien-tsie* [21], mot à mot : (les chars) ensemble sont *joints* et se touchent.

Au figuré, l'expression *in-tchin* [22] se dit quelquefois des montagnes qui semblent *liées l'une à l'autre*, c'est-à-dire *qui forment une chaîne*. *Tchao-ming-wen-siouen*, liv. XVI, fol. 20 : *lien-chan-in-tchin* [23], « (ces montagnes qui se touchent, *forment une longue chaîne* ; *tong-tch'ou-liao-saï* [24], à l'est elles s'étendent en dehors du pays de *Liao*. »

Il est aisé de voir que j'ai eu parfaitement raison de traduire ici *in-tchin* [25] par *former une longue chaîne* (en parlant des montagnes).

J'ai eu encore raison de dire qu'il n'existe pas dans ce passage de verbe actif signifiant ici *cacher*, « abscondere, » puisque, d'après l'étymologie exposée plus haut, l'expression *in-tchin* [26] est indivisible, et qu'elle se dit, *au propre*, des chars nombreux *disposés en file*, et *au figuré*, des montagnes *qui forment une chaîne*.

Je ne sais si M. Pauthier doit se féliciter maintenant de sa dénégation, naguère si positive, et surtout de sa plaisanterie de si bon goût empruntée *aux bateaux à vapeur !*

Quatre-vingt-cinquième échec de M. Pauthier.

§ 17. A.

Chan-feou-in-tchin o *khieou-ling-si-lou* [28]. (Au nord) les montagnes

---

[15] 隱軫 [16] 接軫 [17] 連軫 [18] 接 [19] 連
[20] 隱軫 [21] 相連接 [22] 隱軫 [23] 連山
隱軫。[24] 東出遼塞。[25] 隱軫 [26] 隱軫
[28] 山阜隱軫。丘陵潟滷。

forment une chaîne immense; les collines et les tertres sont imprégnés de sel.

M. Pauthier : « Dans les montagnes qui *cachent dans leur sein* de nombreuses collines *transversales*, il y a beaucoup de mines de sel. »

Nous avons vu plus haut que la combinaison des deux syllabes *in* [29] et *tchin* [30] donne un mot composé (« *former une chaîne* »—de montagnes) dont les éléments deviennent inséparables. Dans l'édition impériale, la seconde syllabe (*tchin* [31]) est séparée par un point (o) des quatre mots suivants qui correspondent symétriquement aux quatre premiers.

M. Pauthier a rompu cette symétrie en divisant l'expression *in-tchin* [32] (*former une chaîne*), qu'il ne comprenait pas, pour traduire la première syllabe par « *cacher* » et la seconde par *transversales*, faisant du mot *tchin* [33] un attribut des mots suivants *khieou-ling* [42], collines et tertres, qui commencent un autre membre de phrase et n'ont aucun rapport avec le mot précédent.

M. Pauthier (A. pag. 127) : « Mon critique a placé un signe de « ponctuation après *tchin* [35]; il a ainsi séparé *tchin* [36] « *transversum* « (sic), » qualificatif de *khieou-ling* [37], « collines et tertres », de ces « mêmes substantifs, régimes directs du verbe *yn* [38], « abscondere, re-« condere. »

Réplique. On voit, par ce que nous venons de dire plus haut, que M. Pauthier *prononce lui-même sa propre condamnation.* Il nous apprend en effet qu'il a coupé en deux l'expression indivisible *in-tchin* [39], « former une longue chaine. » De cette manière, et d'après son aveu, 1° il a voulu rendre *in* [40] par *cacher;* 2° il a donné à *tchin* [41] le sens de *transversal* (sens que ce mot n'a pas en chinois), le considérant comme l'attribut des deux mots suivants « collines et tertres »; 3° il a pris les nominatifs *khieou-ling* [42], *collines et tertres*, pour les ré-

---

[29] 隱 [30] 軫 [31] 軫 [32] 隱軫 [33] 軫 [35] 軫
[36] 軫 [37] 丘陵 [38] 隱 [39] 隱軫 [40] 隱 [41] 軫
[42] 丘陵

gimes directs d'un verbe *cacher* qui n'existe pas dans l'expression *in-tchin*[43].

Il y a ici trois fautes bien caractérisées.

Quatre-vingt-sixième, quatre-vingt-septième et quatre-vingt-huitième échecs de M. Pauthier.

Preuves des conclusions qui précèdent.

1° Dans l'expression composée *in-tchin*[44], « *former une longue chaîne* » (en parlant des montagnes), il n'y a, comme on le voit, aucune trace du sens de *cacher*.

2° Si nous consultons le dictionnaire *Choue-wen* sur la signification primitive du mot *tchin*[45] (abstraction faite de la combinaison *in-tchin*[46]), nous le voyons défini par *tche-heou-hong-mo*[47], « lignum-transversum in parte posteriori currus, » traverse de bois qui se place à l'arrière du char.

C'est donc un mot technique qui n'a ce sens que lorsqu'il désigne la partie du char mentionnée plus haut, mais il n'est point permis de convertir ce substantif technique en un adjectif, comme l'a fait M. Pauthier, qui, sans aucune autorité de dictionnaires ou d'auteurs chinois, le rend par *transversal*.

3° Le mot *tchin*[48] ne peut pas être un qualificatif des mots suivants, *khieou-ling*[49] « collines et tertres, » 1° parce qu'il fait partie d'une expression composée indivisible (*in-tchin*[50], former une longue chaîne); 2° parce qu'il est séparé par un point, dans l'édition impériale, des mots *collines et tertres* ; 3° parce que la qualité, la nature particulière de ces « collines et tertres, » est indiquée par le verbe *si-lou*[51], « sont imprégnés de sel. »

4° Les quatre mots *chan-feou-in-tchin*[52] (« les montagnes forment une

---

[43] 隱軫 [44] 隱軫 [45] 軫 [46] 隱軫 [47] 車後橫木。 [48] 軫 [49] 丘陵 [50] 隱軫 [51] 潟滷 [52] 山阜隱軫。

longue chaîne ») offrant un sens complet, indépendant des quatre mots suivants (les collines et les tertres sont imprégnés de sel), il s'ensuit que les mots *khieou-ling* [53], « les collines et les tertres, » sont au nominatif, et ne peuvent être, comme l'affirme M. Pauthier (A. pag. 128), les *régimes directs* d'un verbe *cacher* qui n'existe pas dans la phrase.

§ 17. B.

Question. L'expression *si-lou* [54] est-elle ici un substantif signifiant *mines de sel*?
— Preuves du contraire.

Khieou-ling-si-lou [55], les collines et les tertres sont imprégnés de sel.

M. Pauthier ayant considéré les nominatifs *khieou-ling* [56], « les collines et les tertres », comme les *régimes directs* d'un verbe précédent « *cacher*, » qui n'existe pas dans le texte (il a traduit en effet *cachent des collines*), a mis un point après *khieou-ling* [56], et supprimant ainsi, à son insu, le sujet (*les collines et les tertres*) du verbe *si-lou* [58] « *sont imprégnés de sel* », il a pris ce verbe (*être imprégné de sel*) pour un substantif, et il a traduit : Il y a beaucoup de *mines de sel!*

Je ferai observer en outre qu'en traduisant : « dans *les montagnes*, il y a beaucoup de *mines de sel* », M. Pauthier a rapporté l'expression *si-lou* [59] (*être imprégné de sel*), aux deux mots (du commencement de la phrase) *chan-feou* [60], c.-à-d. « aux montagnes, » qui sont caractérisées par l'expression *in-tchin* [61] (forment une longue chaîne), tandis que le verbe composé *si-lou* [62] (*être imprégné de sel*) sert à caractériser les deux substantifs suivants, « *les collines et les tertres* » (les collines et les tertres sont imprégnés de sel).

Quatre-vingt-neuvième échec de M. Pauthier.

---

[53] 丘陵 [54] 潟滷 [55] 丘陵潟滷。 [56] 丘陵 [58] 潟滷 [59] 潟滷 [60] 山阜 [61] 隱軫 [62] 潟滷

§ 17. C.

Question. En traduisant : « les montagnes *cachent dans leur sein* des collines *transversales* », M. Pauthier a-t-il cru entendre que l'auteur chinois (qui vivait au commencement du septième siècle), avait eu une connaissance anticipée de la théorie de la formation des montagnes par soulèvement?

Je ne puis quitter le § 17, sans signaler de nouveau au lecteur la traduction française de M. Pauthier, abstraction faite du sens des mots chinois.

On ne peut faire dire à notre auteur que certaines montagnes *cachent dans leur sein des collines*, et à plus forte raison *des collines transversales?* M. Pauthier répondra-t-il, pour s'excuser, qu'*Hiouen-thsang* avait pu deviner la théorie de la formation des montagnes par soulèvement, théorie dont la géologie ne s'est enrichie que depuis peu d'années?

Si, par impossible, ce fait était exact, l'auteur se serait exprimé tout autrement. Il aurait dit, par exemple : « en tel endroit, une colline, plusieurs collines sont sorties inopinément du sein de la terre. » Comment notre voyageur eût-il pu savoir que les monts *Himâlaya* recelaient dans leur sein des collines? Comment aurait-il découvert que ces embryons de collines avaient (dans *le sein des montagnes—sic*) une forme plutôt *transversale* que *longitudinale* ou *verticale?*

Une telle justification ne mériterait pas d'être examinée sérieusement. Elle prêterait trop à des plaisanteries qui ne conviennent ni à mon caractère ni à mon sujet.

Si M. Pauthier eut tant soit peu réfléchi sur les conséquences de sa traduction, il n'aurait pas tardé à se convaincre que le voyageur chinois n'a pu vouloir exprimer une telle idée qui répugne autant au bon goût et à la logique, qu'à l'histoire des faits reçus aujourd'hui en géologie. Il aurait alors ponctué le texte d'une manière différente, et aurait reconnu sans peine le parallélisme des deux membres de phrase qui se composent chacun de quatre mots : *chan-feou-in-tchin* [63] (« les montagnes for-

---

[63] 山阜隱軫

ment une longue chaine»), *khieou-ling-si-lou* [64] («les collines et les tertres sont imprégnés de sel»).

§ 18.

Tch'ouen [65] signifie souvent *vallée*, sens important indiqué dans *Khang-hi*, et qui manque dans tous les dictionnaires chinois composés par des Européens.

Tong-tse—tch'ouen—ye—wo—jun [66], etc.

A l'est, *les vallées* et les plaines sont abondamment arrosées, et les champs sont gras et fertiles.

M. Pauthier : A l'orient, *des courants d'eau* qui traversent les plaines désertes, *viennent arroser* les campagnes cultivées, et *en former un sol* riche et fertile.

Il y a ici plusieurs fautes graves que j'examinerai en détail. Laissons d'abord M. Pauthier se condamner lui-même, suivant son habitude. (A. page 128) : « Aucune des autorités citées en tête de cet article (par « ex. les dictionnaires chinois *Khang-hi-tseu-tien*, et *I-wen-pi-* « *lan*, etc.) n'autorise à donner au caractère *tch'ouen* [67], « courant « d'eau, » l'acception de *vallée*. Si M. Julien a pris à tâche de donner « aux caractères chinois du texte des acceptions et des significations qui « ne se trouvent dans aucun dictionnaire chinois, il ne lui est assuré- « ment pas difficile de faire une traduction différente de la mienne. »

Réplique. 1° M. Pauthier se trompe, car *le dictionnaire impérial* et le *I-wen-pi-lan* citent un passage du *Tcheou-li* (Voyez l'Édition Impériale, liv. 43, fol. 45), où le mot *tch'ouen* [68] signifie *vallée*. Ce n'est que par extension que le mot *tch'ouen* [69] a reçu l'acception de *courant d'eau*.

En effet, suivant les dictionnaires *Khang-hi-tseu-tien* et *I-wen-pi-*

---

[64] 丘陵潟滷。 [65] 川 [66] 東則川野沃潤。疇隴膏腴。 [67] 川 [68] 川 [69] 川

lan, le sens primitif de *tch'ouen* [71] est *tcho'uen* [72] (percer, creuser). On a ensuite donné à *tch'ouen* [71] le sens de *courant d'eau*, parce qu'un courant d'eau, *tch'ouen-ti-eul-lieou* [73] (« coule dans la partie où la terre a été *creusée*, » soit par la nature, soit par la main des hommes).

« Telle est en général, dit le Rituel des *Tcheou* (chap. *Khao-kong-ki*, liv. 43, fol. 45, édit. impér.) la disposition de la terre, *qu'entre deux montagnes*, il y a nécessairement un *tch'ouen* [74], c'est-à-dire un creux, une dépression (*liang-chan-tchi-kien, pi-yeou-tch'ouen* [75]).

Le commentaire impérial ajoute à cette occasion, que cette dépression intermédiaire, produite par le ciel et la terre, c'est-à-dire naturellement, a quelquefois une largeur de plusieurs dizaines de *lis* (plusieurs lieues) ou de plusieurs centaines de *lis* (plusieurs dizaines de lieues). Ces détails ne pourraient s'appliquer à *un courant d'eau*, à *une rivière*, car il n'y en a pas au monde qui aient une largeur de *plusieurs dizaines de lieues* (une telle étendue d'eau formerait une véritable mer ou un grand lac). Mais ils conviennent parfaitement à une *vallée*, comme par ex. à la *vallée de Pamir* dont il va être question tout-à-l'heure.

2° Après avoir prouvé que, contrairement à la dénégation de M. Pauthier, le sens de *vallée* que j'ai donné au mot *tch'ouen* [76], se trouve dans les dictionnaires chinois, je vais compléter ma démonstration en en citant des exemples authentiques. Le plus remarquable est celui qui est relatif à la célèbre *vallée de Pamir*, décrite par notre voyageur, liv. 12, fol. 8 *v*. (Cf. *Fo-koue-ki*, Appendice, art. 134) : « On « arrive alors à la vallée (*tch'ouen* [77]) de *Pamir* qui à 1000 lis (cent « lieues) de l'est à l'ouest et 100 lis (dix lieues) du sud au nord. Dans les « endroits les plus étroits, elle n'a pas 10 lis (une lieue). Elle est située « entre deux montagnes neigeuses. Le vent y souffle jour et nuit, *la* « *terre y est aride*, etc. Au milieu de la vallée de *Pamir*, il y a un « grand lac qui a environ 300 lis (30 lieues) de l'est à l'ouest, et à- « peu-près 50 lis (5 lieues) du sud au nord. »

Si l'on rendait ici *tch'ouen* [78] par *courant d'eau*, comme le veut M. Pauthier (car il soutient que ce mot chinois n'a pas d'autre sens), on arriverait à dire (chose étrange !) que « *la terre* (de ce courant d'eau) est

---

[71] 川　[72] 穿　[73] 穿地而流。　[74] 川　[75] 兩山之閒。必有川。　[76] 川　[77] 川　[78] 川

aride, qu'au milieu de *ce courant d'eau*, *large de cent lieues* (!), il y a un lac qui a une étendue de 30 lieues!»

Le ton grave de cet écrit ne me permet pas d'insister davantage.

DEUXIÈME EXEMPLE. *Si-yu-ki*, liv. 9, fol. 6, *v.*: «Il s'assit dans un champ de riz, *au milieu d'une vallée unie* (*p'ing-tch'ouen-tchong* 79) qui était située à 40 lis au nord de ce lac. »

M. Pauthier serait réduit à traduire : « il s'assit au milieu d'un *courant d'eau unie !* »

TROISIÈME EXEMPLE. *Si-yu-ki*, liv. XI, fol. I : La plante *Hing-kiu-tsao* croît dans *les vallées* (*tch'ouen* 80) de la partie de l'Inde appelée *Lo-mo-in-tou*.

QUATRIÈME EXEMPLE. *Si-yu-ki*, liv. XI, fol. 3 *v.* « A deux cents lis « au N. O. de l'endroit ou *Fo* se sacrifia pour sauver la colombe, « j'entrai (*ji* 82) dans la vallée (*tch'ouen* 83) de *Chan-ni-lo-tou*, et de là « j'arrivai au monastère de *Sa-so-cha*. » M. Pauthier traduirait : j'entrai *dans la rivière!*

CINQUIÈME EXEMPLE. *Si-yu-ki*, liv. XI, fol. 9. Après avoir fait trois cents lis, j'arrivai à la vallée (*tch'ouen* 84) de *Ta-li-lo* où existait jadis la résidence du roi d'*Ou-tchang-na*.

Suivant l'assertion de M. Pauthier, le palais de ce roi aurait existé « au milieu d'un *courant d'eau !* »

Le mot *tch'ouen* 85 se trouve encore avec le sens de vallée, 6° dans le *Si-yu-ki*, liv. XI, fol. 8 ; 7° *ibid.*, liv. XI, fol. 22, lin. 9; 8° dans l'Encyclopédie d'agriculture *Cheou-chi-thong-kao*, liv. 22, fol. 20 ; 9° une seconde fois dans la même page; 10° même ouvrage, liv. XXI, fol. 2 *v.*; 11° *Si-yu-ki*, liv. I, fol. 11 *r.*

M. Pauthier s'est donc trompé deux fois, en soutenant 1° que le sens de *vallée* donné à *tch'ouen* 86 n'existe pas dans les dictionnaires chinois ; 2° que j'ai *forgé* cette acception, qu'il suppose ne pas exister dans les auteurs chinois.

Quatre-vingt-dixième échec de M. Pauthier.

---

79 平川中 80 川 82 入 83 川 84 川 85 川
86 川

§ 18. A.

Je reprends le même passage que je ponctue d'après l'édition impériale.

Tong-tse–tch'ouen-ye-wo-jun ○ *tcheou-long-kao-yu* [66]. « A l'est les vallées et les *plaines sont abondamment arrosées,* — et les champs sont gras et fertiles. »

M. Pauthier : « A l'orient des *courants d'eau* qui traversent les plaines désertes, *viennent arroser* les campagnes cultivées et en former un sol riche et fertile. »

Il y a ici un bon nombre de fautes qui viennent surtout de ce que M. Pauthier ignorait le sens de *vallée*, donné à *tch'ouen* [93] (sens que nous avons démontré plus haut, § 18, par une multitude d'exemples), et de ce qu'il n'a pas su ponctuer ce passage.

Il était aisé de voir qu'il y a ici deux phrases parallèles de quatre mots chacune. La première *tch'ouen-ye-wo-jun* (les vallées et les plaines sont abondamment arrosées), se balance avec la seconde, *tcheou-long-kao-yu*, les champs sont gras et fertiles.

M. Pauthier a détruit cette symétrie 1° en faisant avec les deux nominatifs *tch'ouen* [93], « les vallées, » et *ye* [92], « les plaines », un membre de phrase présentant un sens complet. Pour cela il a rendu le mot *tch'ouen* [93] (les vallées) par *des courants d'eau;* puis il a ajouté le verbe *traverser* qui n'existe pas dans le texte, et lui a donné pour régime direct le second nominatif *ye* [94], les plaines : « *des courants d'eau*, dit-il, qui *traversent* les plaines désertes... »

2° L'expression *wo-jun* [95] est ici, par position, un verbe signifiant en français *être humide;* il a pour sujet les deux nominatifs précédents, *les vallées et les plaines*, et complète le sens du premier membre de phrase qu'un point (o) sépare du second dans l'édition impériale.

M. Pauthier a empiété de la première partie de cette phrase sur la seconde. Il a fait un verbe actif (*arroser*) du verbe neutre chinois *wo-*

[92] 野 [93] 川 [94] 野 [95] 沃潤

jun 96, « *être humide*, » et lui a donné pour régime direct le nominatif dissyllabique *tcheou-long* 97, les champs (sujet du verbe neutre dissyllabique *kao-iu* 98, sont-gras-et-fertiles). De cette manière il a traduit : « viennent arroser (*wo-jun* 99) (il y a ici un point (o) dans l'édition impériale) les campagnes !... »

Si M. Pauthier eût saisi le parallélisme de *wo-jun* 100 d'un côté (*être imprégné d'eau*), et de *kao-yu* 1 (être gras et fertile), de l'autre, il se serait gardé de faire un verbe actif de la première expression *wo-jun* 2. Voici un exemple où le même verbe dissyllabique signifie aussi par position *être humecté, arrosé*, et ne peut non plus être construit avec les mots du membre de phrase suivant. *Si-yu-ki*, liv. x, fol. 20 *r*. : *Thou-ti-wo-jun* 3, le terrain *est humide, est naturellement arrosé; kia-se-fong-tching* 4, les récoltes sont très abondantes. (L'expression *kia-sse* 5 signifie littéralement *semailles* et *moissons*, et en général *agriculture*, mais ici le verbe neutre *fong-tching* 6, être abondant, semble déterminer le sens de *récoltes*.)

On voit que ce passage se compose, comme le nôtre, de deux phrases parallèles de quatre syllabes; chacune commence par deux mots au nominatif, et se termine par un verbe dissyllabique. Si, au mépris de cette symétrie, on empiétait de la première sur la seconde, en faisant du verbe neutre *wo-jun* 7, « *être humide*, » un verbe actif, et lui donnant pour régime direct les nominatifs suivants *kia-sse* 8 (récoltes), on imiterait tout-à-fait le procédé de M. Pauthier, et l'on arriverait à ce sens étrange : *arroser les récoltes !*

3° L'expression *kao-yu* 9, « *être gras et fertile*, » a pour sujet le nominatif dissyllabique qui la précède, savoir *tcheou-long* 10, « les champs » (les champs sont gras et fertiles).

M. Pauthier ayant considéré ce nominatif dissyllabique comme le

---

96 沃潤 97 疇壟 98 膏腴 99 沃潤 100 沃潤 1 膏腴 2 沃潤 3 土地沃潤。 4 稼穡豐盛。 5 稼穡 6 豐盛 7 沃潤 8 稼穡 9 膏腴 10 疇壟

régime direct de son prétendu verbe actif *arroser*, qu'il a détaché du membre de phrase précédent, s'est vu réduit à recourir à un sous-entendu pour trouver un sens quelconque. Il a ajouté les mots *former un sol* (le lecteur voudra bien remarquer que, suivant le sens de M. Pauthier, ce sont les *courants d'eau* qui *forment un sol!* Ces *courants d'eau* sont tout simplement des *vallées*, « *tch'ouen*[10a], » ainsi qu'on l'a vu plus haut, § 18). Je ferai observer, en outre, qu'il a rendu adjectivement le verbe neutre dissyllabique *kao-yu*[11], *être gras et fertile* (viennent, dit-il, en *former un sol* gras et fertile!).

Ainsi M. Pauthier a commis ici trois fautes graves et bien caractérisées.

Quatre-vingt-onzième, quatre-vingt-douzième et quatre-vingt-treizième échecs de M. Pauthier.

§ 19.

Question. L'expression *ta-kaï*[12], « un abrégé, un résumé, » peut-elle signifier aussi une *grande plaine sablonneuse?*
Non.
— Cause de l'erreur de M. Pauthier.

Sse-ta-kaï-ye-kho-lio-yen-yen[13]. Tel est l'aperçu sommaire que je puis donner en peu de mots (de l'Inde). M. Pauthier : « le sol forme *une grande plaine sablonneuse*. Mais nous devons abréger notre description. » (Voy. *Journal Asiat.*, décembre 1839, pag. 449.)

Pour que le lecteur voie comment cette conclusion (tel est l'aperçu sommaire, etc.) est amenée, je vais reprendre les passages précédents qui forment ensemble cet *aperçu sommaire*, ce *résumé succinct* dont parle ici notre voyageur.

« Je puis faire connaître les frontières de ce royaume. Les limites des « cinq Indes embrassent une étendue d'environ 90,000 *lis* (900 lieues);

[10a] 川 [11] 膏腴 [12] 大槩 [13] 斯大槩也可略言焉。

« trois sont bornées par une grande mer. Au nord, l'Inde a derrière
« elle des montagnes neigeuses. Elle est large au nord et étroite au mi-
« di. Par sa forme, elle ressemble à une demi-lune. Elle est divisée en
« soixante-dix états. En tout temps il y fait extrêmement chaud. La
« terre est humectée par une multitude de sources. Au nord les mon-
« tagnes forment une chaîne immense ; les collines et les tertres sont
« imprégnés de sel. A l'est, les vallées et les plaines sont abondamment
« arrosées, et les champs sont gras et fertiles.

« Dans le midi, les plantes et les arbres végètent avec vigueur ; dans
« l'ouest le terrain est maigre et aride.

« *Tel est l'aperçu sommaire* [14] que j'en puis donner en peu de mots. »

M. Pauthier : ..... « (dans la région occidentale, le sol est pierreux
« et pauvre); il y forme *une grande plaine sablonneuse!*

« Mais nous devons abréger notre description. »

Ainsi M. Pauthier a rendu l'expression dissyllabique *ta-kaï* [14], un
abrégé, un résumé, par *grande plaine sablonneuse!* Puis il a fait une
phrase isolée des mots *kho-lio-yen-yen* [15] qui signifient : (ce résumé)
peut être (ainsi) *exprimé en peu de mots*, et prenant ces quatre mots pour
une sorte de transition, il a traduit : « Mais nous devons abréger notre
récit. »

Nous voyons dans le dictionnaire de *Khang-hi*, que l'expression *ta-kaï* [16] a le sens de *ta-so* [17], « epitome, compendium (Diction. de Basile,
n° 6054), *un abrégé, un résumé*.

Je me suis demandé d'abord comment M. Pauthier avait pu découvrir le sens de *grande plaine sablonneuse* dans *ta-kaï* [18], mot à mot,
grand résumé, c'est-à-dire un résumé fait en gros, sans entrer dans de
longs détails. Ayant eu la curiosité de m'assurer si Morrison (*Dict. chin.*,
part. II, n° 4927) avait donné cette locution, je la trouvai ainsi expliquée (d'après *Khang-hi*) : Ta-kaï [19], or, *ta-so* [20] (*Dict.* de Basile, *compendium*), « a large rough levelling. » Morrison veut exprimer par là,
comme le P. Basile par *compendium* (traduction de *ta-so* [21]), « un abrégé, un résumé, un aperçu succinct, l'opposé de « description détaillée. »

---

[14] 大槩 [15] 可略言焉。 [16] 大槩 [17] 大率
[18] 大槩 [19] 大槩 [20] 大率 [21] 大率

Le mot *ta-so* [22] donné ici par Morrison, ayant le sens très connu de *compendium, epitome*, un abrégé, un résumé, M. Pauthier, à qui cette acception pouvait être devenue familière après *douze ans d'étude* (A. pag. 98), aurait dû, ce semble, s'apercevoir que la définition anglaise, citée plus haut, devait nécessairement renfermer la même idée (savoir celle de *résumé, abrégé*).

Malheureusement M. Pauthier ignorait, à ce qu'il paraît, le sens de l'expression usuelle *ta-so* [23] (epitome, compendium). Or, comme le mot anglais *level* signifie *planus*, il a cru que *levelling* avait ici le sens de *plaine*, et a fait ainsi le mot à mot de la définition de Morrison : *a levelling*, une plaine, *large*, grande, *rough* (vulgo *rude*), sablonneuse!!

On a vu maintes fois que M. Pauthier n'hésite jamais à expliquer *naïvement* pourquoi il a donné tel sens à tel mot: c'est en général parce qu'il a cru l'apercevoir dans une définition d'un dictionnaire chinois, définition dont il nous a toujours fourni le moyen de réfuter l'emploi ou la signification qu'il lui attribue.

Ici M. Pauthier a été plus discret. Il n'a pas osé nous apprendre d'après quelle définition chinoise *ta-kaï* [24] (*un résumé, un abrégé*) signifierait aussi *une grande plaine sablonneuse!*

M. Pauthier se contente de dire, pour toute justification, que dans « l'ouest de l'Inde *il y a un désert de sable*. »

Dans une discussion philologique où l'on doit analyser et définir, avec le plus grand soin, chaque mot qui fait l'objet d'une critique, on ne se justifie nullement en citant en l'air un fait géographique. Il fallait encore prouver catégoriquement (mais c'était chose impossible) que le mot *ta-kaï* [25] (un résumé) signifie *une grande plaine sablonneuse!*

Avant de terminer ce paragraphe, je vais citer un passage remarquable où l'expression *ta-kaï* [26] a, comme dans notre auteur, le sens de *résumé, aperçu sommaire*.

Pour montrer encore mieux, si cela est possible, combien est grave la faute que je viens de relever, je ferai usage, un instant, de la traduction de M. Pauthier.

---

[22] 大率 [23] 大槩 [24] 大槩 [25] 大槩 [26] 大槩

Dans l'ouvrage intitulé *Yang-tch'ing-kou-tchao*, c'est-à-dire, Extraits relatifs aux antiquités de Canton, on donne, liv. 2, fol. 7 *v*., des notions succinctes sur trois montagnes renommées qui sont situées dans le voisinage de *Whampou*. L'auteur les termine par ces mots : *thse-san-chan-tchi-ta-kaï* [27], mot à mot : hoc (est) trium montium *epitome*, brevis descriptio, c'est-à-dire : tel est *l'aperçu sommaire* de ces trois montagnes, tel est le *résumé* des observations relatives à ces trois montagnes.

M. Pauthier traduirait : « Telle est *la grande plaine sablonneuse* de ces trois montagnes ! »

Puis, pour ne point rester au dépourvu, si on lui demandait où il a vu que *ta-kaï* [28] signifie *une grande plaine sablonneuse*, il se jetterait une seconde fois à côté de la question, et répondrait sans doute : c'est qu'au pied de ces trois montagnes il y avait *une grande plaine sablonneuse!*

Je pourrais citer une douzaine de phrases du même genre où *la grande plaine sablonneuse* de M. Pauthier ne ferait pas meilleure figure que dans ce passage et dans celui du voyageur *Hiouen-thsang*.

Quatre-vingt-quatorzième échec de M. Pauthier.

Nota. Ici se termine l'Examen des treize lignes continues de chinois qui sont le principal objet de cet écrit.

[27] 此三山之大槩也 [28] 大槩

EXAMEN

DE

DEUX PASSAGES DÉTACHÉS.

§ 20.

Question. Quel est le sens de *in-li* [29] et de *yang-li* [30], ou de *in-yang-li* [31] ?

— Le véritable sens de ces expressions, tiré de l'*Encyclopédie japonaise*, manque dans tous les dictionnaires (voy. § 20 A).

Jo-naï-in-yang-li-yun, ji-youeï-thse-che [32], etc.

Avant d'examiner ce passage, je dois rappeler au lecteur qu'ici, comme dans mon *Examen critique*, je suis la ponctuation de l'édition impériale. Cette observation me dispensera de réfuter les récriminations de M. Pauthier, relativement à la manière dont j'ai divisé les mots du texte. Cette même ponctuation impériale me servira à démontrer les fautes que M. Pauthier a commises en confondant ensemble les diverses parties de cette phrase dont les mots, depuis *jo-naï* [33] (quant à),

---

[29] 陰曆 [30] 陽曆 [31] 陰陽曆 [32] 若乃陰陽曆運。日月次舍。稱謂雖殊。時候無異。 [33] 若乃

marchent symétriquement quatre à quatre, et forment quatre membres dont chacun offre un sens complet.

Mot à mot : *jo* [33], pour ce qui regarde, *in-yang-li-yun* [35], les éclipses du soleil et de la lune (voir plus bas § 20 A.), *ji-youeï-thseche* [36], et les mansions de ces deux astres, *tching-weï-souï-tchou* [37], quoique les dénominations diffèrent, *chi-heou-wou-i* [38], le temps ne diffère pas.

M. Pauthier a traduit *jo* [39] par *si* (*si* l'on veut déterminer). J'ai expliqué, § 13 A, dans quels cas la particule *jo* [40] signifie 1° *si* ; 2° *de même que* ; 3° *quant à*, *pour ce qui regarde*. Afin d'éviter des répétitions inutiles, je prie le lecteur de vouloir bien relire ce paragraphe (13 A).

J'ai montré (§ 13 A.) que pour être autorisé à traduire *jo* [41] par la conjonction conditionnelle *si*, il fallait qu'il fût suivi d'un verbe. Or il n'y en a point ici dans le texte chinois.

Aussi, M. Pauthier, pour lui donner ce sens inexact, a-t-il été obligé d'ajouter le verbe *déterminer*.

Quatre-vingt-quinzième échec de M. Pauthier.

§ 20. A.

Sens remarquable de *in-yang-li*. [42]

De nouvelles recherches m'ont permis de donner à *in-yang-li-yun* [43] un sens différent de celui que j'avais adopté dans l'origine, et qui n'a aucun rapport avec celui de M. Pauthier.

D'après l'encyclopédie chinoise, publiée au Japon sous le titre de

---

[35] 陰陽曆運。 [36] 日月次舍 [37] 稱謂雖殊。 [38] 時候無異。 [39] 若 [40] 若 [41] 若
[42] 陰陽曆 [43] 陰陽曆運

DE DEUX PASSAGES DÉTACHÉS.

Weï-han-san-t'saï-thou-hoeï (liv. 1, fol. 12), l'expression *in-li* [44] signifie *éclipse de lune*, et *yang-li* [45], éclipse de soleil.

Le mot *yun*, « mouvement, mouvement circulaire, » se rapporte à la marche de ces deux astres. »

M. Pauthier a rendu les quatre mots *in-yang-li-yun* [47], « les éclipses de soleil et de lune, » par *les révolutions du principe de la lumière et de celui des ténèbres*.

On voit, par la définition que nous avons puisée dans l'Encyclopédie chinoise, imprimée au Japon, que l'expression *in-yang-li-yun* [48] ne peut se dire d'une manière générale des révolutions du soleil et de la lune. Elle a un sens spécial et bien déterminé. D'un autre côté, M. Pauthier se serait grandement trompé s'il avait voulu désigner la *lune* par le *principe des ténèbres*. Il est probable qu'il a pris ce sens dans les premiers mots de l'explication de Basile (*Dict. chin.* n° 11797), « *obscurum, umbra.* »

Quatre vingt-seizième échec de M. Pauthier.

§ 20. B.

Question. Peut-on traduire adjectivement le mot *thse* [49], première syllabe de *thse-che* [50]? NON.
— Sens exact de l'expression *thse-che* [51].

Ji-youeï-thse-che [52] (quant aux) mansions du soleil et de la lune.

L'expression *thse-che* [53] répond au terme astronomique *mansion* (par ex. mansion solaire, lunaire). *Peï-wen-yun-fou*, liv. 81, fol. 92, v. *Ji-tseou-youeï-pou* ; *tcheou-pien-thse-che* [54], c'est-à-dire : le soleil

[44] 陰曆 [45] 陽曆 [47] 陰陽曆運 [48] 陰陽曆運 [49] 次 [50] 次舍 [51] 次舍 [52] 日月次舍 [53] 次舍 [54] 日趨月步。周遍次舍。

marche vite, et la lune, lentement; dans leur mouvement circulaire, ils parcourent leurs mansions.

Le même dictionnaire offre plusieurs autres exemples de *thse-che* [55], pris dans le même sens.

M. Pauthier a divisé ce mot en deux syllabes. Il a rendu la première par l'adjectif *successives* (les demeures *successives* du soleil et de la lune), quoiqu'elle soit ici synonyme du mot *che* [56], et désigne également un lieu, un point, où le soleil et la lune semblent *s'arrêter*.

Aujourd'hui (A, page 130) M. Pauthier nie que le terme *mansion* que j'ai employé, soit français; « nous avons, dit-il, les mots *maisons, stations, demeures*, employés par de bons auteurs. » J'engage M. Pauthier à lire le savant Mémoire de M. Biot père sur *l'ancienne Astronomie chinoise* (Paris 1841, in-4°); il y trouvera, par exemple, pag. 83, de précieux renseignements sur les *mansions lunaires* des Arabes.

M. Pauthier s'est donc trompé, comme on l'a vu plus haut, en rendant adjectivement (par *successives*) la première partie du substantif dissyllabique *thse-che* [57], « mansions. »

Quatre-vingt-dix-septième échec de M. Pauthier.

§ 20. C.

Sens de l'expression *tch'ing-weï* [58], omise par M. Pauthier.
— Signification du substantif *chi-heou* [59].
— Le mot *tchou* [60] « être différent », ne peut être traduit ici par *être tué, détruit, ne plus exister*.

Nous arrivons aux fautes les plus graves que M. Pauthier ait faites dans ce paragraphe.

Tching-weï-souï-tchou, chi-heou-wou-i [61], mot à mot « quoique les dénominations – (des éclipses et des mansions solaires et lunaires) soient différentes (dans l'Inde),–le temps ne diffère pas. »

---

[55] 亥舍 [56] 舍 [57] 亥舍 [58] 稱謂 [59] 時候
[60] 殊 [61] 稱謂雖殊。時候無異。

DE DEUX PASSAGES DÉTACHÉS. 147

M. Pauthier : « Quoique le temps *qui n'est plus* ou *qui n'est pas encore*, ne présente aucune différence. »

Je rappellerai ici que ma ponctuation est celle de l'édition impériale, et qu'il faut un point (o) après *tchou* [62], (quoique) « *ils diffèrent*. »

1° M. Pauthier a passé l'expression *tch'ing-weï* [63], les noms, les dénominations, expression dissyllabique qui est le sujet du verbe *tchou* [64], différer (quoique les noms *diffèrent*).

Voici un exemple remarquable de *tch'ing-weï* [65], nom, dénomination. *Peï-wen-yun-fou*, liv. 64, fol. 105, *r*. « Dans la capitale de l'est, la « rue de *kia-king* possède un poirier dont les fruits sont délicieux ; « c'est pourquoi on les a appelés *kia-king-li* [66], les poires de (la rue) « de *kia-king*.

« Les hommes d'aujourd'hui se bornent à prononcer *kia-king-tse* [66 a]. « Or, *la dénomination, tching-weï* [67] (de poires de la rue de *kia-king*), « étant devenue familière, on peut se rappeler (ces fruits) sans qu'il soit « nécessaire d'ajouter le mot *li* [68], poires. » *Kaï-tching-weï-ki-chou*, « *pou-kia-li-i-kho-ki-ye* [69]. »

2° Le lecteur n'a pas oublié que, dans le § 3, M. Pauthier a traduit l'adjectif *tchou* [70], différent, par *périr, être détruit* (il a écrit *pays détruit*, au lieu de *différents pays — tchou-fang* [71]).

Dans cet endroit-ci, M. Pauthier a construit le mot *tchou* [72], différent (ici par position : *être différent*), avec *chi* [73], dont il est séparé plus encore par la nécessité du parallélisme que par un point (o), et pour ne pas être au-dessous de sa première traduction (région *détruite*), il a vu dans cette étrange association de *tchou* [74] et de *chi* [75], l'idée de *temps détruit*. Aussi a-t-il traduit : le temps QUI N'EST PLUS !

M. Pauthier n'a pas osé citer les mots chinois où il a vu ou cru voir le sens *de temps qui n'est plus* ! La raison en est facile à trouver : c'est

---

[62] 殊 [63] 稱謂 [64] 殊 [65] 稱謂 [66] 李 [66 a] 子
[67] 稱謂 [68] 李 [69] 蓋稱謂既熟。不加
李亦可記也。 [70] 殊 [71] 殊方 [72] 殊
[73] 時 [74] 殊 [75] 時

que la réminiscence, signalée plus haut, de sa première traduction (§ 3) de *tchou-fang* 76, « région détruite, » au lieu de *régions différentes*, était précisément ce qui l'a fait tomber dans l'erreur. On vient de voir pourquoi le verbe neutre *tchou* 77, différer, et *chi* 78, première syllabe de *chi-heou* 79 (temps) qui, du reste, en est séparé par un point (o), ne peuvent signifier *temps détruit*, *temps qui n'est plus !*

Quatre-vingt-dix-huitième échec de M. Pauthier.

§ 20. D.

Tch'ing-weï-souï-tchou, chi-heou-wou-i 80, mot à mot : « quoique les dénominations (des éclipses et des mansions du soleil et de la lune) soient différentes, le temps ne diffère pas. »

Nous avons vu dans le paragraphe précédent, que pour trouver le sens de *temps qui n'est plus*, mot à mot : temps détruit (suivant le modèle de *région détruite*, « *tchou-fang* 81, » au lieu de « régions différentes, » § 3), M. Pauthier avait évidemment construit le mot *tchou* 82, « différer, » dernier mot du deuxième membre de phrase (et auquel il attribue ici la signification de *périr, être détruit*), avec le mot *chi* 83, vulgo *temps*, premier mot du troisième membre de phrase dont *tchou* 84, « être différent » (suivant M. Pauthier *périr, être détruit*), est séparé par un point (o) dans l'édition impériale.

Puis comme *heou* 85, deuxième syllabe du mot composé *chi-heou* 86, temps, signifie quelquefois, lorsqu'il est seul, « *expectare*, attendre, » M. Pauthier en a fait le verbe passif *être attendu*, et il a écrit : (le temps) *qui n'est pas encore !*

Si M. Pauthier connaissait un nombre suffisant de mots doubles, il saurait que les deux syllabes *chi-heou* 87 ne forment ici qu'un seul mot (le temps).

---

76 殊方　77 殊　78 時　79 時候　80 稱謂雖殊。時候無異。81 殊方　82 殊　83 時　84 殊　85 候　86 時候　87 時候

Sur l'expression dissyllabique *chi-heou* [88], « temps, » on peut consulter Morrison, *Diction. chin.*, part. I, page 127, part. II, n° 9161, et Gonçalvez, *Dictionn. portug. chin.*, au mot *tempo*.

J'avais prié M. Pauthier de nous faire connaître les mots chinois de ce passage qui ont, suivant lui, la curieuse signification de « *temps qui n'est pas encore.* » Il a *oublié* de répondre, se bornant à nous débiter, pour toute justification, quelques *phrases philosophiques sur le temps*.

Quatre-vingt-dix-neuvième échec de M. Pauthier.

§ 20. E.

Question. Est-il vrai que M. Julien ne possède que quelques cahiers dépareillés du grand répertoire de mots *intitulé* : Peï-wen-yun-fou ?
— Peut-on admettre, avec Pauthier que ce vaste dictionnaire n'est qu'une sorte de *Gradus ad Parnassum* ?
— Preuves du contraire.

J'avais cité l'autorité du Dictionnaire *Peï-wen-yun-fou* (liv. 85, passim).

M. Pauthier répond (A, page 134) : « Que je fais *une mauvaise plaisanterie* toutes les fois que je cite cet ouvrage dont je ne possède, dit-il, que *quelques volumes dépareillés*, et qu'il qualifie de *dictionnaire poétique.* « C'est, ajoute-t-il, comme si l'on renvoyait au *Gradus ad* « *Parnassum,* pour expliquer des phrases de Justin ou de Pline. »

Réplique. M. Pauthier se trompe ici, comme partout ailleurs.

1° Je possède en entier le grand dictionnaire *Peï-wen-yun-fou* en 186 vol. in-8° avec le supplément en 30 volumes (en tout 216 vol.). C'est un fait qui est à la connaissance de MM. Bazin, Ed. Biot, Théodore Pavie, etc., devant qui je l'ai maintes fois compulsé. Je n'en connais en Europe que trois exemplaires complets, l'un dans la bibliothèque

---

[88] 時候

de la Propagande, un autre dans la collection de Morrison, le troisième est le mien.

Cet ouvrage est moins un dictionnaire qu'un vaste répertoire de phrases et de mots composés. Il est, dit Morrison (*Dict. chin.*, part. II, préface, page 6) « rempli de citations sèches et de portions de phrases qui « sont souvent obscures en elles-mêmes, et qui en général ne sont accom- « pagnées d'aucune explication. »

Les caractères y étant rangés par ordre tonique, à moins d'en avoir fait, comme moi, l'*index,* il est fort difficile pour un Européen d'y trouver les mots dont il a besoin; mais il lui est plus difficile encore de comprendre les portions de phrases isolées où se rencontrent les signes dont il cherche l'explication.

2° Ce répertoire donne les mots composés 1° des livres canoniques et classiques; 2° des historiens officiels suivant l'ordre chronologique de chaque corps d'annales; 3° des historiens non officiels; 4° des philosophes, et en général des écrivains qu'on désigne sous le nom de *tseu* [89]; 5° des poètes.

M. Pauthier se trompe donc une seconde fois en soutenant que le *Peï-wen-yun-fou* est un *dictionnaire poétique,* une sorte de *Gradus ad Parnassum.*

§ 20. F.

Question. Est-il vrai que l'expression *piao-youeï* [89 a] signifie ici *prendre pour régulateur la lune?* NON.
— M. Pauthier commet cinq erreurs graves dans cette seconde partie du § 20.

Je termine la citation du § 20.

Souï-khi-sing-kien-i-piao-youeï-ming [90]. (Il y a ici un point dans l'édition impériale).

---

[89] 子 [89a] 標月 [90] 隨其星建以標月名。時極短者謂刹那。

Chi-ki-toen-tche, *weï-tsa-na*, mot à mot : « ils se conforment à la « position de leurs étoiles, pour indiquer les noms des lunes.

« Le plus court espace de temps se nomme *thsa-na*. »

La première observation est confirmée par celle-ci du même auteur, liv. VIII, fol. 29, *v*., lin. 7 : *In-tou-youeï-ming, i-sing-eul-kien* [91], mot à mot : les noms des lunes de l'Inde sont établis d'après les étoiles.

M. Pauthier a traduit : « mais en se conformant à la position des « astres, en prenant pour régulateur la lune, ON NOMME les périodes « de temps *saisons*.

« La fraction la plus courte du temps se nomme *cha-na*. »

J'ai cité après le mot *ming* [92], les noms (des lunes), six caractères étrangers à notre passage et qui commencent un autre ordre d'idées (*le plus court espace de temps se nomme thsa-na*), pour montrer que M. Pauthier a mis un point (o) après le génitif *youeï* [93], « *des lunes*, » (les noms des lunes), et en a fait le régime direct du verbe *piao* [94], indiquer.

En effet, 1° il a isolé les mots *souï-khi-sing-kien* [95], mot à mot : « ils se conforment à la position de leurs étoiles. » M. Pauthier n'a pas vu la liaison nécessaire qui existe entre ces mots et les quatre suivants, *i-piao-youeï-ming* [96] (pour signaler, indiquer les noms des lunes), c'est-à-dire que c'est d'après la position des étoiles des différentes constellations que parcourt la lune, qu'on lui a donné les noms particuliers qu'elle porte dans chaque mois de l'année, ainsi que l'auteur l'a dit dans le passage du liv. VIII, fol. 29, déjà cité plus haut.

2° M. Pauthier a mis un point (o) après le génitif *youeï* [97], « lune, » et a traduit les trois mots incomplets *i-piao-youeï* [98] (mot à mot : ad indicandum LUNÆ.. pour indiquer DE LA LUNE...) par « *en prenant pour régulateur* la lune. »

Ce membre de phrase n'est complet qu'avec le mot *ming* [99], les noms

---

[91] 印度月名。依星而建。 [92] 名 [93] 月
[94] 標 [95] 隨其星建 [96] 以標月名。
[97] 月 [98] 以標月 [99] 名

(pour indiquer les NOMS des lunes), mot après lequel il y a un point dans l'édition impériale.

3° M. Pauthier ayant mis un point (o) après le génitif *youeï* [100], « DE LA LUNE, OU DES LUNES, » qu'il a pris pour le régime direct du verbe *piao* [1], signaler, indiquer (suivant lui *prendre pour régulateur!*), il a fait un verbe actif du substantif pluriel *ming* [2], « *les noms* » (des lunes), véritable régime du verbe *piao* [3], *indiquer* (indiquer *les noms* des lunes), et il a rendu ce mot *ming* [4], « *les noms*, » par le verbe actif *nommer* (ON NOMME, dit-il, les périodes de temps saisons).

4° Je prie le lecteur de remarquer que la phrase est finie aux mots *youeï-ming* [5], « les noms des lunes » (pour indiquer *les noms des lunes*), et que le mot *saisons* qu'emploie M. Pauthier est tout simplement le caractère *chi* [6], « temps, » premier mot de la phrase suivante qui commence un tout autre ordre d'idées (le temps — le plus court, l'espace le plus court du temps — s'appelle *thsa-na*), duquel mot *temps* il a fait le régime direct d'un verbe *nommer* qui n'existe pas dans la phrase, puisqu'en effet le mot *ming* [7], « noms, » qu'il rend par *nommer*, n'est autre chose que le régime direct du verbe *piao* [8], signaler, indiquer (*les noms des lunes*).

5° Il a rendu le mot *piao* [9], « *indiquer*, » par *prendre pour régulateur*.

Je terminerai en demandant s'il est bien rationnel de dire « que les Indiens ont besoin de se conformer à la position des astres *et de prendre la lune pour régulateur*, afin de nommer les périodes de temps, saisons ? » Le mot sanskrit *saisons*, ऋतु *ritou* (dérivé du verbe ऋ *ri*, aller, et de l'affixe तु *tou*), n'a rien de commun avec la position des astres ni avec la lune.

M. Pauthier s'est donc trompé ici, 1° faute d'avoir compris cette idée de l'auteur « que les Indiens *tirent les noms des lunes* (de chaque mois) *de la position des étoiles* (des constellations que la lune parcourt dans sa marche). »

2° En rendant le mot *piao* [10], « signaler, indiquer, » par *prendre pour régulateur*.

[100] 月 [1] 標 [2] 名 [3] 標 [4] 名 [5] 月名。 [6] 時 [7] 名 [8] 標 [9] 標 [10] 標

3° En prenant le génitif *youeï* [11], « de la lune ou des lunes, » pour le régime direct du verbe *piao* [12], « indiquer. »

4° En rejetant dans la phrase suivante le substantif pluriel *ming* [13], les noms (*nomina*, à l'accusatif), régime direct du verbe indiquer, et en le métamorphosant en un verbe actif (*nommer*).

5° En rendant par *saisons* le mot *chi* [14], « temps, » qui appartient à une phrase tout-à-fait distincte de la précédente (le temps le plus court s'appelle *thsa-na*).

Centième, cent unième, cent deuxième, cent troisième et cent quatrième échecs de M. Pauthier.

§ 20. G.

Je suis obligé de reprendre une partie des mots cités plus haut, § 20, F.

Souï-khi-sing-kien [15], mot à mot, ils se basent sur la position de leurs étoiles; *i-piao-youeï-ming* [16], pour indiquer les noms de leurs lunes.

Chi-ki-toen-tche-weï-thsa-na [17], le temps — le plus court, c'est-à-dire le plus court espace de temps — s'appelle *thsa-na*.

M. Pauthier (A. pag. 135): « Par une de ces préoccupations dont il « est impossible de se rendre compte d'une manière raisonnable, M. Ju- « lien me reproche *d'avoir confondu je ne sais quel membre de phrase* « *avec tel autre*, dont il n'y a pas *la moindre trace* dans mon travail. « Ma traduction de ce passage s'arrête au caractère *chi* [18], « saisons, » « qui *le termine fort naturellement*, et je commence la phrase suivante « qui traite d'objets tout différents, par les mots *ki-toen-tche* [19], etc., « la fraction la plus courte du *temps* se nomme *Cha-na*. » (On verra tout-à-l'heure qu'il n'y a pas là de mot chinois signifiant *temps*.)

---

[11] 月 [12] 標 [13] 名 [14] 時 [15] 隨其星建 [16] 以標月名。[17] 時極短者。謂刹那。[18] 時 [19] 極短者

RÉPLIQUE. Il est impossible de prononcer plus franchement et en termes plus clairs, sa propre condamnation. Nous avons vu que, d'après l'édition impériale qui offre un point (o) avant *chi* [20], « temps, » et surtout d'après la saine logique, la phrase précédente finit au mot *ming* [21], « noms, » (indiquer *les noms* des lunes).

La phrase suivante qui se rapporte à un ordre d'idées entièrement distinctes, commence par le mot *chi* [20], « temps » (mot à mot : le temps — le plus court — s'appelle *thsa-na*).

M. Pauthier qui a fait, comme on l'a vu plus haut, le verbe actif *nommer* du substantif pluriel *ming* [23] (*nomina*, à l'accusatif), « les noms » (des lunes), régime direct du verbe *piao* [24], « indiquer, » a eu besoin de trouver *un régime* à ce prétendu verbe *nommer*, qui n'existe pas ici, et il nous apprend lui-même qu'il a donné ce rôle au mot *chi* [25] (suivant lui «*saisons*»), qui, dit-il, *termine la phrase fort naturellement*, tandis que ce mot *chi* [26], « temps, » n'est autre chose que le premier mot de la phrase suivante, laquelle n'aurait plus de substantif en construction avec le superlatif *ki-toen-tche* [27], « le plus court, » puisque M. Pauthier a inséré, comme il le confesse, le nominatif *chi* [28], « le temps, » dans la phrase précédente où il l'a métamorphosé en *saisons !*

De cette manière, M. Pauthier traduit par « *la fraction la plus courte du temps* » l'adjectif superlatif *ki-toen-tche* [29], mot à mot, *le plus court*, qui présente un sens incomplet et ne peut rendre l'idée de l'auteur, s'il n'est construit avec le nominatif *chi* [30], « le temps, » de cette manière : *le plus court* TEMPS, c'est-à-dire *la partie la plus courte* DU TEMPS (s'appelle *thsa-na*).

Je crois avoir analysé assez en détail les diverses parties de ce passage, et avoir suffisamment démontré de quelle manière M. Pauthier a empiété d'une phrase sur l'autre. J'espère qu'il ouvrira enfin les yeux, et qu'il ne sera plus tenté de dire : « *M. Julien me reproche d'avoir « confondu je ne sais quel membre de phrase avec tel autre dont il n'y a « pas la moindre trace dans mon travail!* »

---

[20] 時 [21] 名 [23] 名 [24] 標 [25] 時 [26] 時 [27] 極短者。[28] 時 [29] 極短者 [30] 時

§ 21.

Question. Est-il vrai que le mot *tang* [31] ne signifie pas, *équivaloir, correspondre*, dans les dictionnaires chinois *Choue-wen, Khang-hi-tseu-tien, I-wen-pi-lan*, ni dans le dictionnaire du père Basile?
— Preuves du contraire.
— Dans quels cas le mot *tang* [31] signifie-t-il *il faut, on doit*, ou bien *équivaloir, correspondre?*

Tchun-san-youeï etc. TANG–*thseu–thsong–tching–youeï–chi–lou–ji–tchi–sse–youeï–chi–ou–ji* [33].

« Les trois lunes du printemps s'appellent la lune *Tchi-tan-lo*, la
« lune *Feï-che-kiu* et la lune *Tche-se-tcha*. Elles CORRESPONDENT ici (en
« Chine) au temps qui s'écoule depuis le seizième jour de la première
« lune jusqu'au quinzième jour de la quatrième lune. »

M. Pauthier a traduit : « Les trois lunes de printemps sont, etc. *Il faut* compter cette saison depuis, etc. »

Laissons parler M. Pauthier. « *L'inintelligence* du texte et des sujets
« qu'il traite est poussée ici si loin (par M. Julien), que *j'ai eu peine à
« y croire moi-même; il faut bien cependant se rendre à l'évidence*. Je
« rapporte d'abord les paroles de M. Julien; ces paroles sont trop re-
« marquables pour ne pas être reproduites :

« *Le voyageur* (dit M. Julien) *cite six fois dans ce morceau la cor-
« respondance du calendrier indien avec le calendrier chinois, et chaque
« fois, il se sert* du mot *tang* [34], cela EST ÉQUIVALENT À, CORRESPOND À
« (telle époque). *Mais comme le mot* tang [35] *signifie* aussi IL FAUT,
« M. Pauthier a écrit *chaque fois* : IL FAUT COMPTER, — ON DOIT
« COMPTER. »

---

[31] 當 [33] 春三月。謂制呾羅。吠舍佉。逝瑟吒月。當此從正月十六日至四月十五日。 [34] 當 [35] 當

« M. Julien, comme on le voit, prétend que *tang* [36] signifie ici « ce-
« la *équivaut, correspond*, et non *il faut*, ainsi que je l'ai traduit. Il
« avance cette critique avec assurance, et les lecteurs n'auront pas élevé
« le moindre doute sur son assertion. *Je vais les détromper de manière*
« *à ôter à M. Julien la possibilité même d'une apparente justification.* »

(Le lecteur verra tout-à-l'heure que ces rodomontades tournent d'une manière surprenante à la confusion de M. Pauthier.)

« D'abord, continue M. Pauthier, ni les dictionnaires *Choue-wen*,
« *Khang-hi-tseu-tien*, *I-wen-pi-lan*, ni le dictionnaire du P. Basile ne
« donnent au caractère *tang* [37] le sens de *équivaloir, correspondre à*
« (*N. B*. Le contraire va être démontré ci-après). Il n'y a que Morrison
« qui définisse *tang* [38] (Part. II, n° 9857) par : *to be equal to, adequate*
« *for, considered as equal to* (être égal à, équivalent à, considéré comme
« égal à). Si c'est dans ces définitions de Morrison que M. Julien a
« trouvé le sens de *équivaloir à, correspondre à*, il s'est trompé. »

RÉPLIQUE. Ainsi parle M. Pauthier. On ne s'exprimerait pas mieux si l'on voulait lui prêter ironiquement une réponse maladroite pour la rétorquer contre lui.

M. Pauthier nous donne ensuite une dissertation sur les calendriers indien et chinois, dans le but de montrer qu'on doit traduire *tang* [39] par *il faut compter*, et non par *correspondre à*.

Je vais prouver tout-à-l'heure par le raisonnement et par une multitude de preuves, que ma traduction est la seule exacte. Si, par hasard, la correspondance des deux calendriers indiquée par notre auteur, donnait lieu aux contradictions choquantes que prétend relever M. Pauthier, ce ne serait pas à moi, mais à *Hiouen-thsang* lui-même qu'il devrait s'en prendre. Mon unique devoir était de traduire fidèlement.

Je prie les lecteurs de vouloir bien lire attentivement cette dernière partie de ma réponse. Ils verront que jamais homme de lettres, jamais orientaliste ne s'est perdu aussi complètement que M. Pauthier.

Je reprends ici les questions que j'ai posées en tête de ce paragraphe.

Est-il vrai que l'on ne trouve pas dans les dictionnaires chinois *Choue-wen*, *Khang-hi-tseu-tien*, *I-wen-pi-lan*, etc., le sens de *équivaloir, correspondre*, que j'ai donné à *tang* [40]?

---

36 當 37 當 38 當 39 當 40 當

Dans quels cas le mot *tang* [41] signifie-t-il *il faut, on doit*, ou bien *équivaloir, correspondre*?

§ 21. A.

M. Pauthier ne se serait point égaré, comme il l'a fait, il n'aurait pas pris la peine inutile de rédiger une dissertation sur les calendriers indien et chinois, s'il eût connu un usage qui est familier aux commençants, c'est que le mot *tang* [42] ne signifie *il faut, il convient de, on doit* (faire une chose) que lorsqu'il est suivi d'un verbe actif ou neutre. Or c'est ce qu'on ne voit point ici. Aussi, pour faire passer le sens de *il faut*, qu'il a donné à *tang* [42], a-t-il été forcé d'ajouter le verbe *compter* (« *il faut* compter ») et les mots « *cette saison* » qui n'existent point dans le texte.

PREMIER EXEMPLE de *tang* [42] signifiant *il faut*, parce qu'il est suivi d'un verbe. *Si-yu-ki*, liv. IX, fol. 12 : *tang-khi-fo-thsing-che* [43], IL FAUT élever une chapelle à Fo (Bouddha).

DEUXIÈME EXEMPLE. *Ibid.* liv. XI, fol. 16 : *Lun-fou-tche-tang-lou* [44], celui qui sera vaincu dans la discussion, DOIT *être mis à mort*.

TROISIÈME EXEMPLE. *Ibid.* liv. V, fol. 1, *v.* : *Pou-khieou-tang-wang-ou-in-tou*, dans peu de temps, VOUS DEVEZ, TANG [45], régner sur les cinq Indes.

QUATRIÈME EXEMPLE. *Ibid.* liv. V, fol. 3, *v.* : *Tang-thsong-ngo-hoeï* [46], IL FAUT que vous suiviez mes instructions.

CINQUIÈME EXEMPLE. *Ibid.* liv. V, fol. 17 : « Si les hérétiques triomphent, *tang-hoeï-fo-fa* [47], IL FAUDRA détruire la loi de Fo (Bouddha). »

Ainsi, il est bien établi que le mot *tang* [48] ne peut être traduit par *il faut, on doit, il doit*, que lorsqu'il est suivi d'un verbe. Or, comme

[41] 當 [42] 當 [43] 當起佛精舍 [44] 論負者當戮。 [45] 當 [46] 當從我誨 [47] 當毀佛法 [48] 當

cela n'a pas lieu dans notre passage, M. Pauthier s'est évidemment trompé.

Cent cinquième échec de M. Pauthier.

§ 21 B.

Tang [49] signifie aussi *équivaloir, correspondre*, et ce sens est prouvé par les définitions et les exemples des dictionnaires mêmes où M. Pauthier prétend qu'il n'existe pas.

M. Pauthier nous a soutenu, avec son assurance accoutumée, que le sens de *équivaloir, correspondre*, ne se trouvait pas dans les dictionnaires tout chinois *Choue-wen*, *Khang-hi-tseu-tien*, *I-wen-pi-lan*, ni dans le dictionnaire du P. Basile.

Je vais démontrer le contraire à l'aide de ces mêmes dictionnaires.

Le sens en question n'a échappé à M. Pauthier que parce que l'intelligence des définitions et des exemples des dictionnaires tout chinois, est complètement au-dessus de sa portée.

Tang [50] défini par *équivaloir* dans le dictionnaire *Choue-wen*.

Le dictionnaire *Choue-wen*, cité dans *Khang-hi*, définit *tang* [51], par *siang-tchi* [52], « se valoir mutuellement, *équivaloir* l'un à l'autre. »

Ainsi, malgré la dénégation de M. Pauthier, le sens de *équivaloir* se trouve clairement dans le *Choue-wen*, et c'est même la seule définition que donne ce dictionnaire.

Cent sixième échec de M. Pauthier.

Tang [53] défini par *équivaloir* dans le dictionnaire de *Khang-hi*.

L'acception de *équivaloir* se trouve dans *Khang-hi*, et c'est la pre-

---

49 當　50 當　51 當　52 相值　53 當

mière définition que ce dictionnaire donne du mot *tang* [54], d'après le *Choue-wen*, dont il cite les termes mêmes : « *tang* [55], suivant le *Choue-wen*, signifie *siang-tchi* [56], équivaloir. »

Khang-hi cite un excellent exemple du *Li-ki* (livre des Rites), où *tang* [57] est donné comme synonyme de *ti* [58], « être égal à » quelqu'un (par une charge, une dignité).

Voici cet exemple du *Li-ki* (section *Wang-tchi*, liv. v, fol. 3, de l'édit. Chin. mandchou).

*Thse-koue-tchi-chang-k'ing, weï-*TANG*-ta-koue-tchi-tchong* [59], etc. « Le premier *khing* (président d'une des neuf cours suprêmes) d'un « royaume de second ordre, *est égal* (*tang*) par son rang, à un second « *khing* d'un grand royaume. — (Je continue à traduire l'exemple, me « bornant à citer le mot *tang* [60]). Un second *khing* d'un royaume de « second ordre, *est égal* (*tang* [61]) par sa charge, à un troisième *khing* « d'un grand royaume; un troisième *khing* d'un royaume de second « ordre, *est égal* (*tang* [62]) par sa charge, à un premier *ta-fou* [63] d'un « grand royaume. »

M. Pauthier s'est donc trompé en soutenant que le sens de *équivaloir*, donné au mot *tang* [64], ne se trouvait pas dans *Khang-hi*.

Cent septième éche cde M. Pauthier.

Tang [65] défini par *correspondre* dans le dictionnaire *I-wen-pi-lan*.

Le dictionnaire *I-wen-pi-lan* donne aussi à *tang* [65] (de même que *Khang-hi*) le sens de *ti* [66], « être égal, » s'il s'agit des personnes, « être équivalent, » s'il s'agit des choses.

Ce dictionnaire lui donne en outre l'acception de *correspondre à*. On lit dans le *I-king* (section du *koua Li*, liv. 2, fol. 39 de l'édition

---

[54] 當 [55] 當 [56] 相值 [57] 當 [58] 敵 [59] 次國之上卿。位當大國之中 [60] 當 [61] 當 [62] 當 [63] 大夫 [64] 當 [65] 當 [66] 敵

Chin. mandchou) : *weï-tching-tang* [67] (s'il y a du danger), c'est que le trône (de l'empereur) *correspond* exactement (à ce *koua*, à ce symbole); en mandchou : *soorin top seme* ATCHANAFI *kai*.

On trouve dans le même dictionnaire : *Sse-fa-tsouï-siang-*TANG [68], faire en sorte que la loi (la peine portée dans la loi) et le crime se *correspondent*, c'est-à-dire que la peine soit proportionnée au crime.

M. Pauthier s'est donc trompé en soutenant que le sens de *équivaloir*, *correspondre*, ne se trouvait pas dans le dictionnaire *I-wen-pi-lan*.

Cent huitième échec de M. Pauthier.

Tang [69] défini par *équivaloir* dans le dictionnaire du père Basile.

Suivant le dictionnaire chinois du P. Basile de *Glémona*, le mot *tang* [70] signifie quelquefois *équivaloir à*. Voici l'exemple qu'il cite : *tang-eul-tseu* [71], *valet pro filio*, il équivaut à un fils (il tient lieu d'un fils).

Cela se dit d'un enfant qui témoigne autant d'affection à ses parents adoptifs que s'il était leur fils.

On trouve encore dans le même dictionnaire : *i-tang-chi* [72], *unum valet decem*, un (en) vaut dix, équivaut à dix.

M. Pauthier s'est donc trompé en soutenant que le sens de *équivaloir* ne se trouvait pas dans le dictionnaire du P. Basile.

Cent neuvième échec de M. Pauthier.

Je vais maintenant citer treize passages où le mot *tang* [73] exprime *une correspondance, une coïncidence de dates*, comme dans celui qui nous occupe, et dans lequel ce même mot *tang* [74] se trouve employé six fois avec le sens de *correspondre à, coïncider avec*.

Pour se convaincre davantage, s'il est possible, de l'erreur grave qu'a commise M. Pauthier, il suffira de substituer, dans ces treize pas-

---

[67] 位正當。 [68] 使法罪相當。 [69] 當 [70] 當 [71] 當兒子 [72] 一當十 [73] 當 [74] 當

sages, sa traduction, IL FAUT *compter cette saison*, au lieu de « cette époque correspond. »

§ 21. C.

Exemples de *tang* 75, indiquant la correspondance, la coïncidence d'une époque avec une autre.

(Avant de commencer, je crois devoir citer un bon exemple de *tang* 76, « équivaloir à. »

On lit dans la première édition du *Thaï-thsing-i-tong-tchi* (dernier volume), art. *Fo-lin*, fol. 1, lin. 9 : *i-kin-in-weï-tsien* 77, ils fabriquent des monnaies avec de l'or et avec de l'argent ; *in-tsien-chi*, *tang-kin-tsien-tchi-i* 78, dix pièces d'argent *équivalent à* (*tang* 79) une pièce d'or.)

PREMIER EXEMPLE. *Si-yu-ki*, liv. vi, fol. 8, *r.*, lin. 2 : Le dieu appelé *Chang-tso-pou-sa*, s'incarna dans le sein d'une déesse, la nuit du troisième jour du mois *E-cha-tcha* (*Achâda*); cette époque correspond, *tang* 80, ici (en Chine) au quinzième jour du cinquième mois.

M. Pauthier traduirait : IL FAUT *compter cette saison* le quinzième jour du cinquième mois !

DEUXIÈME EXEMPLE. *Si-yu-ki*, liv. v, fol. 8, *r.*, lin. 3 : Tous les livres sacrés disent que cette incarnation, dans le sein d'une déesse, eut lieu pendant la nuit du vingt-troisième jour de ce même mois (*Achâda*). Cette époque *correspond*, *tang* 81, ici (en Chine), au huitième jour du cinquième mois.

M. Pauthier traduirait : IL FAUT *compter cette saison* le huitième jour du cinquième mois !

TROISIÈME EXEMPLE. *Ibid.* liv. vi, fol. 12, *r.*, lin. 6 : Ce dieu s'incarna le huitième jour de la seconde moitié du mois *Feï-che-kiu* (*Vaï-*

---

75 當 76 當 77 以金銀爲錢。78 銀錢十。當金錢之一。79 當 80 當 81 當

sâkha). Cette époque correspond, TANG [82], ici (en Chine) au huitième jour du troisième mois.

M. Pauthier traduirait : IL FAUT *compter cette saison* le huitième jour du troisième mois!

QUATRIÈME EXEMPLE. *Ibid.* liv. VII, fol. 12 : La section des livres sacrés appelée *Chang tso-pou,* nous apprend que ce fut (c'est-à-dire que cette incarnation eut lieu) le quinzième jour de la seconde moitié du mois *Feï-che-kiu* (*Vaisâkha*). Cette date *correspond,* TANG [83], ici (en Chine) au quinzième jour du troisième mois.

CINQUIÈME EXEMPLE. *Ibid.* liv. VI, fol. 15, *v.,* lin. 5 : Quelques-uns disent que ce *Pou-sa* avait dix-neuf ans, d'autres disent vingt-neuf ans, lorsqu'il traversa la ville et sortit de la famille (embrassa la vie religieuse) le huitième jour de la seconde moitié du mois *Feï-che-khiu* (*Vaisâkha*). Cette date *correspond,* TANG [84], ici (en Chine) au huitième jour du troisième mois.

SIXIÈME EXEMPLE. *Ibid.,* liv. VI, fol. 15 *v*, lin. 7 : D'autres disent qu'il embrassa la vie religieuse le quinzième jour de la seconde moitié du mois *Feï-che-khiu* (*Vaisâkha*).

Cette date *correspond,* TANG [85], ici (en Chine) au quinzième jour du troisième mois.

SEPTIÈME EXEMPLE. *Ibid.,* liv. VI, fol. 16 *v.* : Les anciens Mémoires historiques disent que Fo (Bouddha) entra dans le *Nirvâna* à l'âge de 80 ans, le quinzième jour de la seconde moitié du mois *Feï-che-khiu* (*Vaisâkha*).

Cette date *correspond,* TANG [86], ici (en Chine) au quinzième jour du troisième mois.

HUITIÈME EXEMPLE. *Ibid.,* même page : Quelques livres sacrés disent que *Fo* entra dans le *Nirvâna* le huitième jour de la seconde moitié du mois *Kia-la-ti-kia* (*Kârtika*). Cette date *correspond,* TANG [87], ici (en Chine) au huitième jour du neuvième mois.

NEUVIÈME EXEMPLE. *Ibid.,* liv. VIII, fol. 21 *v.* : *Jou-laï* acquit l'intelligence parfaite le huitième jour de la seconde moitié du mois *Feï-che-kiu.* Cette date *correspond,* TANG [88], ici (en Chine) au huitième jour du troisième mois.

DIXIÈME EXEMPLE. *Ibid.,* même page : D'après la section des livres

---

82 當　83 當　84 當　85 當　86 當　87 當　88 當

sacrés appelée *Chang-tso-pou*, ce fut le quinzième jour de la seconde moitié du mois *Feï-che-kiu* que *Jou-laï* acquit l'intelligence parfaite.

Cette date *correspond*, ᴛᴀɴɢ [88], ici (en Chine) au quinzième jour du troisième mois.

Onzième exemple. On lit dans le grand catalogue de la Bibliothèque de l'empereur *Khien-long*, liv. 71, fol. 6 r. : Dans les Annales des *Tsin*, la généalogie des empereurs rapporte que la sixième année *kien-wou*, citée par *Tchao-chi-hou, correspond*, ᴛᴀɴɢ [88], à la cinquième année de la période *kien-kang*, marquée des caractères cycliques *ki-haï* (339 ans après J.-C.).

Douzième exemple. *Cha-mi-liu-i-yao-lio*, liv. 1, fol. 2 : « *Jou-laï* s'incarna dans le royaume de *Kia-pi-lo-weï* (Capila) qui fait partie de l'Inde centrale, dans la maison du roi appelé *Tsing-fan-wang*, le roi qui se nourrit de riz pur (en sanskrit *Çuddhodana radja*). La date de cet événement *correspond, tang* [88], ici (en Chine), à la vingt-quatrième année de *Tchao-wang*, de la dynastie des *Tcheou*.

Treizième exemple. *Ibid.* suite du même passage : Il naquit le matin du huitième jour du quatrième mois. A dix ans il traversa la ville et sortit de la famille (embrassa la vie religieuse). A l'âge de trente ans, il acquit l'intelligence parfaite et entra dans le *Nirvana*. Cet événement *correspond*, ᴛᴀɴɢ [88], ici (en Chine) à la cinquante-troisième année de l'empereur *Mou-wang* de la dynastie des *Tcheou*, marquée des signes cycliques *Jin-chin*. »

Afin d'éviter des répétitions inutiles, je me suis contenté de substituer trois fois sur treize, la traduction de M. Pauthier « ɪʟ ғᴀᴜᴛ *compter cette saison,* » au lieu de : cette date *correspond*.

Le lecteur peut essayer de faire un instant cette substitution dans les dix exemples suivants. Il se convaincra sans peine que la traduction critiquée par moi est tout-à-fait inadmissible, puisque (indépendamment des considérations grammaticales exposées § 21 A), elle détruit et fait disparaître dans ces treize exemples, comme dans les six passages de notre auteur, la coïncidence chronologique que veut établir *Hiouen-thsang* entre les calendriers indien et chinois.

Il est donc pleinement démontré par les autorités qui précèdent, que, dans le passage dont nous nous occupons, le mot *tang* [88] qui a donné lieu à des récriminations si violentes et à une discussion si prolixe de la part de M. Pauthier, signifie uniquement *correspondre à, coïncider avec* (une date) et non ɪʟ ғᴀᴜᴛ *compter cette saison.*

Cent dixième échec de M. Pauthier.

Ici finit la revue analytique et grammaticale de l'article que M. Pauthier a inséré dans le *Journal Asiatique* du mois d'août 1841 (pag. 81 à 148), article où il s'était proposé non-seulement de justifier sa traduction des TREIZE LIGNES CONTINUES DE CHINOIS qui commencent la notice, et de DEUX PASSAGES DÉTACHÉS, mais encore de détruire l'une après l'autre les observations critiques qui s'y rapportent dans mon *Examen* (§§ 1-19 et 20-21). Les lecteurs ont pu voir qu'il a complètement échoué dans ce double projet.

Je crois devoir terminer cette première partie par la conclusion même de M. Pauthier. Il ne se plaindra pas, je pense, du ton de ces dernières lignes, car (à l'exception de quelques mots que j'écris en italique et du chiffre 110) tous les termes de ce passage, *qui paraît écrit exprès pour être rétorqué contre lui*, sont précisément ceux dont il s'est servi à mon égard.

« Ces preuves sont-elles assez claires ? *M. Pauthier* prétendra-t-il
« encore maintenant que *tang* [88] signifie *il faut compter cette saison ?*
« Je pense qu'il sera bien obligé cette fois de convenir de sa méprise,
« malgré tout ce que *son amour propre* aura à en souffrir.

« Je regrette d'avoir été mis dans la nécessité de prouver AVEC SUR-
« ABONDANCE ET D'UNE MANIÈRE QUI NE PERMET AUCUNE RÉPLIQUE,
« que ma traduction *des §§ 1 à 21* est exacte, et que *M. Pauthier*,
« tout en prétendant me trouver en défaut, a commis 110 DE CES
« BÉVUES QUI SONT HISTORIQUES DANS LA SCIENCE !

« Il fallait peut-être un pareil concours de preuves de nature si dif-
« férente, pour faire apprécier à leur juste valeur certaines préten-
« tions dont le moindre ridicule est de s'arroger une infaillibilité sans
« contrôle. »

EXERCICES PRATIQUES

D'ANALYSE,

DE SYNTAXE ET DE LEXIGRAPHIE

CHINOISE.

SECONDE PARTIE.

Les pages citées entre parenthèses, après les lettres S. O., se rapportent à la seconde partie de la Réplique de M. Pauthier, insérée dans le numéro de septembre-octobre 1841, du *Journal asiatique de Paris*.

Dans cette seconde partie, les portions de phrases chinoises ainsi que les mots simples ou composés du texte, ne seront donnés qu'une seule fois en caractères originaux. Lorsqu'ils seront répétés dans le cours de la discussion, leur prononciation sera suivie des chiffres supérieurs sous lesquels ils ont été cités la première fois. Mais ces renvois ne dépasseront pas les limites d'un paragraphe ou de ses différentes subdivisions. Lorsque j'indiquerai une syllabe qui fait partie d'un mot double ou plusieurs syllabes d'une citation, je ferai suivre le *chiffre supérieur* des lettres ^{a}, ^{b}, ^{c}, ^{d}, etc., qui tiendront lieu de numéros d'ordre, et à l'aide desquelles on reconnaîtra sur-le-champ le type ou les types chinois dont il est question. C'est ainsi que *kiu*, de *ngan-kiu*, est suivi du chiffre ¹, qui indique la première citation chinoise, et de la lettre ᵈ, qui montre que *kiu* est le quatrième mot du passage.

§ 22.

Question. Est-il vrai que *nyan-kiu* ¹ signifie ici *un monastère ?* — Preuves du contraire.
— Sens de *nyan-kiu* ¹ ᶜ ᵈ dans le langage des lettrés et (comme ici) dans le langage des Bouddhistes.

Texte. « C'est pourquoi, conformément aux saints préceptes de Fo, les religieux de l'Inde *font deux retraites*, » etc.

M. Pauthier a rendu les mots *tso-liang-ngan-kiu* ¹, « ils font deux retraites, » par *ils se retirèrent les jambes croisées dans la demeure de la grande tranquillité* (ou *monastère bouddhique*).

Dans sa réponse (S. O., page 350), il cherche à prouver cette double traduction par divers exemples dont l'explication qu'il en donne, contient de graves fautes que je discuterai et démontrerai plus bas. Avant d'entrer en matière, je ferai observer que M. Pauthier a oublié le mot *liang* ¹ ᵇ, « deux » (retraites), à moins qu'il ne le rende par *grande*, de cette manière : *kiu* ¹ ᵈ, demeure, *liang* ¹ ᵇ, de la grande (!), *ngan* ¹ ᶜ, tranquillité.

Ce passage présentait une grande difficulté, à cause du sens particulier de *ngan-kiu* ¹ ᶜ ᵈ dans le langage des Bouddhistes, sens qui ne se trouve dans aucun dictionnaire, ni dans aucun ouvrage composé par des lettrés.

1° Dans les livres non bouddhiques, l'expression *ngan-kiu* ¹ ᶜ ᵈ se prend tantôt dans un sens verbal, et signifie *demeurer en paix, mener une vie tranquille*, en mandchou *elkhe tembi* ᠡᠯᠬᡝ ᡨᡝᠮᠪᡳ (Cf. *Fan-i-loui-pien*, liv. 3, fol. 11); tantôt elle signifie substantive-

---

¹ 坐ᵃ 兩ᵇ 安ᶜ 居ᵈ

ment *un lieu d'habitation, un lieu où l'on a fixé sa demeure*, en mandchou *tomoro ba* ⵏⵓⵎⵓⵔⵓ ⴱⴰ (Cf. *Li-ki*, chap. *Wang-tchi*, liv. 5, fol. 20, de l'édit. chin. mandchou).

Dans le premier cas, le mot *ngan* [1 c] est adverbe et signifie *tranquillement*; dans le second cas, il est le verbe neutre, *s'arrêter, se fixer dans un endroit*.

2° De plus, dans le premier exemple, le mot *kiu* [1 d] est le verbe *demeurer*; dans le second cas il veut dire *séjour*.

Ces divers rôles sont toujours clairement déterminés par les mots qui précèdent l'expression *ngan-kiu* [1 c d].

Quand elle signifie *quiete habitare*, demeurer en paix, elle est précédée d'un nom de personne, d'un sujet. Cf. *Kou-wen-youen-kien*, liv. xi, fol. 18, *v.*, lin. 10.

Quand elle a le sens de *lieu d'habitation*, elle est précédée d'un verbe. Ainsi dans le *Li-ki*, liv. 5, fol. 20 (édit. chin. mandch.), nous voyons cette phrase : Les barbares qui sont au delà des quatre frontières (à l'E. et au S., à l'O. et au N.), ont *tous, kiaï-yeou* [2], un lieu d'habitation *fixe, ngan-kiu* [1 c d], un lieu où ils sont fixés.

On voit que le verbe actif *yeou* [2 b], avoir, détermine clairement la signification substantive de *ngan-kiu* [1 c d].

Quelquefois l'expression *ngan-kiu* [1 c d], étant précédée d'un verbe, se prend, non pour *le lieu où l'on est fixé*, ou bien *lieu de séjour tranquille*, mais pour *l'état d'une personne qui est en repos, le repos d'une personne*. *Kou-wen-youen-kien*, liv. x, fol. 11, *r.* : Ils sont soumis à un travail pénible et n'obtiennent point de cesse, *de repos, pou-hou-ngan-kiu* [3]. On voit qu'entre cette acception et celle de *retraite religieuse*, c'est-à-dire *l'état d'une personne dévote qui reste en repos* (loin des dissipations du monde, pour se livrer à des exercices de piété), il n'y a que la différence qui existe entre le sens *littéraire* et le sens *religieux*.

Sens de *ngan-kiu* [1 c d] dans des ouvrages composés par des écrivains bouddhistes, comme *Hiouen-thsang*.

Les Bouddhistes emploient l'expression *ngan-kiu* [1 c d], 1° verbalement (lorsqu'elle est précédée d'un nom de personne, d'un sujet) dans

---

[2] 皆有 [3] 不獲安居

le sens de *être en retraite, rester en retraite,* pour se livrer à des exercices de piété.

Si-yu-ki, liv. x, fol. 3, *v.* : A l'O. du royaume, au S. du fleuve *King-kia* (du Gange), j'arrivai à une petite montagne isolée. Jadis Bouddha y fit une retraite de trois mois, *si-fo-iu-thseu-san-youeï* 4-*ngan-kiu* 1 c d, mot à mot : « Jadis-*Fo*-sur cette (montagne)-(pendant) trois mois-resta en retraite. »

Il est aisé de voir que le sens de *monastère bouddhique,* que M. Pauthier donne à *ngan-kiu* 1 c d, serait inapplicable ici,

1° Parce qu'il nous faut un *verbe,* après les mots pendant *trois mois;*

2° Parce qu'il n'y avait point et qu'il ne pouvait y avoir alors, sur cette montagne, de *monastère bouddhique,* ces sortes de bâtiments n'ayant été construits dans l'Inde que bien long-temps après le *Nirvana* de Fo (*Bouddha*). Cf. *Si-yu-ki,* liv. x, fol. 18, *r.*

DEUXIÈME EXEMPLE. On lit dans la préface de l'ouvrage Bouddhique *Pi-khieou-kiaï-pen-sou-i,* fol. 1 : Dans ce temps-là , Bouddha voyageant dans le royaume de *Sou-lo-po* , s'y arrêta et *se mit en retraite (ngan-kiu* 1 c d) pendant les trois mois d'été.

TROISIÈME EXEMPLE. *Fo-koue-ki,* fol. 3 , *v.* , lin. 6 : Quand il fut arrivé au royaume de *Hoeï,* il *se mit en retraite (ngan-kiu* 1 c d).

Dans cet exemple et le précédent, il faut un *verbe,* et le sens de *monastère bouddhique* y serait aussi inadmissible que dans le premier exemple.

2° L'expression *ngan-kiu* 1 c d a le sens de *retraite religieuse,* lorsqu'elle est précédée d'un verbe, par exemple du verbe *tso* 1 a (sedere), comme dans notre exemple; et alors ces trois mots veulent dire *faire une retraite;* du verbe *ji* 5, « entrer dans » (*Si-yu-ki,* liv. 1, fol. 12, *v.*); du verbe *kiaï* 6 (littéralement *solvere,* délier, détacher), *Si-yu-ki , ibid.* fol. 12, du verbe *paï* 7 (cesser), *Si-yu-ki ,* liv. x, fol. 18, *r.;* du verbe *po* 8 (*vulgo,* rompre), du verbe *hieou* 9 , cesser , etc.

En traduisant les quatre dernières locutions (n°s 6 à 9), où l'idée d'*interrompre,* de *cesser,* est exprimée de quatre manières différentes,

---

4 昔 佛 於 此 三 月 5 入 6 解 7 罷 8 破
9 破

il serait impossible de placer le sens de *monastère bouddhique*, que M. Pauthier donne aux mots *ngan-kiu* 1 c d.

Cf. *Si-yu-ki*, liv. ix, fol. 14, r. — *Ibid*. liv. i, fol. 19, r., lin. 3. — *Pi-khieou-kiaï-pen-sou-i*, préface. — *Ibid*. liv. i, fol. 58, 59. *Si-yu-ki*, liv. x, fol. 17, r., lin. 10, etc., etc.

Les mots *ngan-kiu* 1 c d (retraite religieuse) se trouvent aussi, au nominatif, suivis d'un verbe signifiant *cesser*, par exemple de *i-tchi* 10 (*Fo-koue-ki*, fol. 3, v., l. 6), de *king* 11, ou *wan* 12 (*Pi-khieou-kiaï-pen-sou-i*, liv. i, fol. 58 et 59). Le *Fo-koue-ki* offre (fol. 39, r., l. 9) un exemple de *ngan-kiu*, au génitif et en construction avec *mo* 13, fin (au locatif) : *Hia-ngan-kiu-mo* 14, à la fin de la *retraite d'été* (on alla au-devant de *Fa-hien*, le *tao-jin* 15, c'est-à-dire le Bouddhiste). Je ferai observer en terminant que M. Rémusat (*Fo-koue-ki*, page 363, liu. 2) a beaucoup approché du sens de *ngan kiu* 1 c d (retraite) « A la fin du *repos* d'été, écrit-il, on alla à la rencontre de *Fa-hien*. »

Il résulte de la discussion des exemples qui précèdent que, dans notre passage, l'expression *ngan-kiu* 1 c d doit avoir l'acception bouddhique de *retraite* (religieuse) et non de *monastère*.

Cent onzième échec de M. Pauthier.

§ 22. A.

M. Pauthier soutient (S. O., page 350) que le mot *tso* 1 a signifie ici *s'asseoir les jambes croisées*. C'est une erreur qui a été réfutée plus haut. Nous avons montré que *tso-ngan-kiu* 1 c d signifie simplement *faire une retraite, rester en retraite*.

D'ailleurs l'idée de *s'asseoir les jambes croisées* se rend autrement et de deux manières, 1° par *kie-kia-tso* 16 (*Si-yu-ki*, liv. x, fol. 3); 2° par *kia-fou-tso* 17 (*Si-yu-ki*, liv. v, fol. 3).

Cent douzième échec de M. Pauthier.

---

10 己止 11 竟 12 完 13 末 14 夏安居末。
15 道人 16 結加坐 17 加趺坐

§ 22. B.

Hiouan-thsang nous apprend que, parmi les religieux bouddhistes, les uns commençaient *la retraite* (*ngan-kiu* [1 c d]) *de trois mois*, à une époque qui répondait (suivant le calendrier chinois) au seizième jour du cinquième mois.— Elle finissait le quinzième jour du huitième mois. Ces trois mois s'appelaient *les trois mois antérieurs*. Les autres commençaient la retraite à une époque qui répondait (suivant le calendrier chinois) au seizième jour du sixième mois. — Elle finissait le quinzième jour du neuvième mois. Ces trois mois s'appelaient *les trois mois postérieurs*. Ces faits sont consignés dans le § 23 dont nous nous occuperons bientôt.

Suivant un autre passage du même auteur, ces deux *retraites* étaient consécutives et ne duraient que six semaines chacune. *Si-yu-ki*, liv. VIII, fol. 29, *v*. « Les religieux de l'Inde, conformément aux saintes instruc-
« tions de Bouddha, *entrent* tous *dans une double retraite*, *ji* [5] – *liang-
« ngan-kiu* [1 b c d], le premier jour de la moitié antérieure de la lune
« *Chi-lo-fa-nou*. Le commencement de cette époque tombe en Chine
« au seizième jour de la cinquième lune.

« Ils quittent (*kiaï* [6], littéralement : *délient*) cette double retraite
« le quinzième jour de la seconde moitié de la lune *E-tchi-fo-iu-tou*. »

Dans notre passage, il s'agit de DEUX *retraites* distinctes, dont l'une commençait un mois avant l'autre.

M. Pauthier a passé le mot *liang* [1 b], deux, parce que, rendant *ngan-kiu* [1 c d] (retraite) par *monastère bouddhique*, il n'a pas osé écrire : « ils se retirent les jambes croisées dans DEUX *monastères bouddhiques*. » Il a remplacé le mot DEUX par l'adjectif *grande* (la demeure de la *grande* tranquillité).

Cent treizième échec de M. Pauthier.

§ 22. C.

Question. Est-il vrai que, « dans les mots *ngan-kiu* [1 c d], que cite le dictionnaire *I-wen-pi-lan*, le mot *kiu* [1 d] signifie *lieu de repos*, place où *l'on se repose* ? »
— Preuves du contraire.

Les mots placés entre guillemets sont de M. Pauthier (S. O., page 351) qui, suivant son habitude, cite encore une définition chinoise qu'il n'entend pas.

Voici cette définition, telle que la rapporte M. Pauthier, en se bornant à rendre ces huit mots par *lieu de repos* : *Tsie-weï-*NGAN-KIU-KIU-TCHU-*tchi-kiu* 19. Pour la bien faire comprendre, il fallait citer les quatre mots précédents *pen-thsun-kiu-tseu* 20 (le caractère *kiu* 20 c doit être considéré comme synonyme de *kiu* 21. Cf. Gonçalvez, *Dictionn. chin. port.*, page 876). Ces quatre mots signifient : « *pen* 20 a dans l'origine (ce mot se prenait pour) *tseu* 20 d le caractère, *kiu* 20 c dans l'expression *thsun-kiu* 20 b c, s'accroupir. (Je passe aux huit mots cités par M. Pauthier). « Maintenant, par extension (littéralement : par *emprunt*, *tsie* 19 a), il est devenu *weï* 19 b, le mot *kiu* 19 h (*séjour*) de (*tchi* 19 g) l'expression *ngan-kiu* 19 c d, lieu où l'on est fixé, et le mot *kiu* 19 h (habiter) de l'expression *kiu-tchu* 19 e f, demeurer quelque part.

Le dictionnaire *I-wen-pi-lan* cite ensuite un passage du *Li-ki* où, par position, le mot *kiu* 19 d est actif et signifie *faire demeurer,—fixer, colloquer quelqu'un* dans un endroit.

Je me borne à citer la fin du passage. *Li-ki*, section *Wang-tchi*, liv. 5, fol. 21 (de l'édit. chin. mandch.) : *tou-ti-i-kiu-min* 22 (il s'agit d'un roi qui fonde une ville) : il mesure le terrain pour (*y*) *faire demeurer, fixer* le peuple. En mandchou : *ba be kememe, irgen be teboumbi,* terram metiens *collocat* populum.

Il résulte de ce qui précède, 1° que M. Pauthier n'a pas compris la pensée du léxicographe, ni la manière d'analyser grammaticalement les huit mots de sa définition ; 2° que dans la locution *ngan-kiu* 19 c d, le mot *kiu* signifie uniquement *lieu, séjour*, ou *habiter* (suivant qu'on prend cette locution double, verbalement ou substantivement), et non *lieu de repos, lieu où l'on se repose*, l'idée de repos étant renfermée dans le mot *ngan* 19 c ; 3° que dans la locution *kiu-tchu* 19 e f, le mot *kiu* 19 e signifie uniquement *habiter, demeurer*, ou *demeure* (suivant

---

19 借ᵃ 爲ᵇ 安ᶜ 居ᵈ 居ᵉ 處ᶠ 之ᵍ 居ʰ。
20 本ᵃ 蹲ᵇ 居ᶜ 字ᵈ。 21 踞 22 度地以居民。

la position); 4° que dans l'exemple du *Li-ki*, que cite ce dictionnaire, il signifie activement *faire demeurer* (quelqu'un dans un endroit).

M. Pauthier s'est donc gravement trompé en pensant et en soutenant que, dans le passage précité du dictionnaire *I-wen-pi-lan*, le mot *kiu* 19 d, seul, signifiait *lieu de* REPOS.

Cent quatorzième échec de M. Pauthier.

§ 22. D.

Digression obligée sur les noms que les savants chinois donnent à leurs cabinets d'étude.
— Expression pour rendre l'idée de *lettré retiré*, c'est-à-dire « lettré qui vit dans la retraite ».

J'ai à signaler ici plusieurs fautes fort singulières. Pour les mettre en relief, je ne puis mieux faire que de laisser parler M. Pauthier.

« Voici, dit-il (S. O., page 351), un exemple qui *prouve sans réplique*
« que ma traduction *(demeure de la grande tranquillité* ou *monastère*
« *bouddhique)* est la seule exacte. Le savant commentateur du *Tao-te-*
« *king* de *Lao-tseu*, le docteur *Sie-hoeï*, date sa préface de *Ta-ning-*
« *kiu* (année 1530 de notre ère).

« M. Julien traduirait donc ces mots par : *de la retraite..* »

(M. Julien fera remarquer en passant que c'est l'expression *ngan-kiu* 19 c d, et non la syllabe *kiu* 19 d, qu'il rend par *retraite*), « *de la retraite*
« *du grand repos* ou *de la grande tranquillité*, en prenant le mot *retraite*
« dans un sens métaphysique abstrait, ou comme il l'explique, signifiant
« *l'état d'une personne qui s'est éloignée du monde, pour vaquer, pen-*
« *dant un temps déterminé, à des actes de piété.* Cela serait ABSURDE
« (sic).

« On ne date pas un écrit *d'un état de l'âme*, mais bien d'un *lieu* quel-
« conque, situé sur la surface du globe. Il serait assez plaisant de rendre,
« d'après la doctrine de M. Julien, les expressions citées plus haut du
« docteur *Sie-hoeï*, par *de la retraite*, ou *de l'état souverainement tran-*
« *quille de mon âme*, l'année *kia-tsing*, marquée des caractères cycliques
« *keng-in* (1530).

« Ainsi les trois caractères ci-dessus (*ta-ning-kiu* 23) ne peuvent si-
« gnifier que *lieu, demeure* (monastère ou autre) *du grand repos, de la*
« *grande tranquillité*, et cette expression est parfaitement équivalente
« à celle de *ngan-kiu* 1 c d (dont la traduction a été) critiquée par
« M. Julien, et *qu'il n'a pas comprise.* »

Réplique. De pareilles divagations, débitées avec une telle assurance, seraient bien propres à exciter un fou rire, si elles n'inspiraient un sentiment *de pitié*. Je dois d'abord avertir le lecteur que les mots *ta-ning-kiu* 23 n'existent point dans la langue chinoise, comme expression trissyllabe ayant le sens que M. Pauthier leur donne (celui de *lieu du grand repos*). Il y a là deux parties de mots bien distincts que M. Pauthier *a cousues* ensemble pour en tirer le sens dont il avait besoin. En attendant que je démontre complétement les deux graves erreurs que M. Pauthier a commises ici, il me paraît nécessaire de présenter quelques observations préliminaires.

Les lettrés chinois donnent ordinairement à leur cabinet de travail, un nom dérivé de leur âge, de leur étude favorite, de la forme de la chambre où ils étudient, etc.

Confucius dit dans le *Lun-iu* : « Lorsque j'eus atteint l'âge de quarante ans, je cessai d'avoir des doutes, *sse-chi-eul-pou-hoe* 24. » Par suite de ce passage, l'expression *pou-hoe* 24 d e (celui qui n'a plus de doutes) désigne élégamment un homme de quarante ans (*Peï-wen-yun-fou*, liv. 102, fol. 96, *v.*)

A l'âge de quarante ans, M. Rémusat, qui connaissait cette locution élégante, peignit sur une tablette qu'il plaça au-dessus de la porte de son cabinet, les mots *pou-hoe* 24 d e - *tchaï* 25, mot à mot : le cabinet de celui qui *n'a plus de doutes*, c'est-à-dire le cabinet de celui qui a *quarante ans*.

Nous voyons dans le *Peï-wen-yun-fou*, les expressions *to-chou* 26 - *tchaï* 25, le cabinet où on lit les livres; *king-i* 27 - *tchaï* 25, le cabinet où l'on cherche le sens des kings (livres canoniques); *hoa-fang* 28 - *tchaï* 25, le cabinet qui a la forme d'un bateau peint, etc., etc. Or, *Sie-hoeï*, commentateur de *Lao-tseu*, était un de ces docteurs *Tao-sse*,

---

23 大寧居 24 四十而不 d 惑。 c 25 齋
26 讀書 27 經義 28 畫舫

qui, suivant les préceptes du maître, mettent au-dessus de tout le *non-agir*, le dégagement de toute occupation mondaine, le repos absolu Il demeurait, comme le dit une des préfaces, à une petite distance de *Po*, sa ville natale, dans une plaine située à l'ouest de cette cité, et se désignait quelquefois par le titre de *Si-youen-sien-sing* [29], mot à mot, *le docteur de la plaine de l'ouest*.

Il avait donné au cabinet où il étudiait, loin du bruit du monde, la dénomination de *ta-ning-tchaï* [30], c'est-à-dire le cabinet de *la grande quiétude*.

Ajoutons qu'en chinois, *un lettré retiré* du monde, s'appelle *kiu-sse* [31] (Morrison, *Diction. chin.*, part. II, n° 9636 : un homme qui vit dans la retraite, sans s'occuper d'acquérir de la fortune ou de l'avancement).

Par suite de cette idée, le docteur *Sie-hoeï* se désigne en tête de sa préface par les mots : *Sie-hoeï*, *le lettré retiré (kiu-sse* [31]) *du cabinet de la grande quiétude (ta-ning* [30 a b]). Il a supprimé *tchaï* [30 c] (cabinet), afin que la phrase se composât de trois dissyllabes parallèles, savoir: *ta-ning* [30 a b] (grande quiétude), *kiu-sse* [31] (lettré retiré) et *Sie-hoeï*.

Le lecteur voit maintenant en quoi consistent les deux fautes qu'a commises M. Pauthier. 1° Il a coupé en deux l'expression indivisible *kiu-sse* [31], mot à mot : le RETIRÉ-*lettré*.

2° Il a pris la première syllabe *kiu* [31 a], *retiré*, de l'expression *kiu-sse* [31], mot à mot RETIRÉ *lettré*, c'est-à-dire lettré qui vit dans la retraite, et il en a fait le substantif *lieu* (locus), qu'il a construit avec l'expression abrégée *ta-ning* [30 a b], expression qui, en vertu du sous entendu *tchaï* [30 c], veut dire : cabinet de *la grande quiétude* (ce que M. Pauthier n'a pas saisi—c'est là sa seconde erreur), et, faute de savoir l'origine de la locution *ta-ning* [30 a b] (*cabinet* de la grande quiétude), et de *kiu-sse* [31] (un lettré *retiré*), il a traduit les mots *ta-ning-kiu* [23] (expression forgée qui n'existe pas en chinois avec le sens qu'il lui donne ni avec aucun autre sens), par *le lieu du grand repos, de la grande tranquillité !*

M. Pauthier a fait ainsi deux fautes extrêmement graves.

Cent quinzième et cent seizième échecs de M. Pauthier.

---

[29] 西原先生 [30] 大[a]寧[b]齋[c]。 [31] 居[a]士

§ 22. E.

Règles de position qui permettent de reconnaître les cas où les mots *thsien* [33 a], avant, et *heou* [34], après, sont, par position, les adjectifs *antérieur, précédent*, et *postérieur, subséquent*, ou bien les prépositions *avant* et *après*.
— Erreur grave de M. Pauthier.

Texte. « Ils se mettent en retraite à deux époques différentes, tantôt (c'est-à-dire soit) pendant les *trois lunes antérieures* [33] (*thsien-san-youeï*), tantôt (soit) pendant les *trois lunes postérieures* (*heou* [34]-*san-youeï* [33 b c]).

M. Pauthier : (ils) *se retirent les jambes croisées dans la demeure de la grande tranquillité, ou monastère bouddhique* (ceci a été réfuté plus haut, §§ 22 et 22 A),—les uns AVANT *trois lunes*, les autres APRÈS *trois lunes*.

J'ai dit dans mon *Examen critique* (§ 22, 3°) qu'ici les mots *thsien* [33 a] (vulgo *avant*) et *heou* [34] (vulgo *après*) devenaient *adjectifs* par position, et signifiaient *antérieur* et *postérieur*.

M. Pauthier se contente de répondre (S. O., pag. 352) que ces deux mots ne sont point ici des *adjectifs*, mais des *adverbes*, malgré ma *prétendue règle de position* (S. O., pag. 354, lign. 29, et pag. 255, lign. 7) et qu'il leur a donné *le sens qu'ils ont presque constamment*.

Réplique. Il est une observation élémentaire que les étudiants savent au bout de deux mois, et qu'il n'est pas permis d'ignorer APRÈS DOUZE ANS D'ÉTUDES AVOUÉES (A. pag. 98), c'est qu'en chinois l'adjectif (Rémusat, *Gramm. chin.*, § 95) se place avant le substantif auquel il se rapporte. Il n'y a pas de raisonnements qui puissent prévaloir contre cette *loi grammaticale*.

Lorsque *thsien* [33 a] (vulgo *avant*) est placé avant un substantif, comme dans notre passage, il est adjectif et signifie *antérieur, précédent*. Morison, *Dict. chin.*, Part. II, n° 10720 : *thsien* [33 a] – *nien* [35], l'année précé-

---

[33] 前 [a] 三 [b] 月 [c]   [34] 後   [35] 年

dente, *thsien* ³³ ᵃ - *tchao* ³⁶, la dynastie *précédente*; *thsien* ³³ ᵃ - *youei* ³⁷, la lune précédente.

En voici un bon exemple tiré du *Si-yu-ki*, liv. xii, fol. 25 r: il contemplait la vertu des *anciens* sages ̄, mot à mot, des sages antérieurs, *thsien-tche* ³⁸. Je pourrais en citer vingt autres du même genre, c'est-à-dire, où le mot *thsien* ³³ ᵃ signifie par position *antérieur*.

Ce que je viens de dire de *thsien* ³³ ᵃ (vulgo *avant*) qui devient *adjectif* par position, s'applique exactement au mot *heou* ³⁴ (vulgo *après*), qui dans les cas analogues, c'est-à-dire, avant un substantif, devient l'adjectif *postérieur*, *subséquent*. Morrison, *Dict. chin.*, Partie II, n° 4158 : *heou* ³⁴ - *taï* ³⁹, subsequent ages « les âges subséquents, suivants. » Basile, (*Dict. chin.*, n° 2688) : *heou* ³⁴ - *fou* ⁴⁰, littéralement, *posterior pater*, id est, matris viduæ maritus.

Voici des preuves authentiques tirées des auteurs.

PREMIER EXEMPLE. *Si-yu-ki*, liv. viii, fol. 21 : Le quinzième jour de la seconde moitié (*heou* ³⁴ - *pouan* ⁴¹), littéralement, de la moitié *postérieure* du mois indien *Veï-che-kiu* (*vaisákha*).

DEUXIÈME EXEMPLE. *Ibid.* : Les hommes des siècles suivants, *heou* ³⁴ - *jin* ⁴² (littéralement, *posteriores* homines) construisirent ce *stupa* avec des briques, etc.

Cas où le mot *thsien* ³³ ᵃ signifie par position *avant* (une époque ou un espace de temps).

Pour que les mots *thsien* ³³ ᵃ et *heou* ³⁴ aient la signification des prépositions *avant*, *devant*, *après*, il faut absolument qu'ils soient placés après leur régime. Prémare, pag. 47, lin. 6 : *mien* ⁴³ - *thsien* ³³ ᵃ, mot à mot en latin, « vultum ANTE, id est coram, » en face de quelqu'un, *devant* quelqu'un. Basile, *Dict. chin.*, n° 2688 : *chin* ⁴⁴ - *heou* ³⁴, « après la mort, » mot à mot en latin : corpus POST (POST corpus).

Voici d'autres preuves tirées des auteurs. *Si-yu-ki*, liv. xi, fol, 14 : *Lou-chi-nien-thsien* ⁴⁵, soixante ans *auparavant* (le prince régnant s'appelait *Chi-lo-i-to*).

---

³⁶ 朝 ³⁷ 月 ³⁸ 前哲 ³⁹ 代 ⁴⁰ 父 ⁴¹ 半
⁴² 人 ⁴³ 面 ⁴⁴ 身 ⁴⁵ 六十年前

SECONDE PARTIE.

Deuxième exemple. *Si-yu-ki*, liv. ix, fol. 9 v., lin. 3 : *che-li-tseu-chi-chi*-thsien 46, *devant* la maison, *en avant* de la maison de pierre, où étaient les *s'arira* (les reliques de Bouddha), — s'élève un grand rocher.

Exemples de *heou* 34 « après » (préposition). Il a ce sens lorsqu'il suit son régime.

Premier exemple. *Si-yu-ki*, liv. ix, fol. 5 r., lin. 7 : *Pe-soui*-heou 47, *après* cent ans—(mot à mot) cent ans après, — son ardeur pour l'étude ne s'était point affaiblie.

Deuxième exemple. *Cheou-chi-thong-kao*, liv. xxii, fol. 14 r. : « Le riz glutineux qui vient dans les terres inondées, se sème après l'époque appelée *Mang-tchong* (après le 5 juin) : *mang-tchong*-heou-*tchong* 48.

Troisième exemple. Même ouvrage, *ibid. King-tchi*-heou, *tsi-tsi-tchong*, immédiatement après l'époque appelée *king-tchi* (après le 6 mars), on fait tremper les semences (de riz).

Pour se justifier d'avoir rendu par *avant, après*, les mots *thsien* 33 *a* et *heou* 34, qui sont ici adjectifs par position, M. Pauthier cite (d'après le dictionnaire *I-wen-pi-lan*) ces mots du *Li-ki* : « *Ngo-weï-tchi*-thsien-*wen* 49, je n'avais pas encore *antérieurement* appris cela ». Ce passage n'a aucun rapport avec celui dont nous nous occupons, puisque ici le mot *thsien* 49 *d* est *adverbe* par position. En effet, *suivant la règle*, il est placé devant un verbe, tandis que, dans la phrase de notre texte, il est devenu adjectif par sa position avant le substantif *youeï* 50, lune.

Pour que M. Pauthier pût se justifier, il faudrait qu'il nous offrît (mais cela est impossible) le mot *thsien* 33 *a* signifiant *avant*, quoiqu'étant placé devant un substantif. *Cela est de la dernière évidence.*

Résumé. Il résulte clairement de la discussion et des exemples qui précèdent 1° que les mots *thsien* 49 *d* et *heou* 48 *c* (vulgo *avant, après*)

---

⁴⁶舍利子石室前 ⁴⁷百歲後 ⁴⁸芒種後ᶜ種 ⁴⁹我未之前ᵈ聞也. ⁵⁰月

sont adjectifs et signifient *antérieur, précédent,—postérieur, subséquent*, toutes les fois qu'ils précèdent le substantif auquel ils se rapportent [33].

2° Qu'ils sont les *prépositions* AVANT, APRÈS, toutes les fois qu'ils suivent leur régime [46-47].

J'ajouterai qu'ils sont adverbes et signifient absolument *avant, après, antérieurement, postérieurement* (sans complément), lorsque, suivant la règle, ils précèdent un verbe [49].

Si-yu-ki, liv. VIII, fol. 18 : HEOU-*tchi-thseu-tchou* [51], lorsqu'APRÈS, ensuite, Bouddha *fut arrivé dans ce pays* (il n'y eut plus de tremblements de terre).

Exemple de *thsien* 49 [d], auparavant.

Ping-tseu-louï-pien, liv. 127, fol. 49 : *thsien-yen-tchi* [52], lorsque — *antérieurement* je disais cela, — (je badinais).

M. Pauthier s'est donc trompé en soutenant que, dans notre passage, les mots *thsien* [33a] et *heou* [34] étaient adverbes et signifiaient *avant* et *après*, quoiqu'ils précèdent le substantif *youeï* [33c], lunes (position qui, d'après les preuves exposées ci-dessus, leur donne nécessairement le rôle d'*adjectifs*).

Cent dix-septième échec de M. Pauthier.

§ 22. F.

Question. Est-il vrai que le mot *hoe* [53] (*vulgò peut-être, quelqu'un*) n'a jamais signifié et ne peut jamais signifier, étant répété, *tantôt, tantôt* ?
— Preuves du contraire.

Ces dénégations « *n'a jamais signifié, ne peut signifier* », sont de M. Pauthier (S.O., p. 357, lig. 1, 2). Je vais prouver que le mot *hoe* [53] répété, signifie souvent *tantôt, tantôt*, c'est-à-dire, *soit, soit*, et c'est ce qui résulte de la définition même de Basile (*vel, sive, aut*, ou, soit, ou bien) que M. Pauthier cite pour me combattre. Mais voici des exemples

[51] 後至此處 [52] 前言之 [53] 或

plus concluants encore que des définitions qui quelquefois ne présentent pas un sens assez précis.

Premier exemple. *Cheou-chi-thong-kao*, liv. xx, fol. 8 : Il y a un riz appelé *sien* dont la balle est blanche et qui n'a pas de barbe. Il mûrit *tantôt* (*hoe* [53]) dans le septième mois, *tantôt* (*hoe* [53]) dans le huitième mois.

Deuxième exemple. *Si-yu-ki*, liv. viii, fol. 17 *r.*, lin. 10 : *Tantôt* (*hoe* [53]) il tombe une pluie de fleurs du milieu des airs, *tantôt* (*hoe* [53]) un grand éclat illumine la vallée sombre.

Troisième exemple. *Si-yu-ki* (de 1772), liv. 7, fol. 4 *v.* : Quand on est arrivé à l'époque du mariage, un homme de la famille de la fille, *soit* ou *tantôt* (*hoe* [53]) le père, *soit* ou *tantôt* (*hoe* [53]) le frère aîné, la fait monter avec lui sur un cheval, lui couvre la figure avec un mouchoir, et la conduit chez son époux au son des tambours et des flûtes.

Quatrième exemple. *Si-yu-ki*, liv. xii, fol. 27 *r.* : L'écriture de l'Inde s'appelle l'écriture des dieux. *Tantôt* (*hoe* [53]) un seul mot a plusieurs significations ; *tantôt* (*hoe* [53]) une idée embrasse beaucoup de mots.

Cinquième exemple. *Sin-kiang-waï-fan-tchi-lio*, liv. ii, fol. 12 : *Tantôt* (*hoe* [53]) les glaces se soulèvent à une hauteur de trois à cinq mille pieds ; *tantôt* (*hoe* [53]) elles s'enfoncent à une profondeur de trois à cinq mille pieds.

Sixième exemple. Morrison, *Dict. angl. chin.*, pag. 289, col. 3, Réciter le nom d'*Amida Bouddha* tantôt (*hoe* [53]) mille fois, tantôt (*hoe* [53]) dix mille fois, c'est une chose très utile.

M. Pauthier s'est donc gravement trompé en prétendant (S. O., page 357) que le mot *hoe* [53] *n'a jamais signifié et ne peut* signifier tantôt, tantôt.

Cent dix-huitième échec de M. Pauthier.

§ 23.

Le mot *tang* [54] signifie ici (contre l'opinion de M. Pauthier) *équivaloir, correspondre*. Ce sens est appuyé par quatre dictionnaires chinois et dix-huit exemples authentiques.

TEXTE. « *Les trois lunes antérieures* [33 a] correspondent (*tang* [54]) ici (en Chine) au temps qui s'écoule depuis le seizième jour de la cinquième
« lune, jusqu'au quinzième jour de la huitième lune; *les trois lunes*
« *postérieures* [34-33 b c] correspondent (*tang* [54]) au temps qui s'écoule
« depuis le quinzième jour de la sixième lune, jusqu'au quinzième jour
« de la neuvième lune. »

M. Pauthier : Si c'est *avant trois lunes*, ils doivent *les* FAIRE *compter* du seizième jour, etc. ; si c'est *après trois lunes*, ils doivent *les* FAIRE *compter*, etc.

Je ne reviendrai pas sur l'erreur nouvelle que commet ici M. Pauthier, en rendant encore par *avant* et *après* les mots *thsien* [33 a], *antérieur*, et *heou* [34], *postérieur*, dont j'ai amplement démontré plus haut le rôle adjectif, lorsqu'ils précèdent un substantif (§ 22 E).

Les lecteurs n'ont pas oublié que dans un passage absolument semblable du § 21 (voy. plus haut, pag. 155), M. Pauthier avait traduit le mot *tang* [54] par IL FAUT *compter*, au lieu de (cette époque) *correspond*, et qu'il avait prétendu 1° que le sens de *équivaloir, correspondre*, n'existait pas dans les dictionnaires chinois *Choue-wen*, *Khang-hi-tseu-tien*, *I-wen-pi-lan*, ni même dans le dictionnaire du P. Basile de *Glémona*.

2° Que le sens de *équivaloir, correspondre* (par exemple : à une époque comme ici) n'existait pas dans les auteurs chinois.

J'ai réfuté la *première* assertion à l'aide des quatre dictionnaires chinois invoqués contre moi par M. Pauthier, et la *seconde*, au moyen de TREIZE passages authentiques absolument analogues aux nôtres, et qui joints aux six de notre auteur (§ 21, 23) offrent une masse de preuves d'une évidence irrésistible.

---

[54] 當

J'ai montré enfin que *tang* 54 ne doit se traduire par *il faut*, que lorsqu'il est suivi d'un verbe.

Je me dispenserai en conséquence de répéter les mêmes preuves. Je prie seulement le lecteur de vouloir bien revenir un instant sur l'article du § 21, où j'ai démontré que dans les passages (§ 21 C) le mot *tang* 54 signifie *correspondre* (à une époque, à une date).

M. Pauthier s'est plu (S. O., pag. 361, 362) à accumuler les suppositions les plus déraisonnables, pour conclure ensuite tout à son aise *qu'il n'y a rien de plus* ABSURDE (sic) que ma traduction : « Ils disent (c'est-à-dire, ils écrivent) tantôt *tso-hia*, tantôt *tso-la*. » J'ai montré plus bas (§ 24 B), qu'il fallait de toute nécessité transcrire les sons de ces mots sans en donner le sens, afin que le lecteur ou l'auditeur pût saisir la différence d'orthographe qui existe entre *tso-hia* et *tso-la*, différence qui s'évanouirait, si l'on traduisait les deux expressions *tso-hia* (faire la retraite d'été) et *tso-la* (lisez *fo-la*) dompter la cire ; on verra le sens de cette métaphore dans le § 24 D.)

Je ferai observer en terminant que la qualification d'*absurde* et celle de *stupide* (S. O., page 362, lign. 2) que M. Pauthier emploie à mon égard, nuisent infiniment plus au *caractère moral* de celui qui, faute de bonnes raisons, a recours à de pareilles injures, que des centaines de bevues relevées dans ses écrits, ne peuvent nuire à sa *réputation littéraire*.

Ma traduction que M. Pauthier trouve *si absurde* et *si stupide*, sera justifiée tout-à-l'heure, si je ne m'abuse (§§ 24, 24 A, B, D), de la manière la plus complète. Les lecteurs jugeront comment doivent être qualifiées la traduction et surtout l'argumentation de M. Pauthier.

Le sens de *correspondre* que j'ai donné à *tang* 54 dans un passage absolument semblable du § 21, a été suffisamment démontré par l'autorité de quatre dictionnaires chinois et par dix-huit exemples, malgré les dénégations et les démentis de M. Pauthier qui s'obstine à le traduire, *là* comme *ici*, par le verbe IL FAUT, acception qu'il n'a que lorsqu'il est suivi d'un verbe (voy. pag. 157, § 21 A).

M. Pauthier a donc commis une nouvelle erreur en rendant *tang* 54 en cet endroit comme dans le § 21, par IL FAUT (*compter*), au lieu de : cette époque *correspond à*.

Cent dix-neuvième échec de M. Pauthier.

§ 24.

La préposition *thsien* [33a] (avant) devient un adjectif (l'adj. antérieur) devant un substantif.

— Pour conserver le sens de la préposition *avant*, il faut qu'elle soit placée après le substantif qu'elle régit.
— Mais devant un verbe, elle signifie *auparavant, antérieurement*. Cf. § 22 D.

Thsien-taï-i-king-liu-tche, hoe-yun-TSO-HIA, *hoe-yun*-TSO-LA [55].

« Les hommes des générations précédentes qui ont traduit les livres sacrés et les règlements, ont dit tantôt *tso-hia*, tantôt *tso-la*. »
C'est-à-dire qu'ils ont employé indifféremment les expressions *tso-hia* et *tso-la*, pour rendre l'idée de se mettre en retraite en été.

M. Pauthier : « AVANT l'époque où les livres sacrés (bouddhiques)
« et les autres ouvrages réglementaires furent traduits, les uns *disaient*
« qu'il fallait se mettre en retraite *les jambes croisées* pendant l'été,
« les autres qu'il fallait le faire quelque temps avant le solstice d'hiver. »

Il y a dans ce passage plusieurs fautes graves que je vais examiner successivement.

Nous voyons dans l'Encyclopédie bouddhique *Fa-youen-tchou-lin*, liv. 119, fol. 8, *sqq.*, que sous la dynastie des *Han* postérieurs (de 221 à 265 après J.-C.), dix-huit savants traduisirent 334 livres d'ouvrages bouddhiques fondamentaux (appelés *king*) et 416 livres de règlements, c'est-à-dire d'ouvrages relatifs à la discipline religieuse.

Sous les dynasties suivantes jusqu'à celle des *Thang*, fondée en 618, et sous laquelle écrivait notre auteur, on continua à traduire en chinois les ouvrages bouddhiques.

Ce sont ces interprètes que désigne *Hiouen-thsang* par les mots : les hommes des *générations précédentes* qui ont traduit les livres fondamentaux et les règlements.

---

[55] 前[a]代[b] 譯經律者。或云[h] 坐[i] 夏[j]。
或云[l] 坐[m] 臈[n]。 [55 bis] 面前

M. Pauthier fait deux fautes dans cette partie de la phrase; la première contre la syntaxe et la seconde contre la logique.

J'ai prouvé (§ 22 E) par la grammaire, par trois exemples de Morrison, *Dict. chin.*, part. II, n° 1070, et par un exemple du *Si-yu-ki*, (liv. XII, fol. 15), 1° que le mot *thsien* 33 *a* (vulgo *avant*) est *adjectif* lorsqu'il est placé, comme ici, avant un substantif.

2° J'ai montré plus bas (*Ib.* § 22) que c'est seulement lorsqu'il est placé après un substantif, qu'on peut le traduire par les prépositions *avant*, *devant* (ce substantif précédent en est le régime, comme dans l'exemple cité: *mien-thsien* 55 *bis*, mot à mot: visage-devant, c'est-à-dire devant quelqu'un, en face de quelqu'un).

3° J'ai fait voir qu'on le traduit par les adverbes *auparavant, antérieurement*, suivant la règle (Rémusat, *Gramm. chin.*, § 177), lorsqu'il est placé devant un verbe 49 *d* — 52 *a*.

M. Pauthier s'est donc trompé en rendant ici par la préposition *avant*, l'adjectif *thsien* 52 *a*, antérieur, de l'expression *thsien-taï* 55 *a b* (générations *antérieures*).

Ajoutons que le mot *taï* 55 *b*, une *génération* d'hommes, est mal rendu par *époque*.

Cent vingtième échec de M. Pauthier.

§ 24. A.

L'époque de la *retraite religieuse* n'a pu être connue en Chine et y être en vigueur, qu'*après* la traduction et la publication des réglements disciplinaires. C'est une erreur de supposer qu'elle ait été admise en Chine *auparavant*. — Origine de cette erreur.

Je passe à une faute de logique qui n'est pas moins grave que l'erreur de grammaire signalée ci-dessus.

L'auteur nous apprend que les écrivains *des générations précédentes*, qui ont traduit en chinois les livres sacrés et les réglements de la discipline religieuse, ont employé indifféremment deux expressions pour rendre l'idée de *faire la retraite d'été*, pendant les trois lunes appelées *antérieures* et *postérieures* (§ 23), savoir: les expressions *tso-hia* ou *tso-la* (variante dont il tâche d'expliquer la cause dans le § 25, et dont nous donnerons le sens dans les §§ 24 C et 24 D).

M. Pauthier nous dit au contraire « qu'AVANT qu'on n'eût traduit les
« livres sacrés et les ouvrages réglementaires, les uns recommandaient
« de *faire la retraite en été*, les autres de la faire *avant le solstice*
« *d'hiver.*

Il est aisé de voir que c'est uniquement la traduction des livres réglementaires qui a fait connaître en Chine l'époque où cette retraite devait avoir lieu.

Cet usage n'a pu être en vigueur à une époque déterminée de l'année, et avoir, pour ainsi dire, force de loi dans les couvents bouddhiques, que du moment où l'on a publié les textes originaux qui la prescrivaient.

C'est donc un contre-sens que de dire : « AVANT *qu'on n'eût traduit les livres réglementaires*, on devait faire cette retraite soit en *été*, soit *après le solstice d'hiver.* »

Nous avons vu tout-à-l'heure (§ 24) que le mot *thsien* [55 a] que M. Pauthier traduit par l'adverbe *avant que*, est ici, par position, l'adjectif *antérieur*, *précédent*. C'est cette erreur de grammaire qui a entraîné la faute de logique que je relève ici.

Cent vingt-et-unième échec de M. Pauthier.

§ 24. B.

Faut-il traduire ici les mots *tso-hia* [55 i j] et *tso-la* [55 m n] (se mettre en retraite) ? NON. On ferait disparaître la différence de prononciation ou d'orthographe chinoise que l'auteur veut indiquer.

—Le mot *yun* [55 l] (littéral. *dire*) signifie ici *employer un mot, une expression*, et non *exprimer une opinion*, comme le veut M. Pauthier.

TEXTE. « Les hommes des générations précédentes, qui ont traduit es livres sacrés et les réglements, ont dit (c'est-à-dire ont appelé cette retraite) tantôt *tso-hia* [55 i j], tantôt *tso-la* [55 m n]. »

M. Pauthier : « Les uns *disaient* qu'il fallait se mettre en retraite « *les jambes croisées* pendant l'été, les autres qu'il fallait le faire *avant* « *le solstice d'hiver.* »

Nous avons vu dans *Hiouan-thsang* (§§ 22 B, 23) que les religieux bouddhistes faisaient deux retraites, l'une appelée *antérieure*, et l'autre

SECONDE PARTIE.

appelée *postérieure*, qui commençait un mois après la première. L'auteur ayant rédigé sa relation à son retour de l'Inde, il a indiqué, comme il devait le faire en parlant à des Chinois, à quelles époques de leur calendrier commençaient et finissaient ces deux retraites. Il lui restait à apprendre à ses compatriotes de quelles expressions chinoises s'étaient servis les traducteurs des livres bouddhiques écrits dans les langues de l'Inde, pour rendre l'idée de *se mettre en retraite*.

Hiouen-thsang nous informe que certains traducteurs *disent* (id est, emploient le mot, la prononciation, l'orthographe) *tso-hia* 55 ij, et d'autres *tso-la* 55 m n.

Dans cet endroit, le mot *yun* 55 h « ils disent, » a absolument le même sens que dans le § 1 où l'on donne les différentes prononciations ou orthographes destinées à exprimer le nom de l'Inde : Les uns *disent*, c'est-à-dire, écrivent ou prononcent *Chin-tou*; d'autres *disent*, c'est-à-dire, écrivent ou prononcent *Hien-teou*.

Dans notre passage, le mot *yun* 55 h, littéralement *dire*, signifie donc *prononcer* ou *orthographier* (selon que les deux mots cités sont considérés comme perçus par l'ouïe ou par la vue), et non *exprimer une opinion*, comme le mot *dire* dans ces mots de M. Pauthier: « les uns DISAIENT *qu'il fallait* se mettre en retraite, etc. »

Pour faire passer sa traduction « les uns *disaient*, » c'est-à-dire, » *exprimaient l'opinion* que, » M. Pauthier s'est vu obligé d'ajouter les mots *il fallait* qui n'existent pas dans le texte.

Il est aisé de voir en outre, par le plus simple raisonnement, qu'ici le mot *yun* 55 h (dire, prononcer) ne peut signifier EXPRIMER UNE OPINION sur *l'époque à laquelle il fallait se mettre en retraite*. En effet, le commencement de cette double retraite est indiqué dans la phrase qui précède celle-ci (§ 23) : La *retraite antérieure* commence (suivant le calendrier chinois) le seizième jour du cinquième mois et finit le quinzième jour du huitième mois ; la *retraite postérieure* commence le seizième jour du sixième mois et finit le quinzième jour du neuvième mois.

Le mot *yun* 55 h indiquant, comme je viens de le montrer plus haut, une *prononciation*, une *orthographe particulière*, il s'ensuit que je devais me dispenser de donner le sens de *tso-hia* 55 ij et de *tso-la* 55 m n, afin qu'on reconnût à quelles causes pouvait tenir (suivant notre auteur) la différence matérielle qui existe entre ces deux expressions (Nous verrons tout-à-l'heure que l'auteur ignorait l'orthographe correcte du second mot). Cette différence d'orthographe ou de prononciation disparaîtrait pour le lecteur comme pour l'auditeur, si, à l'exemple de M. Pauthier, on cherchait à rendre l'idée que présentent ces deux locutions (idée que je vais expliquer plus bas, afin de satisfaire les personnes qui peuvent désirer d'en connaître le sens littéral).

En effet, l'oreille remarque une différence sensible entre *tso-hia* 55 *ij* et *tso-la* 55 *m n*; l'œil la remarque aussi, si l'on considère ces mots comme écrits; mais si, avec M. Pauthier, on traduit *hia* 55 *j* par *été* et *la* 55 *n* par « *quelque temps après le solstice d'hiver* » (traduction que je réfuterai tout-à-l'heure), la variante de prononciation ou d'orthographe disparaît complètement.

M. Pauthier s'est donc trompé 1° en rendant ici le mot *yun* 55 *l*, ils disent (c'est-à-dire, prononcent ou écrivent) — les uns *tso-hia*, les autres *tso-la*) par : *ils disaient*, c'est-à-dire, *exprimaient l'opinion* (qu'il fallait se mettre en retraite pendant l'été, etc.).

2° En ajoutant deux fois les mots *qu'il fallait*, dont le texte n'offre aucune trace.

3° En voulant rendre l'idée qu'il croit renfermée dans *tso-hia* 55 *ij* et *tso-la* 55 *m n*, ce qui fait disparaître entièrement la différence d'orthographe ou de prononciation que l'auteur veut indiquer, différence qui n'est appréciable à l'œil ou à l'oreille que si l'on se borne à transcrire les mots sans les traduire ainsi que je l'ai fait.

Cent vingt-deuxième échec de M. Pauthier.

§ 24. C.

Dans les livres bouddhiques) le mot *hia* 55 *j* (vulgò *été*, se prend souvent dans le sens de la *retraite d'été*, acception qui manque dans les dictionnaires chinois.
— Sens religieux des expressions *kie-hia* 56, *kiaï-hia* 57, mot à mot *nouer l'été, dénouer l'été*.

TEXTE. « Les hommes des générations précédentes, qui ont traduit les
« livres sacrés et les réglements, ont dit, c'est-à-dire ont écrit, les uns
« *tso-hia*, les autres *tso-la* (pour exprimer l'idée de faire cette
« retraite).

56 結ᵃ 夏ᵇ 57 解 夏

M. Pauthier a traduit : «Ils disaient qu'il fallait *se mettre en retraite les jambes croisées pendant l'été*, etc.

Je ne m'occuperai point ici de l'expression *les jambes croisées*, déjà condamnée plus haut, § 22 A.

Je prends la liberté d'appeler l'attention des lecteurs sur le mot *hia* 56 *b* (vulgo *été*).

La retraite d'été tenant la place la plus importante parmi les pratiques des religieux bouddhistes, ils étendent souvent, par abréviation, la signification du mot *hia* 56 *b*, et le prennent dans le sens de *retraite d'été*. Ainsi l'idée *d'entrer dans la retraite d'été* se dit *kie-hia* 56 (*Tseu-sse-thsing-hoa*, liv. 107, fol. 40, *r*.), mot à mot *nouer* L'ÉTÉ, c'est-à-dire la retraite d'été, comme si l'on disait *se lier* par les règlements de *la retraite* d'été.

L'idée de *sortir de la retraite d'été*, se dit, par une raison inverse, *kiaï-hia* 57, mot à mot *délier, dénouer* L'ÉTÉ, c'est-à-dire la retraite d'été, comme si l'on disait *se dégager des liens* de la retraite d'été. (*Tseu-sse-thsing-hoa*, liv. 107, fol. 40, *r*.)

La même idée se rend par *hieou* 58-*hia* 56 *b*, mot à mot, *cesser, quitter l'été*, c'est-à-dire la retraite d'été (*Ling-yen-tsi-tchou*, liv. 1, fol. 6); *po* 59-*hia* 56 *b*, mot à mot : *rompre* L'ÉTÉ (*la retraite d'été*). Cf. *Peï-wen-yun-fou*, liv. 81, fol. 51, *v*.

Dans ces trois dernières locutions, on est obligé encore de reconnaître que le mot *hia* 56 *b*, doit être rendu par *retraite d'été*, et non par *été*.

L'idée *d'entrer en retraite, de sortir de la retraite* (d'été), se dit, en vertu de la même figure, *kie-tchi* 60, mot à mot *nouer* le règlement, c'est-à-dire s'engager dans les liens du règlement par excellence; *kiaï-tchi* 61, *dénouer* le règlement, c'est-à-dire se dégager des liens du règlement (de la retraite d'été). Cf. Supplément du *Peï-wen-yun-fou*, liv. 194, fol 57, *r*.

Par suite de l'explication exposée plus haut, et des autorités sur lesquelles elle est fondée, on voit que dans la locution *tso-hia* 55 *ij*, le mot *hia* 55 *i* (vulgo *été*) renferme nécessairement l'idée de *la retraite d'été*. En voici un nouvel exemple plus positif encore que les précédents, et où l'on trouve l'expression *seng* 62-*hia* 56 *b* (mot à mot *l'été*

---

⁵⁸ 休 ⁵⁹ 破 ⁶⁰ 結制 ⁶¹ 解制 ⁶² 僧

des Samanéens), pour dire *la retraite d'été* des bouddhistes. *Ping-tseu-loui-pien*, liv. 22, fol. 14 : « Je me mets *en retraite* comme un religieux dans *la retraite d'été* (*seng-*BIA, littéralement : L'ÉTÉ *des religieux bouddhistes*), et pendant le calme de la nuit, je récite les paroles sacrées. »

Quant au mot *tso* [55 i] (vulgo *sedere*), je crois qu'il veut dire ici *être sédentaire* (*hia* [55 j]., dans *la retraite d'été*), c'est-à-dire *observer la retraite* (*de l'été*) sans sortir du couvent. Il serait en effet difficile de supposer, avec M. Pauthier, que les religieux *restent*, pendant trois mois, *les jambes croisées*, immobiles et dans l'attitude de la méditation.

La raison en est facile à comprendre, c'est que les devoirs de la *retraite* ne se bornent pas à la méditation, et que, indépendamment de la difficulté de rester tous, *pendant trois mois, immobiles et dans la même posture*, les religieux bouddhistes ne pourraient s'acquitter des pratiques et cérémonies aussi nombreuses que variées auxquelles ils sont soumis pendant *la retraite*, les unes exigeant *la station verticale*, d'autres *la prostration* de tout le corps, *la génuflexion*, *la salutation circulaire* (Cf. *Examen critique*, § 95, et Wilson, *Diction. sanskrit*, deuxième édition, page 571, au mot *Pradakchina*), *des ablutions*, etc., etc.

Cet état sédentaire, commandé dans la *retraite*, est parfaitement indiqué par ce passage du *Ping-tseu-loui-pien*, liv. 22, fol. 14, *v*. : « Les observances du printemps sont passées. *La retraite d'été* vient d'*être nouée* (*kie* [56 a]), c'est-à-dire commencée; comment oserai-je, contrairement aux instructions des livres sacrés, braver la chaleur et sortir pour aller au-devant de vous ? »

Autre exemple. *Peï-wen yun-fou*, liv. 81, fol. 49, *v* : « Je vois avec peine que vous *ne sortez pas de votre maison*. Vous ressemblez à un religieux bouddhiste qui *reste en retraite*. »

J'ai montré dans la première partie de cet écrit (pag. 114, *Exception*) que la préposition *iu* [63], dans, signe ordinaire du locatif, s'omet parfois (mais bien rarement), lorsque le mot qui est à ce cas suit le verbe dont il dépend. Nous avons vu, par exemple, qu'on trouve *ming-ye* [64], mot à mot : chanter-*la*-nuit, pour *ming* [64 a] - *iu* [63] - *ye* [64 b], chanter-*dans*-la nuit. La construction la plus fréquente et la plus régulière est *ye* [64 b] - *ming* [64 a], mot à mot : nuit-chanter, parce qu'alors le cas locatif (*dans* la nuit) est exprimé par la position de *ye* [64 b], nuit,

---

[63] 於 [64] 鳴 [a] 夜 [b]

SECONDE PARTIE.

avant le verbe *ming* [64a], chanter. Nous en avons donné plusieurs exemples.

De même, dans notre passage, la locution *tso-hia* [55 *ij*] est pour *tso* [55 *i*]. *iu* [63]-*hia* [55 *j*], mot à mot : *être sédentaire* DANS *la retraite d'été*.

La construction la plus fréquente et j'ose dire la plus correcte, c'est-à-dire, la plus conforme à la règle de position du locatif (lorsqu'on supprime la préposition *iu*[63], dans), est *hia* [55 *j*] - *tso* [55 *i*], mot à mot : *dans* la retraite d'été — être sédentaire. C'est ainsi que cette locution est écrite dans le *Fo-koue-ki*, 1°, 2°, fol. 1 r. (2 fois); — 3°, 4°, *ibid.*, fol. 1 v. (2 fois); — 5°, 6°, *ibid.*, fol. 6 r. (2 fois); 7°, 8°, fol. 9 v. (2 fois); — 9°, *ibid.*, fol. 13 r., lin. 7; — 10°, 11°, *ibid.*, fol. 14 r., lin. 3 (2 fois); — 12°, 13°, *ibid.*, fol. 39 r., lin. 4; — 14°, *ibid.*, fol. 39 r., lin. 9.

Je pourrais citer encore un grand nombre d'exemples de *hia-tso* [55 *j i*] au lieu de *tso-hia* [55 *ij*], et de *hia* (vulgo *été*) signifiant *retraite d'été*, si ceux que j'ai rapportés n'étaient surabondants.

M. Pauthier s'est donc trompé, en rendant ici le mot *hia* [57 *b*], *retraite d'été* par *l'été*.

Cent vingt-troisième échec de M. Pauthier.

§ 24. D.

Question. Que signifie *Tso-la* [65]? Cette locution est corrompue. La véritable orthographe est *Fo-la* [66], dont le sens manque dans les dictionnaires chinois usuels.

Texte. Ils disent (c'est-à-dire, écrivent) tantôt *tso-hia* [65] tantôt *tso-la* [66] (pour exprimer l'idée de *se mettre en retraite*).

M. Pauthier : ... Les autres disaient qu'il fallait le faire (se mettre en retraite) quelque temps avant *le solstice d'hiver*.

Hiouen-thsang nous avertit (§ 25) que les hommes (des générations précédentes — § 24) qui ont transmis ou traduit les livres religieux, ont dû commettre beaucoup d'erreurs dans l'orthographe de certains

---

[65] 坐 [a] 臘 [b]   [66] 服 [a] 蠟 [b]

mots chinois destinés à rendre des idées nouvelles et particulières à la religion bouddhique.

On doit d'autant moins s'étonner de ces erreurs, qu'à quelques exceptions près (on peut citer, par exemple, *Fa-hien* et *Hiouen thsang* qui étaient chinois), les traducteurs des livres bouddhiques étaient presque tous des religieux indiens. Ainsi, suivant le *Chin-i-tien*, liv. 9⁵, le prêtre indien *Man-to-lo* a traduit l'ouvrage intitulé en sanskrit *Mahá-pradjná-paramitá*. Il en existe une autre traduction par le prêtre indien *Kia-pan-lo*. Le *Kin-kang-pan-, o-po-lo-mi-king* a été traduit par le prêtre indien *Kieou-mo-lo-chi*. On cite encore dans le même recueil les traducteurs indiens *Pa-tho-lo*, *Chi-tcha-nan-tho*, *Pou-ti-lieou-tchi*, etc.

C'est pourquoi il ajoute (§ 25): « Cela vient de ce que les peuples « qui habitent au-delà des frontières et ceux qui ont des usages diffé- « rents (c'est-à-dire, et les étrangers) ne possèdent pas la pronon- « ciation exacte de la langue chinoise. »

D'autres erreurs ont pu venir de ce que les Chinois qui ont traduit aussi des livres bouddhiques ne comprenaient pas bien certaines expressions indiennes. Ainsi il est reconnu par les indianistes, et *Hiouen-thsang* le déclare lui-même, qu'on s'était gravement trompé, en rendant le mot *Avalôkités'vara* (qu'on transcrit *a-fou-lou-tchi-ti-chi-fa-lo*) par *kouan-chi-in*, *voix contemplant le siècle* (Rémusat, *Fo-koue ki*, pag. 56); ce mot signifie en chinois (*Si-yu-ki*, liv. 3, fol. 5) *Kouan-tseu-tsaï*, *le maître ou seigneur qui est contemplé*. Voy. *Fo-koue-ki*, pag. 117, not. 37.

L'expression *tso-la* [65], telle que l'écrit *Hiouen-thsang*, n'existe ni dans les dictionnaires les plus répandus, ni dans les deux vastes compilations intitulées *Peï-wen-yun-fou* (218 vol. avec le supplément) et *Ping-tseu-loui-pien* (240 vol.), qui embrassent, à peu de chose près, l'universalité des *mots composés* de tous les livres chinois conservés jusqu'à nos jours. J'en ai conclu, enhardi surtout par les doutes d'*Hiouen-thsang*, que cette orthographe devait être altérée, et, après bien des recherches, je suis parvenu à découvrir la véritable leçon. Au lieu de *tso-la* [65], il faut lire *fo-la* [66], mot à mot : *soumettre la cire*.

On lit dans l'encyclopédie *Tseu-sse-thsing-hoa*, liv. 107, fol. 40 r. « Voici ce que les religieux appellent *Fo-la* [66], (mot à mot : *soumettre* « *la cire*). Après qu'on leur a coupé les cheveux, ils reçoivent immé- « diatement les défenses en vertu desquelles ils doivent renoncer, *par* « *exemple*, au vin, à la volupté, etc.

« Dès qu'ils ont bien compris les défenses de la discipline monas- « tique, chaque année, ils se mettent en retraite (*kie-hia* [56], mot à mot:

« *ils nouent* l'été, c'est-à-dire, ils se *lient* par les réglements de la
« *retraite d'été*). Cette retraite dure depuis le 15e jour du 5e mois,
« jusqu'au 15e jour du 8e mois ; elle a pour but de les perfectionner
« dans les instructions bouddhiques. Au moment où l'on entre en re-
« traite (littéralement : où l'on *noue* l'été, c'est-à-dire *la retraite d'été*,
« *kie-hia* 56), quelques-uns façonnent un homme en cire, dont le poids
« est proportionné à celui de leur corps. Après être sortis de la retraite,
« (littéralement, après avoir *dénoué l'été*, *kiaï-hia* 57), ils pèsent l'homme
« de cire ; et, s'il n'y a aucune différence entre son poids et celui de
« leur propre corps, ils reconnaissent qu'ils se sont dépouillés des pen-
« sées coupables. Mais lorsqu'ils se sont laissé aller à des idées vi-
« cieuses, leurs esprits se sont usés, leur sang s'est appauvri, et alors ils
» se trouvent nécessairement plus légers que leur statue en cire, *pi-*
« *king-iu-la-jin-ye* 67. »

Le même fait se trouve consigné dans le supplément du *Peï-wen-yun-fou*, liv. 104, fol. 57, r.

Par suite de ce curieux usage, qu'aucun auteur européen n'avait jamais mentionné, les bouddhistes expriment l'idée de se mettre en retraite par l'expression figurée *Fo-la* 66, mot à mot : *soumettre la cire*, aussi bien que par l'expression propre *Tso-hia* 65, ou plus correctement *Hia-tso* (être sédentaire dans *la retraite d'été*).

Ainsi tombe la dissertation qu'a faite M. Pauthier (S. O., pag. 357-359) pour prouver qu'il a eu raison de traduire le mot *la* 65 *b* (qu'il faut lire ici *la* 66 *b*, cire) par : *quelque temps après le solstice d'hiver*.

Cent vingt-quatrième échec de M. Pauthier.

§ 24. E.

Définition du mot *la* 65 *b*, d'après les dictionnaires et les auteurs chinois.

Quoique la définition du mot *la* 65 *b*, tel que l'écrit fautivement *Hiouen-thsang*, soit, d'après ce qui précède, tout-à-fait étrangère à notre sujet, je ne puis m'empêcher de m'en occuper un instant pour

---

67 必輕於蠟人也。

montrer encore que M. Pauthier se trompe constamment toutes les fois qu'il prétend s'appuyer de l'autorité des dictionnaires chinois pour me combattre.

Sens de *la* [65 b], dans le dictionnaire de Morrison (part. II, n° 6855). Ce mot n'indique pas une *époque*, mais tantôt un *sacrifice* fait à une certaine époque, tantôt l'action d'offrir ce *sacrifice*.

M. Pauthier (S. O., pag. 357) : « M. Julien prétend que *le texte « chinois ne dit pas un mot qui puisse s'appliquer au solstice d'hiver ; « cette assertion est plus que légère. Je vais en donner la preuve irré- « cusable*.

« Le dictionnaire de Morrison définit ainsi le caractère *la* [65 b], *some « time after the winter solstice*, » quelque temps après le solstice d'hiver. »

RÉPLIQUE. 1° Le mot *la* [65 b], ainsi qu'on le verra plus bas, ne signifie pas *quelque temps après le solstice d'hiver*, mais il désigne *un sacrifice* qu'on offre peu de temps après le solstice d'hiver.—*Première faute*.

2° M. Pauthier a pris une partie de la définition de *Morrison* pour l'explication complète du mot *la* [65 b].

Morrison définit ainsi le mot *la* [65 b] : « *some time after the winter solstice, when sacrifices are offered*, » c'est-à-dire, « quelque temps après le solstice d'hiver, lorsqu'on offre des sacrifices. » Cette définition manque de précision, ainsi qu'on le verra tout-à-l'heure, par le dictionnaire *Choue-wen*. Morrison devait dire : « A sacrifice which is offered some time after the winter solstice, *sacrifice que l'on offre peu de temps après le solstice d'hiver*. » En effet, le mot *la* [65 b] indique *un sacrifice* fait à cette époque-là, mais non *cette époque même*.

Voici précisément d'où vient l'erreur commise par M. Pauthier ; il s'est contenté de prendre les quatre premiers mots de la définition de Morrison, « *some time after the winter solstice*, » s'imaginant que ces mots « *quelque temps après le solstice d'hiver*, » étaient la définition exacte du mot *la* [65 b], tandis qu'ils n'indiquent que *l'époque* du sacrifice *la* [65 b].

Cent vingt-cinquième échec de M. Pauthier.

§ 24. F.

Définition du mot *la* [65 b], d'après le dictionnaire *Choue-wen*. — *San-siu* [68] ne signifie pas la *troisième heure*, mais *trois jours*.
Etymologie du mot *tchi* dans *tong-tchi* [69], solstice d'hiver.

M. Pauthier, voulant traduire *la* [65 b] d'après le dictionnaire *Choue-wen*, s'imagine encore que ce mot désigne *une époque déterminée*. « Le « *Choue-wen*, dit-il (S. O., pag. 357), déclare que c'est *la troisième* « *heure de la nuit* (la neuvième suivant notre manière de compter) qui « suit immédiatement l'*arrivée* de l'hiver, et à laquelle (heure) on offre « des sacrifices à tous les esprits. »

Consultons le dictionnaire *Choue-wen* : « *Tong-tchi-heou-san-siu-la-tsi-pe-chin-ye* [70] ; ce mot signifie : offrir le sacrifice *la* [70 f] à tous les esprits, *trois jours* (Cf. *Yun-fou-kiun-yu*, liv. XVI, fol. 3 *v*.) après le solstice d'hiver. »

Ainsi 1° *la* [70 f] veut dire ici verbalement *offrir une sorte de sacrifice*, et non *l'époque* de ce sacrifice ; 2° l'expression *san-siu* [70 dc] veut dire *trois jours*, et non *la troisième heure*; 3° l'expression *tong-tchi* [70 ab] veut dire *le solstice d'hiver*, et non *l'arrivée* de l'hiver.

M. Pauthier a bien trouvé dans le dictionnaire de Basile (n° 668) l'expression *tong-tchi* [70 a b], *solstitium hiemale*, « le solstice d'hiver, » mais il n'a pas su comprendre le rôle ni le sens de la seconde syllabe *tchi* [70 b]. Il a supposé (S. O., p. 359) que dans cette expression, *tchi* [70 b] signifiait *l'arrivée* (*l'arrivée* de l'hiver). C'est une erreur. Le mot *tchi* [70 b] signifie ici *le point le plus élevé*. *Tong-tchi* [70 ab] se rend en mandchou par *touveri den*, mot à mot, *hiemis culmen*. Cette expression désigne « le moment où le soleil est parvenu, en hiver, à son plus grand éloignement de l'équateur. » Voyez le dictionnaire mandchou *Thsing-wen-loui-chou*, liv. VII, fol. 17 r.

La première erreur (*époque* pour *sacrifice*) a été notée plus haut ;

---

[68] 三 戍 [69] 冬 至 [70] 冬[a] 至[b] 後[c] 三[d]
戍[e]。臘[f] 百 神。

les deux autres (trois *heures* pour trois *jours*, et *arrivée* pour *le point le plus élevé*) sont extrêmement graves.

Cent vingt-sixième et cent vingt-septième échecs de M. Pauthier.

§ 24. G.

Etymologie du mot *la* 7⁰

Le dictionnaire de *Khang-hi* donne ainsi l'étymologie du mot *la*. Ce mot signifie *thsie* 7¹, unir, *jungere, connectere* (Basile). Dans ce sacrifice, on devait réunir *l'ancien et le nouveau*, c'est-à-dire, qu'on offrait un sacrifice aux ancêtres (nous verrons tout-à-l'heure que *la* 7⁰ ᶠ a ce ce sens dans le *Li-ki*) de toutes les époques, à ceux des temps les plus anciens aussi bien qu'à ceux des temps modernes. Ainsi ce mot *la* 7⁰ ᶠ pourrait se rendre par *sacrifice collectif* (offert aux ancêtres).

§ 24. H.

Sens du mot *la* 7⁰ ᶠ, dans le *Li-ki*. Dans le passage cité de ce rituel (ni ailleurs), il ne signifie pas *la troisième heure de la nuit;* il a un sens dérivé du mot *lie* 7² (*venari*), dont il emprunte alors la prononciation, et veut dire : *feras-venari ad sacrificandum avis*.

M. Pauthier soutient que dans le *Li-ki*, ou livre des Rites, le mot *la* 7⁰ ᶠ signifie *la troisième heure de la nuit*. « C'est, dit-il (S. O., page 358, lig. 3), le sens que ce caractère a dans le *Li-ki*. »

M. Pauthier se trompe. Suivant le dictionnaire *Choue-wen-kiai-tseu*, le mot *la* 7⁰ ᶠ se prononce quelquefois *lie*, et dans ce cas, il se prend (comme dans le passage indiqué du *Li-ki*) pour *lie* ᵥ² (venari). Ce sens est confirmé par le dictionnaire *I-wen-pi-lan* : « ce mot étant prononcé *lie* et devenant alors synonyme de *lie* 7² (venari), veut dire:

⁷¹ 接   ⁷² 獵

SECONDE PARTIE. 195

lie-tcheou-i-tsi-sien 73, *prendre à la chasse des animaux*, pour les offrir en sacrifice aux ancêtres. » Puis, par extension, il signifie : offrir aux ancêtres les animaux qu'on a pris à la chasse (*Choue-wen-kiaï-tseu*, liv. IV, B, fol. 29, *v*.). Or, dans le passage du *Li-ki* (sect. *Youeï-ling*, liv. VI, fol. 45, édit. *chin. mandch*.) que mentionne M. Pauthier, et auquel se rapportent les définitions précitées des dictionn. *I-wen-pi-lan* et *Choue-wen*, on trouve ces mots : « *la* (lisez *lie*)-*sien-tsou-ou-sse* 74, » en mandchou : *gourgou boutafi nenekhe mafari soundcha dchoukden wetchembi*, c'est-à-dire, après avoir pris des animaux à la chasse, offrir cinq sacrifices aux premiers ancêtres.

Ainsi, dans cet endroit du *Li-ki*, le mot *la* 7º f (lisez *lie* 7²) signifie *sacrifier aux ancêtres des animaux pris à la chasse*, et non *la troisième heure de la nuit*, ainsi que le soutient M. Pauthier.

Cent vingt-huitième échec de M. Pauthier.

§ 24. I.

Question. Peut-on dire que le mot *tcha* 75 soit synonyme du mot *la* 74 ª ? Non.

M. Pauthier (S. O., pag. 358) : « Le commentaire de ce livre (du *Li-ki*) « fait remarquer que *la* 74 ª est ce que, dans le *Tcheou-li* ou Rituel des « *Tcheou*, on appelle le sacrifice *tcha* 75.

Ainsi, M. Pauthier admet cette synonymie comme parfaitement établie.

Il y a cependant une différence très grande entre ces deux sacrifices. Le dictionnaire de *Khang-hhi* ne cite cette opinion de *Tching-hiouen* que pour la réfuter plus bas. C'est ce qu'aurait vu M. Pauthier, s'il avait compris tout l'article du dictionnaire impérial. Il y aurait sans doute remarqué cette intéressante observation ; « *Tching-hiouen*, dans son commentaire du chap. *Youeï-ling* du *Li-ki*, « dit que le sacrifice *la* 74 ª était le même que celui qu'on appelle « *tcha* 75 dans le Rituel des *Tcheou*.

---

⁷³ 獵獸以祭先。 ⁷⁴ 臘先祖五祀。
⁷⁵ 蜡

« Il ignore qu'il y a une différence essentielle entre ces deux sacri-
« fices dont le premier (*la* 74 ª, lisez *lie* 72) était offert aux ancêtres,
« et le second (*tcha* 75), à tous les esprits.

« *Tching-hiouen* commet une erreur grave en confondant ces deux
« mots et en les regardant comme identiques. »

Cette distinction se trouve nettement exposée dans le dictionnaire *Yun-fou-kiun-yu*, liv. 20, fol. 36, *r*. Le dictionnaire *Tching-tseu-thong* nous fait connaître en outre plusieurs des esprits auxquels on offrait le sacrifice *Tcha* 75. C'étaient les esprits ou les âmes des personnages de l'antiquité qui avaient puissamment contribué par leurs inventions au bien-être du peuple. Ainsi, l'on offrait ce sacrifice *tcha* 75 pour rendre des actions de grâces (Cf. Dict. *Pin-tseu-tsien*) à *Chin-nong*, l'inventeur de l'agriculture, à *Heou-tsi*, qui en avait été le directeur; à ceux qui avaient inventé les digues, les canaux, les rigoles des champs, etc, etc.

M. Pauthier a donc fait preuve d'une légèreté blâmable en acceptant comme un fait établi une prétendue synonymie que *Khang-hi* rapporte uniquement pour la réfuter quelques lignes plus bas.

§ 24. J.

Acception particulière du mot *la* 74 ª dans le langage des *Tao-sse*, suivant le dictionnaire de *Khang-hi*.

M. Pauthier ayant traduit (S. O., page 357) le mot *la* 70 f, par *heure* dans le passage du *Choue-wen* cité plus haut (§ 24 E.), a répété cinq fois la même erreur en cherchant à donner le sens d'un endroit de *Khang-hi* où l'on explique cinq locutions polysyllabes, terminées par le mot *la* 74 ª, et qu'on trouve dans les ouvrages des auteurs désignés sous le nom de *Tao-kia* 76, c'est-à-dire, qui ont écrit sur la doctrine du *Tao*.

Je dois signaler, en passant, une erreur que commet M. Pauthier en rendant (S. O., page 358) l'expression *tao-kia* 76 par les FAMILLES des *Tao-sse*. Le mot *kia* 76 ᵇ dans cette locution, et beaucoup d'autres formées de la même manière, désigne une *classe* d'individus qui sui-

76 道 ᵇ。 儒 ᶜ 家 ᵈ。 兵 ᵉ。 農 ᶠ。 醫 ᵍ。

SECONDE PARTIE. 197

vent la même carrière, les mêmes études et particulièrement ceux qui ont écrit sur une même branche de littérature ou de science, sans être pour cela réunis en FAMILLES. Ainsi l'on dit (Catal. de la bibliothèque de *Khien-long*, *liv.* 9 et suiv.): *Jou-kia* 76 c d, les écrivains lettrés, *p'ing-kia* 76 c b, les écrivains militaires; *Nong-kia* 76 f b, ceux qui ont écrit sur l'agriculture, *I-kia* 76 g b, ceux qui ont écrit sur la médecine, etc.

Cent vingt-neuvième échec de M. Pauthier.

Revenons à la définition du mot *la* 74 a dans le langage des *Tao-sse*. Les écrivains *Tao-sse*, dit *Khang-hi*, ont *cinq la* 74 a, c'est-à-dire cinq jours, appelés *La* : 1º le premier jour de la première lune s'appelle *Thien-la*; 2º le cinquième jour de la cinquième lune s'appelle *Ti-la*; 3º le septième jour du septième mois s'appelle *Tao-te-la*; 4º le douzième jour du dixième mois s'appelle *Min-soui-la*; 5º le premier jour du douzième mois s'appelle *Wang-heou-la*.

Dans ces cinq définitions, M. Pauthier a rendu le mot *la* 74 !a par *heure sainte.* « Le premier *la* (dit-il), ou la première *heure sainte*, a « lieu le premier jour de la première lune, c'est le *thien-la*. » Il y a seu- « lement en chinois: le premier jour de la première lune est (c'est- « à-dire s'appelle) *Thien-la: Tching-youeï-i-ji, weï-thien-la* 77.

M. Pauthier s'est donc trompé cinq fois en rendant par l'expression *heure sainte*, le caractère *la* 77 g qui désigne ici un JOUR particulier de certains mois.

Cent trentième échec de M. Pauthier.

§ 24. K.

Les expressions *Tso-hia* 78 et *Tso-la* 65 (lisez *Fo-la* 66) exprimaient indifféremment l'idée de se mettre en retraite en été. — *Tso-la* 65 (lisez *fo-la* 66) ne pouvait désigner une seconde retraite qui aurait eu lieu après le *solstice d'hiver* (après le 22 décembre), puisque la seconde retraite finissait avec l'été, suivant un passage d'*Hoiuen-thsang*, ou un mois après l'été, suivant un autre passage du même auteur.

---

77 正月一日爲天臘 g。 78 坐夏

M. Pauthier revient (S. O., page 362) sur les mots *tso-hia* 7⁸ (faire la retraite d'été) et *tso-la* ⁶⁵ (lis. *fo-la* ⁶⁶, *dompter la cire*), expression figurée signifiant aussi *faire la retraite d'été*). Il se livre en deux pages, aux plus étranges divagations, pour prouver que, puisqu'il y avait *deux retraites* et que l'on voit l'auteur citer les deux dénominations *tso-hia* 7⁸ et *tso-la* ⁶⁵, la première devait nécessairement s'appliquer à *la retraite d'été*, et la seconde à la retraite qu'il (M. Pauthier) place *après le solstice d'hiver*.

M. Pauthier, mettant ensuite ses fausses suppositions en parallèle avec ma traduction, s'écrie (d'un ton *qui n'est qu'à lui* et que je m'abstiendrai de qualifier) : « *Cela depasse tout ce qu'on pourrait imaginer de plus* STUPIDE *et de plus* ABSURDE ! » Je me borne à enregistrer ces injures ; le public saura bien les renvoyer à qui de droit.

Ainsi donc, M. Pauthier soutient (S. O., page 362, 363) que *tso-hia* 7⁸ doit nécessairement désigner *la retraite d'été*, et *tso-la* ⁶⁵ (lisez *fo-la* ⁶⁶, expression dont nous avons donné le sens plus haut, § 24, D), *la retraite* qui, suivant lui, avait lieu *après le solstice d'hiver*.

RÉPLIQUE. Peu de mots me suffiront pour réfuter cette assertion, sans qu'il me soit besoin de répéter les preuves que j'ai données plus haut, § 24, D, et d'où il résulte que, si d'un côté, *tso-hia* 7⁸ exprimait *au propre* l'idée de *faire la retraite d'été*, de l'autre *tso-la* ⁶⁵ (lisez *fo-la* ⁶⁶, littéral. *dompter la cire*) exprimait *au figuré* la même idée.

En effet, nous voyons dans un passage subséquent de *Hiouen-thsang*, liv. VIII, fol. 29, *v.*, et *qui doit*, ce me semble, *servir de correctif à celui qui nous occupe*, que les *deux retraites bouddhiques* étaient consécutives; que la *première* durait pendant les six premières semaines de l'été, et la *seconde*, pendant les six dernières semaines de la même saison, enfin qu'*ensemble* elles duraient *trois mois*, savoir depuis le quinzième jour du cinquième mois jusqu'au quinzième jour du huitième mois.

Admettons, pour un instant, que le passage de notre § 23 est parfaitement correct et ne saurait être rectifié par le passage précité du même auteur qui (liv. VIII, fol. 29) fait durer les *deux retraites consécutives* pendant les trois mois de l'été ; admettons que la *seconde retraite* commençait réellement un mois après la première, et ne finissait qu'un mois après le commencement de *l'automne*, n'est-il pas évident, par cela même, que cette *seconde retraite* ne pouvait commencer, comme le veut M. Pauthier, *immédiatement après le solstice d'hiver*, qui tombe au 22 décembre !

Je rappellerai enfin, pour l'édification du public, que, si M. Pauthier m'a gratifié (S. O., p. 362) des qualifications d'*absurde* et de *stupide*, c'est précisément pour avoir émis cette opinion, *maintenant démontrée de la manière la plus éclatante*, « que les expressions *tso-hia* 78 et *tso-la* 65 devaient se rapporter indifféremment à l'idée de *faire la retraite d'été* ». Nous avons vu, en effet, que la première, *tso-hia* 78, rend cette idée dans le *sens propre*, et la seconde, *tso-la* 65 (lisez *fo-la* 66, « soumettre la cire »), dans le *sens figuré*. » Voy. § 24, C, D.

Ainsi tombent les suppositions gratuites et les démentis injurieux de M. Pauthier !

Cent trente-et-unième échec de M. Pauthier.

§ 25.

Question. Est-il vrai qu'on ne dit pas en chinois *ta-in* 79, *posséder la prononciation* (d'une langue)?
— Preuves du contraire.

Sse-kiaï-pien-i-tchou-sou ○ — *pou-ta-tchong-koue-tching-in* ○ — *hoe-fang-yen-weï-yong* ○ — *eul-tch'ouen-i-yeou-mieou* ○ 80. Cette ponctuation est celle de l'édition impériale. Elle tranche ici la question en faveur de ma traduction, et à cause de cette circonstance importante, j'ai séparé à dessein chaque membre de phrase par un zéro et un —. On verra tout-à-l'heure que, si M. Pauthier s'est trompé ici, c'est surtout pour avoir construit et confondu ensemble des mots fortement séparés par le sens.

Traduction : « Cela vient de ce que les peuples nés au-delà des
« frontières, et ceux qui ont des usages différents, *ne possèdent pas la*
« *vraie prononciation de la langue chinoise* (littéralement *de la Chine*),
« ou bien de ce qu'alors les mots des pays étrangers n'étant pas encore

---

79 達音 80 斯皆邊ᶜ裔ᵈ殊ᵉ俗ᶠ。不
達ʰ中ⁱ國ʲ正ᵏ音ˡ。或方ⁿ言ᵒ未
融。而傳譯有謬。

« bien compris, ceux qui les ont transmis ou traduits ont pu com-
« mettre quelque erreur. »

Avant de commencer la discussion, je ferai observer que l'expression *tchou-sou* [80 ef], mot à mot *usages différents*, se prend par extension pour les peuples *qui ont des usages différents*, c'est-à-dire *les peuples étrangers*. On lit dans le *Si-yu-ki*, liv. v, fol. 5 : « L'empereur des « *Thsin* (c'est-à-dire de la Chine) pacifia tout l'empire, et ses instructions « se répandirent au loin. Les *peuples étrangers* (*tchou-sou* [80 ef]) dési- « rèrent d'embrasser ses réformes et se déclarèrent ses sujets. »

Hiouen-thsang, après avoir rapporté les deux locutions *tso-hia* [78] et *tso-la* [65] (nous avons vu plus haut, § 24 D, qu'il ne connaissait pas l'orthographe correcte de la seconde expression), attribue la différence que présentent ces sortes de mots dans les traductions des textes bouddhiques, soit à ce que *les peuples qui habitent au-delà des frontières* et *les étrangers* (il désigne évidemment les *Indiens* qui ont traduit les livres bouddhiques en chinois) ne possédaient pas la vraie prononciation de la langue du royaume du milieu, soit à ce que les Chinois qui ont traduit aussi plusieurs de ces textes religieux, écrits dans les langues de l'Inde, ne connaissaient pas suffisamment l'étymologie et le sens des *mots étrangers* (*fang-yen* [no]), et qu'ainsi les uns ou les autres ont pu commettre quelque erreur.

Notre auteur paraît donc croire que ces deux expressions dissyllabes, peu différentes de son (*tso-hia* [78] et *tso-la* [65]), ne sont qu'un seul et même mot défiguré par une prononciation ou une orthographe vicieuse. Nous avons vu plus haut que ce sont deux termes différents, destinés à exprimer la même idée, l'un *au propre*, l'autre *au figuré*.

Exemple de *ta-in* [79], posséder la prononciation d'une langue).

I. M. Pauthier traduit : « Toutes ces coutumes et habitudes étran-
« gères, si différentes des nôtres, n'avaient *pas encore pénétré dans le*
« *royaume du milieu....* »

Dans l'édition impériale, il y a un point (o) après le membre de phrase *pou-ta-tchong-koue-tching-in* o [80 g], mot à mot : non *pénétrant i. e.* non callent) Chinæ rectam *pronuntiationem*, ils ne pénètrent pas, (c'est-à-dire, ne possèdent pas de la Chine-la prononciation exacte.

Qu'a fait M. Pauthier ? Il a mis un point (o) après *tchong-koue* [80 ij], la Chine, et il a traduit : ces habitudes étrangères (*tchou-sou* [80 ef] signifie ici *les peuples étrangers*, ainsi que nous l'avons montré plus haut) *n'avaient pas pénétré en Chine!*

Puis il commence le membre de phrase suivant par les mots *tching-in* 80 kl, « prononciation exacte, » régime direct du verbe figuré *ta* 80 h, « pénétrer, » c'est-à-dire ici *posséder parfaitement*.

M. Pauthier répond (S. O., page 364, 365) qu'on ne peut pas dire *ta-in* 79 hl dans le sens de *callere pronuntiationem*, posséder parfaitement la prononciation d'une langue. « *Ces mots n'auraient pas*, dit-il, *ils ne pourraient avoir la signification que leur donne M. Julien.* »

Réplique. Voici un exemple authentique de l'expression *ta-in* 79 hl, posséder *la prononciation* d'une langue. *Peï-wen-yun-fou*, liv. 27, fol. 172, v. Pour *posséder la prononciation* (TA-IN 79 hl) – qu'est-il besoin de pouvoir distinguer les nuances les plus délicates des sons musicaux?

Deuxième exemple de *ta* 79 h. Dans le même ouvrage, *ibid.*, on trouve les mots *ta-ching* 81, *penetrare sonos*, dans un cas absolument semblable à celui qui nous occupe: « On approfondit la prononciation du royaume (par excellence) dans l'enceinte du milieu (c'est-à-dire en Chine); on acquiert parfaitement les sons des langues étrangères, *ta-fang-ching* 82, dans les pays lointains, situés au-delà des frontières. »

M. Pauthier s'est donc trompé, 1° en prétendant (S. O., page 365, lig. 25), qu'on ne pourrait pas dire *ta-in* 79 hl, *posséder parfaitement une prononciation*; 2° en rendant le mot *ta* 80 h, *posséder* (la prononciation) par *pénétrer* (dans un pays).

Cent trente-deuxième échec de M. Pauthier.

§ 25 A.

Question. Est-il vrai qu'on ne trouve nulle part l'expression *koue-in* 80 jl, la prononciation (de la langue) d'un royaume?
— Preuve du contraire.

II. M. Pauthier conteste ensuite, du ton le plus assuré, le sens que

---

81 達聲 82 達方聲

j'ai donné aux mots *koue-in* [80j1], mot à mot : *regni pronuntiatio*, c'est-à-dire la prononciation de la langue d'un royaume.

« Personne, écrit M. Pauthier, *n'a jamais dit*, ne s'est jamais avisé « de dire : *la véritable prononciation d'un royaume*. On le dit d'une « *langue*, mais (non) d'un royaume. On dira peut-être que cette ma- « nière de parler est une *ellipse*; mais si c'est une ellipse, JE DÉFIE « BIEN QUE L'ON M'EN TROUVE UNE SEMBLABLE DANS LES LIVRES CHI- « NOIS ! »

Voilà un démenti en forme; mais, par malheur pour M. Pauthier, ses *démentis* et ses *défis* ne tardent jamais à s'évanouir devant les faits.

On lit dans le dictionnaire *Peï-wen-yun-fou*, liv. 27, fol. 172, *v.* : *Tchin*-KOUE-IN [83], littéral. : on approfondit la *prononciation du royaume*, — dans l'enceinte du milieu (en Chine), *iu-tchong-hoan* [83 d e f].

Cent trente-troisième échec de M. Pauthier.

§ 25 B.

Question. Quel est ici le sujet du verbe *ta* [80 h] (littéralement, *pénétrer*), posséder à fond, *callere aliquid*?

III. Il est évident, d'après les autorités précitées, qu'ici le verbe *ta* [80 h] (vulgo *pénetrer*), *posséder a fond* (la prononciation d'une langue), ne peut avoir pour sujet qu'un nom de personne (j'ai mis *les peuples*). M. Pauthier lui donne pour sujet les mots *coutumes* et *habitudes*. « Toutes ces *coutumes* et *habitudes* étrangères, écrit-il, *n'avaient pas encore pénétré dans le royaume du milieu!* »

En outre, M. Pauthier a omis l'expression *pien-i* [80 cd], « *frontières*, » employée ici pour « *les peuples qui habitent au-delà des frontières*. » En chinois, les *pays* se prennent souvent pour leurs *habitants*. Nous voyons dans le *Peï-wen-yun-fou*, liv. 67 B, fol. 35 *r.* : Tous les *pays* vinrent rendre hommage à l'empereur ; les *frontières*, *pien-i* [80 cd] (c'est-à-dire, les habitants des contrées situées au-delà des frontières) et les Chinois remplissaient le palais.

[83] 審 國 音 於[d] 中[e] 裏[f]。

Ainsi, M. Pauthier s'est trompé, 1° en passant cette expression *pien-i* 80 cd, « frontières, » c.-à-d., *les peuples qui habitent au-delà des frontières* ; 2° en traduisant l'expression *tchou-sou* 80 ef (peuples qui ont des usages différents, *peuples étrangers*) par les *coutumes étrangères*, et en faisant de cette dernière expression le sujet du verbe *ta* 80 h, comprendre, posséder parfaitement (*la prononciation*), qu'il a rendu au propre par *pénétrer* (dans un pays) : « Ces coutumes, dit-il, n'avaient *pas pénétré* dans le royaume du milieu, » au lieu de : « les hommes qui habitent au-delà des frontières et les étrangers, ne possèdent pas (littéralement, *ne pénètrent pas*) la vraie prononciation chinoise. M. Pauthier s'est donc trompé ici deux fois

Cent trente-quatrième et cent trente-cinquième échecs de M. Pauthier.

§ 25 C.

Sens de *fang-yen* 80 no. Ce mot signifie-t-il ici le *langage dans les provinces*, comme le veut M. Pauthier.
— Preuves du contraire.

IV. Texte. *Hoe-fang-yen-wei-yong* 80 m. etc. « Peut-être qu'alors « les mots des *pays étrangers* n'étant pas encore bien compris, ceux qui « les ont transmis ou traduits ont pu commettre quelque erreur. »

M. Pauthier : Le langage dans *certaines provinces* n'est jamais en parfaite harmonie avec celui d'autres provinces et les traductions, etc.

Nous avons vu plus haut 1° que M. Pauthier a détaché du deuxième membre de phrase les deux derniers mots *tching-in* 80 kl, « la prononciation exacte » de la langue chinoise, régime direct du verbe *ta* 80 h, pénétrer, ici *comprendre parfaitement, posséder* (en latin « *callere* »), qui sont suivis d'un point dans l'édition impériale.

Il les a rejetés au commencement du membre de phrase suivant, et les a rapportés à *la prononciation des termes sanskrits*, tandis qu'ils s'appliquent évidemment à *la prononciation du chinois* (les peuples qui habitent au-delà des frontières et les étrangers, dit l'auteur, ne possèdent pas *la vraie prononciation de la Chine*).

2° Il a rendu l'expression *fang-yen* 80 no, les mots des *pays étrangers*, par *le langage dans certaines provinces*.

Ainsi que nous l'apprend le dictionnaire *Peï-wen-yun-fou*, liv. XIII, fol. 85 *v.*, le mot *fang* signifie souvent *pie-koue* [84], *les royaumes différents*, *les royaumes étrangers*.

En voici un autre exemple. Même ouvrage, liv. 27, fol. 172 *v.* : On approfondit (ceci se dit des étrangers) la prononciation du royaume (par excellence) dans le pays du *milieu* (en Chine); on acquiert parfaitement (ceci se dit des Chinois) les sons (des langues) des royaumes étrangers, *ta-*FANG *ching* [82], dans les pays lointains situés au-delà des frontières. (Voy. pag. 205, 5°). Ainsi, M. Pauthier a fait ici deux fautes graves.

Cent trente-sixième et cent trente-septième échecs de M. Pauthier.

§ 25 D.

Sens du mot *yong* [85].

V. 3° Le mot *yong* a le sens de *clair* (Basile, *clarum*); d'après sa position, il signifie ici *être clairement compris*. Nous le voyons cité par Morrison avec le sens de *comprendre parfaitement* (*Dict. chin.*, part. II, n° 12664) dans la locution *yong-tche* [86], comprendre complètement une chose. Il y a dans le texte : (Peut-être cela vient-il de ce que) les mots des pays étrangers *n'étaient* pas encore bien *compris* (en Chine).

Le mot *yong* [85] signifie ordinairement fondre plusieurs choses ensemble, de manière que leurs parties soient intimement unies. Morrison, part. II, n° 12664 : Blending and mixing in an indistinguishable mass; et, *infra*, avec *ho*: *Yong-ho* [87], harmoniously blending together, littéralement, l'action de fondre plusieurs choses dans une juste proportion.

Cette dernière définition me paraît avoir été la source de l'erreur de M. Pauthier (être en *harmonie avec*).

Faute de comprendre ici l'adverbe anglais *harmoniously* (avec une juste proportion de parties unies ensemble), M. Pauthier s'est sans doute imaginé, que dans notre passage, le mot *yong* signifiait mettre une chose *en parfaite harmonie* avec une autre, et il a traduit : « *le langage*

[84] 別國 [85] 融 [86] 融徹 [87] 融和

dans certaines provinces (de l'Inde—Voy. S. O., pag. 366) *n'est* jamais *en parfaite harmonie* (avec celui d'autres *provinces*, *fang* [80 n]).

Je ferai observer 1° que le mot *fang* [80 n] signifie ici (ainsi qu'on l'a vu plus haut, IV) *pays étrangers* et non *provinces;*

2° Que si, par impossible, le mot *yong* [85] eût signifié ici *être en harmonie avec*, l'auteur n'aurait pas manqué de dire *avec quoi* le langage *n'était pas en harmonie*. On ne peut logiquement (en chinois pas plus qu'en français) comparer *deux* choses entre elles et n'en nommer *qu'une*.

3° Le mot *yen* [80 n] signifie ici des *mots*, des *termes* détachés, et non *l'ensemble du langage*.

4° Le mot *weï* [90] veut toujours dire *pas encore* (nondum); il ne peut avoir le sens de *jamais*.

M. Pauthier dit (S. O., pag. 366) : « Il ne m'était pas venu dans « l'esprit d'appliquer ces mots, *fang-yen* [88 ab], à la Chine, mais aux « différentes *provinces* de l'Inde dans lesquelles sont parlés divers « idiomes du sanskrit. » M. Pauthier commet une cinquième erreur

5° Nous avons vu, plus haut, un passage remarquable du *Peï-wen-yun-fou* (liv. 27, fol. 172), où un auteur dit que « les étrangers peuvent approfondir la prononciation de la langue du royaume (par excellence, — de la Chine) *dans le pays du milieu*, et que les Chinois peuvent acquérir parfaitement *les sons* des langues des royaumes *étrangers*, dans les pays lointains, situés au-delà des frontières. »

Notre passage offre exactement la même opposition dans les expressions *kouc-in* [80 j l], les sons du royaume — par excellence, de la Chine) et *fang-yen* (les mots des pays *étrangers*, par rapport aux Chinois). *Hiouen-thsang* s'explique de deux manières les différences de prononciation ou d'orthographe que présentent certains mots dans les traductions des livres bouddhiques. « Cela vient, dit-il, ou de ce que les peuples qui habitent au-delà de nos frontières et les étrangers, *ne possèdent pas la vraie prononciation de la langue chinoise* (il désigne évidemment les Indiens qui ont traduit leurs livres en chinois), ou de ce que les Chinois (qui ont aussi traduit des ouvrages bouddhiques) ne connaissaient pas parfaitement le sens de certains *mots étrangers*, *fang-yen* [88 ab].

Il est aisé de reconnaître que *fang-yen* désigne des *mots étrangers*

---

[88] 方言 [89] 方聲

aux yeux des Chinois (de même que dans le passage précité du *Pei-wen-yun-fou*, liv. 27, fol. 172), l'expression *fang-ching* désigne, dans le même cas, les *sons* des mots *étrangers*). Ce sont des *mots étrangers* pour les Chinois, s'ils les comparent aux leurs; et non des *mots* qui seraient *étrangers* pour les Indiens d'une province, s'ils les comparaient aux mots particuliers d'une autre *province de l'Inde*, comme le prétend M. Pauthier.

Ainsi, M. Pauthier s'est trompé ici cinq fois : 1° sur le sens de *yong* [85], comprendre parfaitement; 2° sur celui de *fang* [88 a], pays étrangers; 3° sur celui de *yen* [88 b], qui signifie des termes détachés, et non l'ensemble du langage; 4° sur le sens de *wei* [90], *pas encore*; 5° sur l'application de l'expression *fang-yen*, qui signifie ici *mots étrangers*, aux yeux des Chinois, et non *idiomes différents d'une province de l'Inde à l'autre*.

Cent trente-huitième, cent trente-neuvième, cent quarantième, cent quarante-et-unième et cent quarante-deuxième échecs de M. Pauthier.

§ 26.

Question. Que faut-il entendre ici par les mots *ji-youeï* [91 o p]? Signifient-ils en cet endroit le *soleil* et la *lune?*
— Preuves du contraire.

Yeou-tch'ouï-jou-laï-ji-taï 。— *t'sou - sing* 。— *tch'ou - kia* 。— *tch'ing-fo* 。— *nie-pan* 。— Jɪ-ʏouEÏ-*kiaï-yeou-ts'an-ts'e* 。— *Yu-tsaï-heou-ki* [91].

Les calculs (des auteurs) relativement à la conception de Jou-laï et à sa naissance, à l'époque où il sortit de la famille (c'est-à-dire, où il embrassa la vie religieuse), où il devint Bouddha, où il entra dans le

---

[90] 未 [91] 又 推[b] 如 來 入 胎 。初 生 。
出 家 。成 佛 。涅 槃 。日[o] 月[p] 皆
有 參[s] 差[t] 。語[u] 在[v] 後[x] 記[y] 。

SECONDE PARTIE. 207

Nirvana, ces calculs, dis-je, offrent *des différences de jours* et *de mois*.

La dernière phrase signifie mot à mot : *dies-menses-hi et illi-habent-inæqualitatem* vel *differentias*. (De quibus differentiis) sermo est in posteriori narratione.-Cf. § 26, E.

Par l'expression *heou-ki* 9¹ ᵗʸ, *posterior narratio* (récit subséquent), l'auteur entend une partie des livres suivants de son ouvrage, savoir, des livres vi, vii et viii (comme nous le verrons tout-à-l'heure), de même que, liv. x, fol. 21 r., par l'expression *thsien-ki* 9², *anterior narratio*, récit antécédent, il entend une partie des livres qui précèdent l'endroit où il parle.

Voici maintenant quelles sont les parties subséquentes de la narration qui offrent *une inégalité* ou *des différences de jours et de mois*, dans le calcul des cinq époques rapportées ci-dessus.

Conception de *Jou-laï* (dates différentes).

Si-yu-ki, liv. vi, fol. 7 r., lin. 2 : Jou-laï s'incarna dans le sein d'une mère divine, dans la nuit du trentième jour du mois *E-cha-tcha*, en sanskrit *Achâda* (quinzième jour du cinquième mois chinois).

Autre date. Ibid., même page, lin. 4 : « Certains ouvrages disent que cette incarnation, dans le sein d'une déesse, eut lieu dans la nuit du vingt-troisième jour du même mois (huitième jour du cinquième mois chinois).

Naissance de *Jou-laï* (dates différentes).

Si-yu-ki, liv. vi, fol. 12 r., lin. 6 : Jou-laï naquit le huitième jour de la seconde moitié du mois *Feï-che-kiu* (en sanskrit *vaisâkha* — huitième jour du troisième mois chinois).

Autre date. Ibid. La section des livres sacrés appelée *Chang-tso-pou*, nous apprend que ce fut le quinzième jour de la seconde moitié du même mois (quinzième jour du troisième mois chinois).

9² 前 記

Jou-laï sort de la famille, c'est-à-dire embrasse la vie religieuse (dates différentes).

Si-yu-ki, liv. vi, fol. 15 v., lin. 5 : Quelques auteurs disent que *Jou-laï* avait dix-neuf ans, d'autres disent vingt-neuf ans, lorsqu'il *sortit de la famille* (embrassa la vie religieuse). Suivant eux, ce fut le huitième jour de la seconde moitié du mois *Feï-che-kiu* (huitième jour du troisième mois chinois).

Autre date. Si-yu-ki, liv. vi, fol. 15 v, lin. 7 : Quelques auteurs rapportent que ce fut le quinzième jour de la deuxième moitié du mois *Feï-che-kiu* (quinzième jour du troisième mois chinois).

Jou-laï devient Bouddha (dates différentes).

Si-yu-ki, liv. viii, fol. 21 *v*. *Jou-laï* devint *Bouddha* le huitième jour de la seconde moitié du mois *Feï-che-kiu* (huitième jour du troisième mois).

Autre date. Si-yu-ki, même page : D'après la section des livres sacrés, appelée *Chang-tso-pou*, ce fut le quinzième jour de la seconde moitié du même mois (quinzième jour du troisième mois chinois).

Jou-laï entre dans le *Nirvana* (dates différentes).

Si-yu-ki, liv. vi, fol. 16 *v*. Les anciens mémoires historiques disent que *Fo* entra dans le *Nirvâna*, à l'âge de quatre-vingts ans, le quinzième jour de la seconde moitié du mois *Feï-che-kiu* (*Vaisâkha*) (quinzième jour du troisième mois chinois).

Autre date. Ibid., même page : Mais tous les livres sacrés disent que *Fo* entra dans le *Nirvana* le huitième jour de la seconde moitié du mois *Kia-lo-ti-kia* (kârtika). — Le huitième jour du neuvième mois chinois.

Résumé. Il est bien établi par les passages qui précèdent, que les dates des cinq circonstances précitées de la vie de *Fo* (sa conception, sa naissance, etc.) présentent, dans les auteurs, des *différences* notables *de jours et de mois*.

Croirait-on que les mots *ji-youeï* 91 o p, jours et mois, dans les mots du texte « inégalité, différences de *jours* et de *mois* (c'est-à-dire différences de dates), » ont été considérés par M. Paulhier comme signifiant *le soleil* et *la lune ?* En voici la preuve.

« En outre, écrit M. Pauthier, pour ce qui concerne la conception
« de *Jou-laï*, sa naissance, la sortie de sa famille (il fallait dire : sa
« sortie de la famille), son absorption dans le *Nirvana*, LE SOLEIL ET
« LA LUNE (!), *tout cela* (y compris LE SOLEIL ET LA LUNE !!) *ne peut*
« *être exposé* en chinois que *dans des termes irréguliers*, *par la*
« *nécessité où l'on se trouve de n'en parler que de seconde main.* »

Cent quarante-troisième échec de M. Pauthier.

§ 26. A.

Sens de l'expression *t'san-t'se* 9¹ˢ¹ dans notre passage. Elle
se rapporte ici à *des dates* et non au style de l'auteur.

L'expression *ts'an-ts'e* 9¹ ˢ·¹, *inégalité, différences* (de jours et de mois
— dans le récit des cinq circonstances précitées), a paru à M. Pauthier, signifier *irrégulier*, en parlant du style (tout cela, dit-il , ne peut
être exposé en chinois que dans *des termes irréguliers*). Voici la cause
de son erreur.

M. Pauthier ayant vu dans Basile (n° 2393) le mot *ts'an-ts'e* 9¹ ˢ¹
(ici *inégalité, différence* dans les dates) expliqué par l'adjectif *inæquale*,
il a construit ce mot double avec *yu* 9¹ ᵘ (récit) qui commence le dernier membre de phrase, et dont il est séparé par un point dans l'édition
impériale, s'imaginant que les mots *ts'an-ts'e* 9¹ ˢ¹ et *yu* 9¹ ᵘ, qui appartiennent à deux membres de phrase distincts, signifiaient *des termes
irréguliers!* Je ferai observer en outre qu'en construisant l'expression
ts'an-ts'e 9¹ ˢ¹ avec le mot *yu* 9¹ ᵘ, M. Pauthier l'a rapportée par erreur
au style de l'auteur, tandis qu'elle exprime la *non-conformité (des
dates)*, *les différences* (*des dates*) auxquelles les auteurs rattachent les
cinq circonstances mentionnées plus haut.

Cent quarante-quatrième échec de M. Pauthier.

§ 26. B.

Sens de l'expression *heou-ki* 9¹ ˣ ʸ (posterior narratio). Elle
est le corrélatif de *thsien-ki* 9² (anterior narratio).

La notice d'*Hiouen-thsang* dont nous nous occupons, commence le
second livre de son ouvrage. Il nous apprend ici que l'exposé *des dif-*

férences de jours et de mois qu'on remarque dans les dates que les divers auteurs assignent aux circonstances précitées de la vie de Bouddha, sera donné par lui dans la suite de son récit. *Tsaï-heou-ki* 91 v*x*y, mot à mot : *est-i* ou *erit-in* POSTERIORI NARRATIONE.

Nous avons fait voir, en effet, que ces différences de dates sont notées dans les livres suivants, 6', 7, 8, et nous avons cité, pag. 207, 208, les passages mêmes qui les renferment.

Dans le liv. x, fol. 21, *r*., l'auteur se sert au contraire de l'expression *thsien-ki* 92, *anterior narratio*, pour désigner la partie précédente de son ouvrage.

M. Pauthier a cru que l'expression *heou-ki* 91*xy* (partie suivante du récit), signifiait un *récit qui n'est pas original*, *que l'on tient d'une autre personne*, *de seconde main* : « *par la nécessité*, dit-il, *où l'on se trouve de n'en parler que de* SECONDE MAIN ! »

Cent quarante-cinquième échec de M. Pauthier.

§ 26. C.

Question. Est-il vrai qu'il n'y a dans la partie subséquente de la relation d'*Hiouen-thsang*, aucun détail relatif aux cinq circonstances principales de la vie de *Bouddha* ?
— Preuves du contraire.

M. Pauthier (S. O., page 367) : « Je nie que les quatre derniers
« caractères *iu-tsaï-heou-ki* 91 a, doivent être traduits par *les détails*
« (relatifs à ces différences de dates) *se trouveront dans la suite de mon*
« *récit.*

« La raison en est bien simple; *c'est qu'il n'y a aucun récit de ce genre*
« *dans ce qui suit.* »

RÉPLIQUE. Ces différences de dates sont précisément signalées dans la partie subséquente du récit, liv. vi, vii et viii. J'ai traduit au commencement du § 26, ainsi qu'on l'a vu plus haut, tous les passages où sont rapportées ces différences.

Cent quarante-sixième échec de M. Pauthier.

§ 26. D.

Question. Est-il vrai qu'il n'y a pas dans notre passage un seul mot signifiant *calculer?*
— Preuve du contraire.

M. Pauthier (S. O., page 368, lig. 25) : « M. Julien traduit (il faut « vraiment qu'il compte beaucoup *sur la simplicité de ses lecteurs*) : *ces « calculs*, CALCULS dont il n'y a pas l'ombre dans le texte. »

Réplique. Le mot *tch'ouï* 91 b qui commence le § 26, signifie ici *calculer;* littéralement : si *l'on calcule-de Jou-laï*, la conception,-la naissance,-la sortie de la famille,-le être devenu (τὸ γεγονέναι) Bouddha,-le être entré dans (τὸ εἰςϐεϐηκέναι) le *Nirvana*, etc.

Dans Gonçalvez, *Dict. port. chin.*, page 123, le mot *tch'ouï* 91 b, est cité comme signifiant *calculer*, en style relevé. Voici l'exemple qu'on en donne : *tchouï-li-fa* 93, « *faire des calculs astronomiques.* »

Dans le Recueil chinois-mandchou *Fan-i-louï-pien*, liv. IV, fol. 8, et liv. 2, fol. 37, nous trouvons le même mot *tch'ouï* 91 b, traduit par *bodome*, calculer.

J'ai donc eu raison d'écrire *les calculs* des auteurs relativement à la conception de *Bouddha*, etc.

Cent quarante-septième échec de M Pauthier.

§ 26. E.

Emploi remarquable de *kiaï* 94 (vulgò *tous*

Le mot *kiaï* 94 signifie ordinairement *tous*, omnes, en parlant des personnes et des choses. Mais on le trouve souvent employé pour indiquer la dualité, et répondant exactement à *ambo*, tous deux, ou à

---

93 推曆法。 94 皆

uterque, l'un et l'autre. Cette acception manque dans les grammaires chinoises.

Premier exemple. Gonçalvez, *Dict. chin. port.*, page 628 : *eul-ngo-*kiaï*-i-thi* 95, mot à mot en latin : *tu et ego=ambo-unum-corpus* (sumus), vous et moi, *tous deux*, nous ne faisons qu'un.

Deuxième exemple. *Si-yu-ki*, liv. 2 (*Examen critique*, § 124) : *Chi-lieou-kan-kiu-*kiaï*-chou* 96, mot à mot : le grenadier-l'oranger à fruits doux—tous deux, ou l'un et l'autre-sont cultivés.

Nous en trouvons dans notre passage (§ 26) un troisième exemple : *ji-youeï-*kiaï*-yeou-t'san-t'se* 91 °, mot à mot : les jours et les mois-*les uns et les autres*, ou *ceux-ci et ceux-là*-offrent-de l'inégalité, des différences.

M. Pauthier a donc perdu sa peine en écrivant vingt lignes (S. O., page 368) pour montrer qu'ici ce caractère se rapporte à tout ce qui vient d'être énuméré plus haut, et qu'il signifie *all taken collectively*, tout, tous, dans un sens collectif.

Cent quarante-huitième échec de M. Pauthier.

§ 26. F.

Sens du mot *thse* 97 ou de *thse* 98, dans les définitions de mots. Est-il vrai que le dictionnaire *Choue-wen* lui donne le sens de *accusation*, *déclaration*, *énonciation*, *énumération*, dans l'expression *kiu-thse* 99?
— Preuves du contraire.

Quoique l'acception importante de *ambo*, *uterque*, que possède le mot *kiaï* 94, et que je viens de démontrer, ne se trouve point dans le *Choue-wen*, quoique la définition qu'il en donne soit étrangère à mon sujet, je ne puis passer sous silence l'étrange idée que M. Pauthier attache (S. O., page 368) aux mots *kiu-thse* 99 du *Choue-wen* (le Dict.

---

95 爾我皆一體。 96 石榴甘橘。 皆[e] 樹[f]。 97 詞 98 辭 99 俱詞

SECONDE PARTIE. 213

Tching-tseu-thong écrit *kiu–thse* 99 ª 98), mot à mot : « *terme* de totalité, » c'est-à-dire, *terme* exprimant l'idée de la totalité, l'idée renfermée dans les mots *tout*, *tous*.

M. Pauthier rend ces deux mots par ACCUSATION *complexe*, *cumulative* (!); il ajoute qu'ici le mot *thse* 99 ᵇ , (suivant lui)"« accusation, » a le même sens que les mots français *déclaration*, *énonciation*, *énumération*.

Il est vraiment affligeant de voir que M. Pauthier qui a la prétention de publier, d'après les lexiques originaux, un dictionnaire chinois (dont il a déjà répandu deux *Prospectus* différents), n'en puisse jamais traduire une seule définition sans faire, à chaque fois, les fautes les plus graves. Si M. Pauthier avait su se familiariser avec les dictionnaires chinois, et comprendre couramment leurs explications, il n'ignorerait pas que, dans les définitions du *Choue-wen*, du *Khang-hi* et autres ouvrages du même genre, le mot *thse* 97 ou *thse* 98, son synonyme, répond exactement au mot *terme*, *expression*.

PREMIER EXEMPLE. *Khang-hi* définit le mot *hou* 100 par *i–thse* 101, *terme* de doute, *expression* de doute (on sait que c'est un signe d'interrogation qui se place à la fin de la phrase).

DEUXIÈME EXEMPLE. *Ibid.* Le mot *hi* 102 est, dit *Khang-hi*, *i–wen-thse* 103, un *terme* d'interrogation, impliquant le doute, comme dans ce passage de *Meng-tseu* : *Tseu-hi-pou-kiu* 104, *comment* ne partez-vous pas ?

TROISIÈME EXEMPLE. Le *Choue-wen* définit le mot *yaï* 105, par *kho-eu-tchi-thse* 106 (*Khang-hi* écrit *thse* 98), *terme*, *expression* pour dire qu'une chose, une personne, est haïssable (comme *fi-donc !*)

QUATRIÈME EXEMPLE. Dans le *Choue-wen-kiaï-tseu*, liv. 3 A, fol. 23, v., je vois ce même mot *yaï* 105 défini en outre par *tan-hen-fa-ching-tchi-*THSE 97, *terme* exprimant un cri de douleur (comme *hélas !*) ou d'indignation.

Que, dans les quatre définitions précédentes, on substitue les mots

---

100 乎 101 疑辭 102 奚 103 疑問辭。104 子奚不去。105 誒 106 可惡之詞

accusation, énumération de M. Pauthier, aux mots *terme*, *expression*, elles n'auront plus aucun sens.

Ainsi, dans les définitions de mots, semblables à celle du *Chou-wen*, que cite M. Pauthier, le caractère *thse* 97 ou *thse* 98, son synonyme, signifie bien *terme*, *expression* (pour rendre l'idée de), et non *accusation*, *énumération*.

Cent quarante-neuvième échec de M. Pauthier.

§ 26. G.

Question. Peut-on dire, avec M. Pauthier, que l'expression *pe thie* 107 signifie *fine laine blanche ?*
— Preuves du contraire.

Dans mon *Examen critique*, j'avais blâmé M. Pauthier d'avoir traduit l'expression *thie-pou* 107 b-108, toile de coton, par le mot *laine*.

M. Pauthier répond (S. O., p. 371) ; « Ce n'est point comme vous « le prétendez, le *coton* ; c'est, comme je l'ai traduit, *un vêtement de* « *laine*. Je DÉFIE qu'on trouve dans aucun dictionnaire, sous le radical « *mao* (clef des cheveux et des poils), un caractère qui signifiât même « *l'ombre du coton* ; le coton n'est pas que je sache, *un produit animal*, « comme le *poil* et la *laine !* »

(Rien n'est plus amusant que cette forfanterie que je vais faire évanouir tout-à-l'heure; mais laissons parler M. Pauthier pour notre édification.)

« Le P. Basile, dit M. Pauthier, définit le coton par *quidam albus* « *pannus ex tenuissima lana confectus in regno Kao-tchang* (pays des « Ouïgours). *Est-ce clair ?*

M. Pauthier ajoute que *Pe-thie* 107 (nom le plus ordinaire du coton dans les anciens auteurs) signifie *fine laine blanche*. Il termine en disant : « *Encore une fois, cela est-il clair ? le coton croît-il sur le dos des* « *chèvres du Thibet ?* »

---

107 白氎 108 布

Réplique. M. Pauthier se trompe en s'appuyant ici de l'autorité du P. Basile. Cette définition, *albus pannus*, etc., est de M. Deguignes fils qui a pris soin de marquer le mot *thie* 107 *b* (n° 4819) d'un astérisque, pour faire reconnaître, dit-il (dans sa préface, pag. vIII, lig. 5), les caractères qu'il a ajoutés, d'après le dictionnaire *Tch'ing-tseu-t'ong*, à ceux du P. Basile de Glémona.

Cette définition *albus pannus*, etc., vient uniquement de ce que M. Deguignes fils n'avait pas compris la glose du *Tch'ing-tseu-t'ong*.

On lit dans le dictionnaire *Tch'ing-tseu-thong* : Le mot *thie* 107 *b* signifie *waï-koue-si-mao-pou* 109, littéralement : toile fine de *poils*, qui vient des pays étrangers. » Il résulte évidemment de l'exemple que cite ce dictionnaire pour appuyer cette définition, que l'on emploie ici le mot *mao* 109 *d* (*vulgo* poils), faute d'un mot chinois qui puisse exprimer mieux l'espèce de fils que présente le coton au sortir de son enveloppe. Le mot *soie* est pris (*ibid.*) dans le même sens.

Voici l'exemple en question qui montre que l'auteur de ce dictionnaire n'entend pas autre chose que *le coton*. » On lit dans les annales de la Chine méridionale : Le royaume de *Kao-tchang* (des Ouïgours) produit une plante *dont le fruit est comme un gros cocon, et qu'on appelle Pe-thic* 107. Il renferme une sorte de *soie* qui ressemble à des fils de chanvre fin, et qu'on appelle *pe-thic-tseu* 107-104 *a*. Les habitants de ce royaume la filent, et en fabriquent au métier une toile qui est extrêmement fine et blanche. » (Cette citation se trouve aussi dans *Khang-hi*, au mot *thie* 107 *b*.)

On voit qu'il s'agit ici du *coton herbacé*, et que M. Deguignes fils n'avait compris ni la définition ni l'exemple du dictionnaire précité.

Je passe à d'autres preuves. On trouve dans le grand ouvrage d'agriculture intitulé *Nong-tching-thsiouen-chou*, liv. 35, fol. 1, une longue dissertation sur le coton, *mien-hoa* 110 (Morrison, *Dict. chin.*, Part. II, n° 7609 : *cotton*).

On y remarque les passages suivants : « La qualité la plus fine et la plus belle du coton qui se récolte chez les barbares du midi, s'appelle *kie-peï : Nan-i-mo-mien* 111, etc. — La toile qu'on fabrique avec le coton

---

109 外國細毛ᵈ布。110 棉花 111 南夷木棉之精好者。謂之吉貝。

(*mo-mien*) s'appelle *kie-peï-pou*, ou toile de *kie-peï*, c'est la même chose que la toile appelée *pe-thie-pou* [107] · [108]. »

Même ouvrage, fol. 2 *v*. La toile appelée *pe-thie-pou* [107-108] est tissée avec le cœur du fruit du cotonnier, originaire des contrées de l'ouest : *Chi-si-yu-mo-mien-sin-so-tchi-tche* [112].

Même ouvrage, fol. 1 *v*. : Chez les *Kiao-tchi* (en Cochinchine), dans le district de *Ting-ngan*, se trouve l'arbre *mo-mien* (cotonnier, Morrisson, Part. II, n° 7609); il est haut d'un *tchang*, ou de dix pieds (c'est le cotonnier arborescent). Son fruit est large comme l'ouverture d'une tasse à boire du vin. Il renferme une soie qui ressemble à celle des vers à soie; on peut en faire une étoffe ou toile qu'on appelle *pe-thie*. *Chi-jou-thsieou-peï-kheou* [113], etc.

Dans la description du royaume d'*Ou-tchang-na*, *Hiouen-thsang* (liv. III, fol. 6, *v*.) se sert plusieurs fois du mot *thie* [107 b], pour désigner le *coton*, qu'il a d'abord appelé *pe-thie* [107].

Ainsi, il est parfaitement établi, malgré les dénégations si hardies de M. Pauthier, que *thie* [107 b], aussi bien que *pe-thie* [113 pq], signifie ici du *coton*, et non de *la fine laine blanche*.

Cent cinquantième échec de M. Pauthier.

§ 26. H.

Question. Est-il vrai que l'expression *ye-thsan-sse* [114] signifie de la *soie écrue* et non de la *soie* de vers à soie sauvages ?
— Preuves du contraire.
— Différence qui existe entre les vers à soie domestiques et les vers à soie sauvages.
— Différence de la soie que produisent les uns et les autres.

Dans mon *Examen critique*, j'ai blâmé M. Pauthier d'avoir traduit

---

[112] 是西域木棉心所織者。 [113] 實如酒杯口。有綿如蠶之綿。可作布。名白㲲。 [114] 野蠶絲

les mots *ye-thsan-sse* ¹¹⁴, « soie de vers à soie sauvages, » par *soie écrue*.

M. Pauthier écrit trois pages (S. O., pag. 372 et suivantes) pour justifier sa traduction. « *La soie écrue*, dit-il, est celle *que l'on tire sans feu, et que l'on dévide sans faire bouillir le cocon.* »

Je ferai observer, 1° que M. Pauthier ne s'exprimerait pas ainsi, s'il avait les plus légères notions sur la filature. Il saurait que les fils dont se composent les cocons, étant agglutinés ensemble au moyen d'une gomme naturelle que fournit le ver à soie, il serait fort difficile de dévider les cocons, si on ne les faisait tremper, au moment de la filature, dans une bassine d'eau chaude qui dissout cette gomme.

2° La *soie écrue* n'est pas telle que la définit M. Pauthier. On appelle ainsi « la soie en pièce, lorsqu'elle n'a pas encore été lavée, ni bouillie dans la teinture. »

3° On sait qu'il existe en Chine deux sortes de vers à soie, les uns *domestiques*, qu'on élève dans des chambres convenablement chauffées, dans les contrées où la température n'est pas assez élevée. On les nourrit de feuilles de mûrier qu'on leur distribue à des intervalles déterminés. Ces vers produisent de la soie *blanche* ou *jaune* de diverses nuances.

L'autre espèce de vers appelés *sauvages*, n'a jamais pu être assujettie à l'éducation domestique. Ils vivent en plein air sur trois sortes d'arbres, les uns sur le *fagara* (le poivrier sauvage), les autres sur le frêne, ou le chêne.

Ces vers produisent des cocons gros comme un œuf moyen, de couleur brune et quelquefois grise (on en voit un grand nombre au Musée d'histoire naturelle de Paris), qu'ils suspendent aux branches au moyen d'une sorte de pédoncule de quatre à cinq pouces. Les Chinois *ne peuvent dévider* ces cocons. Ils les font bouillir dans une eau de lessive, puis, après avoir ôté la chrysalide, ils les renversent sur eux-mêmes en forme de capuchon, les fixent à une petite quenouille et les filent. Le P. d'Incarville a composé un mémoire intéressant sur les *vers à soie sauvages* (Voy. Mémoires sur les Chinois, tom. II, pag. 579-601).

Il est aisé de voir, par les détails qui précèdent, que M. Pauthier s'est gravement trompé en rendant les mots *ye-thsan-sse* ¹¹⁴ (*soie de vers à soie sauvages*) par *soie écrue*.

Cent cinquante-et-unième échec de M. Pauthier.

§ 26. I.

Question. Est-il permis de dire que les expressions *ma* [115], *ta-ma* [116]-[115] signifient *lin*, *grand lin*, et non *chanvre*, *grand chanvre?*
— Preuves du contraire.
— Différences botaniques du *lin* et du *chanvre*.
— Expressions employées par les Chinois pour distinguer ces plantes l'une de l'autre.

J'ai blâmé M. Pauthier d'avoir traduit le mot *ma* [115], *chanvre* par le *lin*.

M. Pauthier écrit trois pages (S. O., pag. 375, 376, 377) pour prouver que les mots *ma* [115] et *ta-ma* [116]-[115] signifient *lin*, *grand lin*.

Ici, comme toujours, M. Pauthier se jette à côté de la question, et perd son temps à citer des passages qui ne vont point au but ou qu'il ne comprend pas. Il rapporte, par exemple, des passages du *Chou king* et du *Choue-wen*, composés à des époques où la plante étrangère appelée *hou-ma* [117]-[115] (lin), n'avait pas encore été importée en Chine.

Il est un moyen très simple de trancher la difficulté, si toutefois il y a ombre de difficulté. C'est d'examiner les caractères botaniques du lin, et de voir s'ils peuvent s'appliquer à la plante appelée *ma* [115] ou *ta-ma* [116]-[115].

Le *lin*, dit un dictionnaire manuscrit que je possède, n'étant pas une plante originaire de Chine, on l'a appelé *hou-ma* [117]-[115], c'est-à-dire chanvre des peuples barbares. Gonçalvez, *Dict. portug. chin.*, p. 488, appelle le lin du même nom; puis, *Dict. chin. port.* (Partie tonique, pag. 63), il se sert du mot *canhamo* (chanvre) pour traduire notre mot *ma* [115].

Voici sur la plante *hou-ma* [117]-[115], des détails historiques tirés de l'Encyclopédie impériale d'Agriculture, intitulée *Cheou-chi-thong-khao*, liv. 32, fol. 4, *v.* « Le *hou-ma* (lin, littéralement, chanvre des barbares) est originaire de *Ta-wan* (Fergana).

---

[115] 麻 [116] 大 [117] 胡

SECONDE PARTIE.   219

« Le général *Tchang-tsien*, qui vivait sous les Han, se le procura
« dans cette contrée et le rapporta en Chine. »

Ibid. « Comme c'était une plante étrangère et qu'elle était très petite,
« on la distingua du chanvre de la Chine, en appelant cette dernière
« plante *han-ma* 118-115, chanvre chinois (littéralement, chanvre des
« *Han*), et *ta-ma* 116-115, grand chanvre. »

Je ferai observer, en passant, que c'est l'expression *ta-ma* 116-115,
grand chanvre (on sait que le chanvre s'élève ordinairement à deux
mètres, tandis que le lin atteint tout au plus la taille de cinq décimètres),
c'est cette expression, dis-je, que M. Pauthier traduit par *grand lin!*

Je continue la citation : « L'auteur du *Pen-tsao-kang-mo* (grand
« traité d'histoire naturelle dans ses rapports avec la médecine) dit
« (ce passage est cité dans le *Cheou-chi-tong-kao*, liv. 30, fol. 4, v.):
« le *hou-ma* 117-115 est le même que le *yeou-ma* 119, 115, ou chanvre
« qui donne de l'huile. »

Si nous cherchons *yeou-ma* 119-115 dans Gonçalvez, *Dict. chin. port.*,
page 170, nous trouvons *linho*, lin.

Voici un caractère botanique particulier au *hou-ma* 117-115 (lin), et
qui ne peut convenir au chanvre. On lit dans l'Encyclopédie d'agriculture, liv. 30, fol. 3, v. : « Le *chanvre nain*, *si-ma* 120-115, est le
même que le *hou-ma* 117-115, ou chanvre des barbares. Ses graines ont
une forme comprimée et aplatie (*Ibid.*, fol. 7, v.). »

Dans le chanvre, au contraire, les graines sont globuleuses.

M. Pauthier s'est donc trompé en prétendant que le mot *ma* 115
(Kæmpfer, *Amœnit. Exot.*, pag. 897 et Thunberg, Flora Japon., pag. 113:
cannabis *sativa*) signifiait proprement *le lin*, et *ta-ma* 116-115, littéral.
grand chanvre (par opposition avec le *lin*, appelé *si-ma* 120-115, ou
petit chanvre), *le grand lin.*

Cent cinquante-deuxième échec de M. Pauthier.

───────────

118 漢   119 油   120 細

§ 27.

L'expression *si-juen* [121 a b] (fin et souple) désigne ici des poils et des filamens textiles, et non des *étoffes*.

Si-juen-kho-te-tsi-tsi [121], etc.

J'ajoute la phrase précédente dont celle-ci est le complément : « Les vêtements appelés *kiao-che-ye-i*, sont faits avec la soie des vers sauvages ; les vêtements appelés *tsou-mo-i*, sont faits avec une espèce de chanvre ; les vêtements appelés *kien-po-lo-i*, sont faits avec les poils *fins* du mouton ; les vêtements appelés *ho-la-li-i*, sont faits avec des poils d'animaux sauvages. »

Revenons à notre passage *Si-juen*, etc. « (Ces substances textiles) « qui sont fines et souples, peuvent être filées. C'est pourquoi on les « estime beaucoup et on les emploie à faire des habits. »

M. Pauthier : « Toutes ces *étoffes* sont *tissues* à la main ; c'est pour- « quoi (parce qu'*elles sont tissues à la main*) elles ont beaucoup de va- « leur. »

Dans la phrase précédente, l'auteur parle de *soie* de vers sauvages, de *fils* de chanvre, de *poils* de mouton et de *poils* d'animaux sauvages. Il ajoute ici que (ces substances textiles) sont *fines*, *si* [121 a], souples, *juen* [121 b], et susceptibles d'être filées.

Voici un bon exemple de l'expression *si-juen* [121 a b], fin et souple, en parlant des substances textiles. *Peï-wen-yun-fou*, liv. 46, fol. 107 v. « Il y a une plante nommée *jou-hien*. Ses filaments *fins* et *souples*, *si-juen* [121 a b], sont susceptibles d'être *filés*. Les habitants des bords de la mer tissent les fils qui en proviennent, et en forment des nattes. »

M. Pauthier, oubliant les différents sujets mentionnés plus haut (les fils de *soie*, de *chanvre*, de *laine*), dont les mots *si* [121 a], *fins*, et *juen* [121 b], souples, sont les qualificatifs, a rendu ces deux épithètes par CES ÉTOFFES.

Cent cinquante-troisième échec de M. Pauthier.

---

[121] 細[a] 奭[b] 可 得 緝[e] 績[f]。故 以 見[i] 珍[j] 而[k] 充 服 用。

§ 27. A.

Question. Est-il vrai que *tsi-tsi* [121 ef] signifie *tisser à la main*, et non *filer* des matières textiles?
— Preuves du contraire.

J'ai dit, dans mon *Examen critique*, que les mots *tsi-tsi* [121 ef] signifiaient *filer* et non *tisser à la main*, ainsi que traduit M. Pauthier.

M. Pauthier répond (S. O. pag. 378) que CELA N'EST PAS VRAI. Il ajoute (et cette raison est des plus amusantes) : « *L'onomatopée* seule « des mots *tsi-tsi* suffirait pour prouver à M. Julien qu'ils n'ont pas le « sens de *filer*, mais de *tisser !* »

M. Pauthier continue : « Les deux mots *tsi-tsi* signifient proprement « *confectionner une étoffe propre à faire des vêtements*. La critique de « M. Julien *porte donc à faux*, surtout lorsqu'il ajoute entre paren- « thèses, à ma traduction : « *C'est pourquoi elles* (les étoffes) *ont beau-* « *coup de valeur,* » ces mots : « PARCE QU'ELLES SONT TISSUES A LA « MAIN ! »

« Vous ignorez donc, Monsieur le Professeur, QUE les châles de « cachemire fabriqués dans l'Inde, n'ont un prix plus élevé QUE les « cachemires français, QUE parce QUE les cachemires de l'Inde sont « TISSUS A LA MAIN. »

RÉPLIQUE. L'expression *tsi-tsi* [121 ef] ne signifie point *tisser à la main*, ni *confectionner une étoffe*. Mais elle veut dire tantôt *fabriquer des cordes en tordant des fils* (Gonçalvez, *Dict. chin. port.*, page 714 : *fazer corda torcendo*), tantôt *filer* (une substance textile).

On lit dans le *Peï-wen-yun-fou*, liv. 101, fol. 59, r.: *Iu-tch'i-tchong* [122], etc. : on amollit le chanvre dans un étang, afin qu'il puisse ÊTRE FILÉ (*tsi-tsi*) pour faire des vêtements.

Dans le dictionnaire *Piao-siang-louï-touï*, notre expression *tsi-*

---

[122] 于池中柔麻。使可緝[h]績[i]以作衣服。

tsi [122] hi est expliquée par *fang-tsi* [123] (*Dict. de Basile*, n° 4004 : *nere*, filer. — Morrison, *Dict. chin.* part. II, n° 2285 : *to spin*, filer).

On peut comparer le Vocabulaire chinois-latin-français de M. Callery, n°s 599 et 735, où la première syllabe est expliquée par *tordre* et la seconde, par *filer*.

M. Pauthier s'est donc trompé en soutenant que l'expression *tsi-tsi* [121] e f (tordre des fils, filer), signifie *tisser à la main, confectionner une étoffe*.

Cent cinquante-quatrième échec de M. Pauthier.

§ 27. B.

L'expression *kien-tchin* [121] i j, être estimé, se rapporte à la qualité *des poils, de la soie et des fibres végétales*, qui sont susceptibles d'être filés, et non *au tissage manuel des étoffes de l'Inde*.

J'ai traduit : « (ces substances textiles) étant fines et souples, sont « susceptibles d'être filées. C'est pourquoi (c'est-à-dire parce qu'elles « sont susceptibles d'être filées) on les estime beaucoup, et on les em- « ploie à faire des vêtements. »

M. Pauthier qui avait rendu par le mot *étoffes*, les deux épithètes *si* [121] a, *fin*, et *juen* [121] b, *souple* (attributs des poils et fils précités), et l'expression *tsi-tsi* [121] e f, *filer*, par *tisser à la main*, a soutenu obstinément (S. O., page 379) que l'expression *être estimé*, *kien-tchin* [121] i j, se rapportait à *la confection particulière* des étoffes de l'Inde qui, dit-il, sont plus estimées que celles des autres pays, parce qu'elles sont *tissues à la main*, et que cette *estime* ne pouvait s'appliquer à la *qualité* des substances mentionnées plus haut, qualité qui les rend propres *à être filées* pour faire des étoffes.

Cette opinion de M. Pauthier est fondée uniquement sur ce qu'il s'imagine que l'expression *si-juen* [121] a b, fin et souple, attribut des quatre substances textiles précitées, signifie *étoffes*, et qu'en consé-

---

[123] 紡績

SECONDE PARTIE.

quence, le mot *tsi-tsi*, *filer*, veut dire *tisser à la main*. Mais ce sont deux erreurs qui ont été pleinement démontrées dans les §§ 27 et 27 A.

Ainsi tombe toute l'argumentation de M. Pauthier pour prouver qu'il s'agit ici de *l'estime* accordée aux *tissus confectionnés à la main*.

Cent cinquante-cinquième échec de M. Pauthier.

§ 27. C.

Texte. « Ces poils *fins* et *souples* sont susceptibles *d'être filés*. C'est pourquoi on les estime beaucoup, — *eul-tchong-fo-yong* [121 k], et on les emploie à faire des habits. »

M. Pauthier n'a pas compris l'expression *tchong-fo-yong* [121 l], mot à mot : remplir-(pour) des vêtements-l'emploi (ici le mot *tchong* [121 l] vulgo *remplir*, signifie *être bon à*, *propre à*), c'est-à-dire, être propre à être employé pour faire des habits.

M. Pauthier a, en conséquence, passé cette expression qui occupe une place importante dans la phrase, et, dans sa réponse (S. O., page 379), il s'est gardé de dire un mot pour justifier cette omission que j'avais signalée (*Examen critique*, § 27, 2°))

Cent cinquante-sixième échec de M. Pauthier.

§ 28.

Est-il vrai que le mot *lie* [124] ne peut se rendre ici par *violent*, ni être le qualificatif du mot *fong*, [127 b], vent?
— Preuves du contraire.

Khi-pe-in-tou, — *fong-thou-han-lie* [o]. — *Toen-tchi-pien-i*, — (§ 29) *po-thong-hou-fo* [125].

J'ajoute les quatre premiers mots du § 29 qui sont le complément nécessaire de la seconde phrase. J'ai cru devoir les insérer ici pour

---

[124] 烈 [125] 其 北[b] 印 度。風[c] 土[f] 寒[g] 烈[h]。短 製 褊 衣。頗[m] 同[n] 胡[o] 服[p]。

montrer que M. Pauthier a confondu ensemble deux membres de phrase distincts.

Texte. «Dans l'Inde du nord, le climat est froid et le vent souffle avec violence.» (Il y a ici un point (o) dans l'édition impériale; on verra tout-à-l'heure l'importance de cette observation.) — « Les vêtements (qu'on porte) sont courts et étroits, et ressemblent beaucoup à ceux des barbares. »

M. Pauthier (S. O. pag. 382) : « L'acception de *violent* n'est que « secondaire et ne se prend qu'au *figuré*; on ne pourrait donc pas le « dire du *vent*, *fong* [127 b], auquel d'ailleurs *lie* [127 a] ne peut se rap-« porter comme qualificatif, ainsi que je l'ai démontré ci-dessus. Toutes « les observations critiques de M. Julien *sont ici sans fondement.* »

Réplique. Je vais prouver par des faits que le mot *lie* [124] peut signifier *violent*, et s'applique parfaitement comme qualificatif au *vent*, *fong* [127 b]. On voit que c'est exactement le contraire de ce que M. Pauthier croit avoir *démontré*.

Premier exemple. On lit dans le *Lun-yu* : « (Quand il tonnait), quand le *vent était violent*, *fong-lie* [125 ch], (Confucius) ne manquait pas de changer de visage (il prenait un air grave et respectueux).» Le célèbre *Tchouï* explique le mot *lie* [124] par *meng* [126], violent (ici le mot *lie* [125 h] signifie par position *être violent*). Dans la traduction *mandchoue* du Commentaire, *meng* [126], est rendu par *geletchouke*, terrible (*Ibid.*, liv. v, fol. 28 r.)

Deuxième exemple. On lit dans le *Chou-king*, chap. *Yao-tien* : Les *vents violents* (c'est ainsi que traduit le P. Gaubil), ni le tonnerre, ni la pluie ne le rebutèrent jamais (littéralement, *ne le troublèrent pas*), *lie-fong*, *loui-iu-fo-mi* [127].

Le mot *han* [125 g], froid, être-froid, se construit souvent avec *thou* [125 f] (pays, climat) ou *ti* [128], pays.

On lit dans les Annales des *Song*, Mémoire sur les Rites : Le pays ou climat du nord est froid, *pe-thou-han* [125 bfh].

Autre exemple. Kou-wen-youen kien, liv. x, fol. 13 v., Les *Hiong-nou* habitent le nord; leur climat *est froid*, *ti-han* [128–125 g].

M. Pauthier s'est donc trompé en prétendant que l'adjectif *lie* [124]

---

[126] 猛 [127] 烈風雷雨弗迷。 [128] 地

ne peut signifier ici *violent*, ni être l'attribut du mot *vent*, *fong* [125 e].

Cent cinquante-septième échec de M. Pauthier.

§ 28. A.

Position ordinaire, position exceptionnelle de deux adjectifs après deux substantifs.
— Importante exception inconnue à M. Pauthier.
— Exposition des circonstances dans lesquelles les auteurs s'écartent de l'usage.

Texte. Le climat *est froid*, et le vent souffle avec violence (littéralement *est violent.*)

J'ai dit dans mon *Examen critique* (§ 28), que deux épithètes placées après deux substantifs, devenaient (j'ai oublié le mot *souvent*) deux verbes neutres dont le premier se rapportait au second substantif, et le second au premier. Ainsi, comme je viens de le démontrer (§ 28 A), le mot *han* [125 g] être froid, se rapporte au climat, *thou*, et le mot *lie* [125 h], être violent, au vent, *fong* [125 e].

M. Pauthier (S. O. pag. 380): « Cette doctrine, pour être nouvelle, « n'en est pas plus vraie. L'exemple que M. Julien cite à l'appui de « son *étrange théorie*, suppose admis et prouvé ce qui n'est *qu'en* « *question*. » (M. Julien croit avoir suffisamment prouvé plus haut, § 28, que *lie-fong* [127 ab] signifie vent violent, et que *fong-lie* [125 eb] veut dire *le vent est violent.*)

M. Pauthier continue : « Je ne rapporterai ici qu'un seul exemple « puisé dans un ouvrage classique, et qui *renversera de fond en comble* « *l'échafaudage de M. le professeur.* » (Voilà qui est tant soit peu arrogant, — mais *attendons la fin.*)

L'exemple *foudroyant* que cite M. Pauthier est la première phrase du livre des mille mots : *thien-ti-hiouen-hoang* [129], mot à mot, ciel, terre, bleu, jaune, c'est-à-dire, le ciel *est bleu*, et la terre *est jaune*.

Dans ce cas, le premier verbe neutre *être bleu*, se rapporte en effet

---

[129] 天 地 玄 黃。

au premier substantif, au *ciel*, et le second *être jaune*, au second substantif, à la *terre*.

Mais d'un autre côté, d'après les autorités que je viens de citer, le premier verbe neutre *han* [125 g], être froid, se rapporte bien réellement au second mot *thou* [125 f], pays, climat, et le second verbe neutre *lie* [125 h], être violent, au premier substantif *fong* [125 e], vent. Car, si l'on peut dire, le vent *est froid*, on n'oserait certainement pas dire, le climat est *violent, impétueux*.

D'après les apparences, les personnes qui n'ont pas une grande lecture en chinois, seront tentées de croire qu'il y a ici une contradiction inexplicable, et que de plus (au moins pour ce qui regarde le cas présent), les Chinois se sont écartés sans motif d'une importante règle de position.

Il n'en est rien cependant. Pour bien décider la question qui nous occupe, il faut considérer ce qui tient à l'usage le plus ordinaire, et ce qui vient d'une exception.

Suivant l'usage et dans les cas les plus fréquents, quand deux épithètes sont placées après deux substantifs, comme dans l'exemple du *Livre des mille mots*, elles deviennent des verbes neutres, dont le premier se rattache au premier substantif, et le second, au second substantif.

Voici maintenant l'exception qui est d'une haute importance, et que personne n'avait jamais signalée avant moi.

1º Il y a en chinois des substantifs que l'on emploie souvent ensemble, mais dont les éléments ne pourraient être transposés sans que leur sens ne fût changé.

Ainsi nos deux syllabes *fong* [125 e], vent, et *thou* [125 f], climat, ne pourraient changer de place sans inconvénient, car la combinaison *thou-fong* [125 f - 125 e] signifierait *les mœurs du pays*. Cf. *Ping-tseu-loui-pien*, liv. xvi, fol. 1.

2º Il y a en chinois des épithètes monosyllabes qui vont ensemble, et dont les éléments ont une place invariable, comme *to-tchao* [130], nombreux et rare, *kao-hia* [131], haut et bas, *hao-taï* [132], bon et mauvais. On ne pourrait dire en chinois *chao-to*, rare et nombreux, *hia-kao*, bas et haut, *taï-hao*, mauvais et bon.

---

[130] 多少 [131] 高下 [132] 好歹

Toutes les fois donc que deux épithètes de cette nature, qui deviennent verbes par position, se rapportent à deux substantifs dont la disposition est également invariable, les écrivains chinois aiment mieux déroger à l'usage exposé ci-dessus (le seul que connaisse M. Pauthier), et font alors rapporter le premier verbe au second substantif, et le second verbe, au premier substantif.

D'après les considérations exposées ci-dessus, on est obligé d'écrire *fong-thou-han-lie* [125 e], mot à mot : le vent-le climat-est froid-est violent, au lieu de *fong-thou-lie-han*, mot à mot : le vent-le climat-est violent-est froid. La raison en est que la combinaison *lie-han* [125 h g], *être violent-être froid*, au lieu de *han-lie* [125 g h], n'existe pas en chinois.

D'un autre côté, si l'on voulait conserver la disposition usuelle des éléments *han* [125 g] et *lie* [125 h], on ne pourrait pas écrire *thou-fong* [125 f e], au lieu de *fong - thou* [125 e f], pour faire rapporter, comme l'exige M. Pauthier, le premier mot *thou* [125 f], climat, au premier verbe *han* [125 g], être froid, et le second mot *fong* [125 e], vent, au second verbe *lie* [125 h], être violent.

J'en ai dit la raison plus haut, c'est que *thou-fong* [125 f e] (au lieu de *fong-thou* [125 e f]), signifierait : les mœurs du pays.

Je ne me bornerai pas à cet exposé quelque clair, quelque rationnel qu'il soit.

Voici des preuves authentiques de ce que j'avance.

PREMIER EXEMPLE. *Thsing-wen-loui-chou*, liv. 7, fol. 31, v. : *Chin-mien-kouan-ta* [133], le corps *est grand*, le visage *est large*, mot à mot : corps-visage-*large-grand*.

Ainsi, la première épithète, *kouan*, large (par position, le verbe neutre *être large*), se rapporte au second substantif *mien*, visage ; la seconde épithète (par position, le verbe neutre *être grand*) se rapporte au premier substantif *chin*, corps.

Pourquoi a-t-on dérogé à l'usage que M. Pauthier regarde comme invariable, c'est parce qu'on ne pourrait écrire, dans le cas dont il s'agit, *ta-kouan* (au lieu de *kouan-ta*), car ces deux syllabes ainsi disposées signifieraient *grandement large*, et, par position, *être grandement large*.

---

[133] 身面寬大

Voici un autre exemple de cette dérogation à l'usage précité, mais où la première épithète qui se rapporte au second substantif, et la seconde épithète qui se rapporte au premier substantif, deviennent substantifs en vertu des mots qui les accompagnent.

On lit dans le *Kou-wen-youen-kien*, liv. xi, fol. 9 r., lin. 5 : *Li-kang-tchin-ki- king-tchong-thong–te* [134], mot à mot, *quand on a établi la grosse corde du filet* (*kang*), (c'est-à-dire, quand on a établi les lois fondamentales), *quand on a étendu les petites cordes des mailles* (*ki*) (c'est-à-dire, quand on a exposé les dispositions nombreuses qui s'y rattachent), le *léger* (*king*) et le *lourd* ou *l'important* (*tchong*) *s'obtiennent en même temps* (c'est-à-dire, on obtient à-la-fois une obéissance complète aux lois principales aussi bien qu'aux réglements accessoires.)

Il est évident que, dans ce passage, le premier adjectif *king*, léger, se rapporte au second mot *ki*, les petites cordes, et le second adjectif *tchong* (lourd) au premier mot *kang*, la grosse corde du filet (à laquelle se rattachent les cordelettes des mailles).

Si l'auteur n'a pas voulu suivre la disposition que M. Pauthier regarde à tort comme absolument nécessaire, c'est qu'on dit en chinois *king-tchong*, léger et lourd, et non *tchong-king*, lourd et léger. D'un autre côté, s'il eût voulu transposer les deux substantifs et écrire *ki-kang* au lieu de *kang-ki*, afin de faire rapporter la première épithète, « léger, » au mot *ki*, cordelettes, et la seconde « lourd, » au mot *kang*, grosse corde du filet, il aurait placé l'accessoire avant le principal, et aurait formé un mot double qui n'aurait pas été *chinois*.

Ainsi se trouve justifiée ma traduction et ma manière de construire les verbes *lie* [125 h], être violent, avec *fong* [125 e], vent, et *han* [125 g], être froid, avec *thou* [125 f], climat, contrairement à la loi que voulait faire prévaloir M. Pauthier.

Cent cinquante-huitième échec de M. Pauthier.

---

[134] 立綱陳紀。輕重同得。

§ 28. B.

Double acception du mot *lie* [125 *h*]. L'expression *han-lie* [125 *g h*] est indivisible.

Avant d'imprimer la traduction que j'ai justifiée plus haut, j'avais donné à *fong-thou* [125 *ef*] le sens de *climat*, et ce sens se trouvait appuyé par plusieurs exemples. Je me bornerai à citer celui-ci. *Ping-tseu-louï-pien*, liv. VIII, fol. 17 *v.* : « J'ai voyagé dans le pays de *Tong-p'ing*; j'aime son climat, *lo-khi-fong-thou* [135].

De plus j'avais rendu *han-lie* [125 *g h*] par glacial. Nous voyons dans *Khang-hi* et dans le dictionnaire *Thong-wen-to*, liv. X, fol. 13, que le mot *lie* [125 *h*] se prend souvent pour *lie* [136], *frigidus*, de sorte que la réunion des deux mots *han-lie* [125 *gh*] signifierait *glacial*, et ici par position, *être glacial*. Cette interprétation *peut passer*, *i-thong* [137], comme disent les Chinois, lorsqu'ils rapportent deux explications également admissibles d'un même mot ou d'une même phrase.

Voici des exemples de *han-lie* [125 *g h*] (être glacial).

1° *Si-yu-ki*, liv. XII, fol. 5 *v.*, lin. 3 : *Khi-siu-han-lie* [138], la température est glaciale (*han-lie* [125 *g h*]); les hommes ont un caractère dur et violent.

2° *Ibid.*, liv. XII, fol. 1 *v.*; *Khi-siu-han-lie* [138], la température est glaciale (*han-lie*); il y a beaucoup de gelées et de neiges.

Le lecteur pourra observer que, dans ces deux passages, comme dans celui de *Hiouen-thsang*, l'expression *han-lie* [138 *cd*], est indivisible, et que la seconde syllabe *lie* [138 *d*], froid, ne saurait être construite avec le premier mot de la phrase suivante (ce qu'a fait M. Pauthier).

On trouve l'expression *fong-thou* [135 *cd*] avec une troisième significa-

---

[135] 樂其風土。 [136] 例 [137] 亦通 [138] 氣序寒烈

tion. Quand elle est suivie du mot *ki* [139], histoire, mémoire, ces trois mots qui se présentent souvent dans certains titres de relations, signifient histoire, *ki*, des mœurs, *fong*, et du climat, *thou* (de tel pays).

Je prie le lecteur de ne point s'étonner de cette double interprétation dont le même passage me paraît susceptible. Il arrive quelquefois aux Chinois eux-mêmes d'offrir deux explications du même mot ou de la même locution. On en voit plusieurs exemples dans le Recueil de phrases chinoises traduites en mandchou, intitulé *Fan-i-loui-pien*. En voici un très remarquable, tiré du *Kou-wen-youen-kien*, liv. XI, fol. 1, *v*. Le mot *'o-fang* (Basile, nos 11,762-3210) signifie, suivant les uns, *chambre* (*fang*) à l'angle (*'o*) d'un palais ; suivant d'autres, chambre située au haut d'un édifice élevé. Cette différence vient de ce que le mot *'o* (Basile, 11,762) signifie à-la-fois *angle* et *colline*.

Quelque parti que prenne le lecteur entre ces deux interprétations, il se convaincra aisément que le premier membre de phrase finit à l'expression *han-lie* [125 gh], qui, du reste, est suivie d'un point dans l'édition impériale.

M. Pauthier a coupé en deux l'expression *han-lie* [125 gh], dont les deux éléments sont ici indivisibles ; il a mis un point après *han* [125 g] (froid), et a rendu par *chaleurs*, la seconde syllabe *lie* [125 h], qu'il a construite avec le mot *toen* [125 i], épithète du mot *tchi* [125 j], façon des vêtements, qui commence le deuxième membre de phrase, et il a traduit LES CHALEURS *sont courtes!*

Il est une observation qui devait montrer à M. Pauthier que *lie* [125 h] ne devait pas être séparé de *han* [125 g], c'est que les §§ 28 et 29 se composent de 6 phrases tétrasyllabes.

Mot à mot.

1. *Khi-pe-in-tou* o Dans l'Inde du nord,
2. *Fong-thou-han-lie* o le climat est glacial ;
3. *Toen-tchi-pien-i* o les vêtements étroits à courte façon (c'est-à-dire, les vêtements courts et étroits)
4. *Po-thong-hou-fo* o beaucoup ressemblent aux habits des barbares.
4. *Waï-tao-fo-chi* o Les ornements des habits (le costume) des hérétiques
6. *Fen-tsa-i-tchi* o sont mélangés et d'une forme étrange.

---

[139] 記

M. Pauthier s'est trompé, 1° en rompant cette symétrie dont le dérangement fausse le sens de la seconde phrase; 2° en empiétant de la seconde sur la troisième ; 3° en rendant le mot *lie* [125 h], *être froid* (ou être violent), par *les chaleurs* ; 4° en faisant le verbe *durer peu* (littéralement *être court*, en parlant des *chaleurs*, dont il n'est pas question ici) du mot *toen* [125 i], court, attribut du mot *tchi* [125 j], la façon des habits.

Cent cinquante-neuvième échec de M. Pauthier.

§ 28. C.

Le mot *toen* [125 i] (ici l'adjectif *court*) se rapporte aux *vêtements*, et non aux *chaleurs*.

— Il n'y a point dans notre passage de mot signifiant *les chaleurs*.

— On ne peut supprimer ici le complément du verbe *thong* [125 n], être semblable, et le rejeter au commencement de la phrase suivante.

Toen-tchi-pien-i, po-thong-hou-fo [125 i], mot à mot : « Les étroits *pien* — vêtements *i*, — à courte *toen* — façon *tchi* — beaucoup *po* — sont semblables *thong* — aux vêtements *fo* — des barbares *hou*.

C'est-à-dire : « Leurs vêtements courts et étroits ressemblent beaucoup à ceux des barbares. »

Ces deux membres de phrase tétrasyllabes se balancent l'un avec l'autre ; le dernier mot *fo* [125 p] (vêtements) est suivi d'un point (o) dans l'édition impériale.

M. Pauthier : « (*les chaleurs*) durent peu, les vêtements sont courts et étroits. Pour le reste, *c'est comme* dans les autres provinces. »

M. Pauthier a encore rompu la symétrie de ce passage, et en a altéré le sens de plusieurs manières.

1° On a vu qu'il a rendu le mot *toen* [125 i], court, attribut du mot *tchi* [125 j], façon, par *durer peu* (mot à mot, être court), et l'a rapporté à un mot précédent, « CHALEURS, » qui *n'existe pas* ici, puisque l'expression *han-lie* [155 gh] est indivisible, et que d'ailleurs elle est suivie d'un point (o).

2° Il a passé le mot *tchi* [125 j], façon, qu'il avait séparé de son épithète *toen* [125 i] (court), et dont le sens lui échappait.

3° Il a traduit l'adjectif *pien* [125 k], étroit, par *court et étroit*. L'idée de *court* est renfermée dans le mot *toen* ¹²⁵ⁱ, dont il a fait plus haut le verbe *durer-peu* (LES CHALEURS *durent peu*).

4° Et c'est là la faute la plus grave, il a mis un point après *thong* ¹²⁵ⁿ, être semblable, et de cette façon, il a coupé en deux parties le quatrième membre de phrase, *po-thong-hou-fo* ¹²⁵ᵐ (ressemblent beaucoup aux vêtements des barbares). Le membre précédent dont celui-ci est le complément, est : leurs vêtements courts et étroits (littéralement : à courte façon et étroits).

M. Pauthier s'est arrêté aux mots *po-thong* ¹²⁵ᵐⁿ, ressemblent beaucoup, et les a rendus par : C'EST COMME !—il a ajouté les mots *pour le reste* et *dans les autres provinces*, lesquels mots n'existent point dans le texte.

Je montrerai tout-à-l'heure qu'il a commencé le membre de phrase suivant par les mots *hou-fo* ¹²⁵ ᵒᵖ (vêtements des barbares), qui sont le complément du verbe *thong*, être semblable, ici, *ressembler*.

Cent soixantième échec de M. Pauthier.

§ 29.

A quels vêtements se rapportent la bigarrure des ornements et l'étrangeté des formes mentionnées par notre auteur ? — Erreur de M. Pauthier.

Waï-tao-tsa-chi, fen-tsa-i-tchi ¹⁴⁰, le costume des hérétiques offre un mélange bizarre et une forme (littéral. façon) étrange.

M. Pauthier ayant coupé la quatrième phrase aux mots *po-thong* ¹²⁵ ᵐⁿ (ils ressemblent beaucoup), qui ne forment un sens qu'étant suivis de leur complément *hou-fo* ¹²⁵ ᵒᵖ, vêtements des barbares (ils ressemblent beaucoup aux vêtements des barbares), a commencé une nouvelle phrase par ces deux mots *hou-fo* ¹²⁵ ᵒᵖ (vêtements des barbares) dont il a fait un nominatif, et il a traduit : « Quant AUX « VÊTEMENTS DES BARBARES », *aux habde ceux qui professent des doc-« trines étrangères aux croyances communes*, ces vêtements sont très « variés de formes et d'espèces. »

---

¹⁴⁰ 外道服飾。紛雜異製。

M. Paulhier s'est trompé, 1° en rejetant dans cette phrase-ci les mots *hou-fo* [125 o p], « vêtements des barbares » qui sont le complément du membre de phrase précédent.

2° En faisant rapporter aux vêtements des barbares (par suite de cette intrusion des mots *hou-fo* [125 o p]), *les ornements bizarres et la forme étrange* dont il s'agit ici, et qui ne s'appliquent qu'aux vêtements des hérétiques.

Je ferai observer en passant qu'il a rendu par *neuf mots* l'expression *waï-tao* [140 a b], les hérétiques.

Les fautes que je viens d'exposer plus haut n'existent point pour M. Paulhier qui les aggrave en les maintenant de la manière suivante (S. O., page 382) : « J'ai eu raison de traduire le mot *thong* [125 n],
« ainsi que je l'ai fait (il a traduit : C'EST COMME dans les autres pro-
« vinces), et de le séparer des deux caractères qui suivent (savoir des
« mots *hou-fo* [125 o p], vêtements des barbares), *avec lesquels on ne peut
« pas le construire*, comme M. Julien, sans faire dire à l'auteur une
« contre-vérité historique, à savoir que les vêtements des Indiens (il
« fallait ajouter *du nord*) *ressemblent beaucoup à ceux des peuples bar-
« bares*.

« Je maintiens, continue M. Paulhier, ma traduction de cette phrase
« comme *très exacte*, et M. Julien, à la manière dont il *l'a ponctuée* et
« traduite, prouve qu'*il ne l'a pas entendue*. Il n'est donc pas vrai de
« dire que la signification des quatre derniers caractères ne s'applique
« qu'aux *vêtements des hérétiques*. »

D'après la ponctuation impériale qui offre un point après *hou-fo* [125 o p] (vêtements des barbares), et les développements qui précèdent, on voit que M. Paulhier nie précisément les différentes erreurs qui ont été démontrées plus haut d'une manière surabondante, et qu'il a pris soin de prononcer lui-même sa propre condamnation.

En effet, en relisant avec attention les six membres de phrase tétrasyllabes du § 28 B, on reconnaît que, suivant notre auteur, *les vêtements courts et etroits des Indiens du Nord* RESSEMBLENT BEAUCOUP A CEUX DES BARBARES.

Cent soixante-unième échec de M. Paulhier.

§ 29. A.

Question. Le verbe *thong* [141] peut-il être rendu ici par *comme ?* Non. Il est le verbe neutre *ressembler à*, et a pour complément les mots *vêtements des barbares ?*
— L'auteur compare-t-il les vêtements des Indiens du nord à ceux des autres Indiens ?
— Preuves du contraire.

J'avais traduit les mots *po-thong* [142] par : (leurs vêtements) « *ressemblent beaucoup* »—à ceux des barbares. (Voyez la phrase entière [125]).

Cette traduction déplaît à M. Pauthier qui préfère la sienne : c'est comme ! — (il a ajouté : *dans les autres provinces*, mots qui n'existent pas dans le texte).

Ainsi l'on voit qu'il a supprimé l'adverbe *po* [142 a], beaucoup, et qu'il a rendu le verbe *thong* [142 b], (ici) ressembler (aux vêtements des barbares) par l'adverbe *comme !* Une telle traduction porte avec elle sa réfutation.

De plus, M. Pauthier a rejeté les mots *hou-fo* [125 o p], vêtements des barbares, complément du verbe *ressembler*, au commencement du cinquième membre de phrase dont ils sont séparés par un point dans l'édition impériale. Cette faute a été notée plus haut.

« Le mot *thong* [141], dit M. Pauthier (S. O., page 382), n'a jamais
« signifié *ressembler,* comme le traduit M. Julien ; ce caractère indique
« des rapports complets *d'identité, de conformité.* »

Réplique. Lorsque le mot *thong* [142 b] est seul, il signifie certainement *être semblable*, mais il est impossible de le rendre ainsi lorsqu'il est précédé d'adverbes qui modifient en plus ou en moins le degré de similitude. Dans ce cas, le verbe *ressembler* est le mot propre ; notre langue n'en possède pas d'autre qui, étant associé à un adverbe, se prête mieux à rendre les diverses nuances d'identité. Ainsi l'on ne pourrait dire en français *être* peu, légèrement, beaucoup *semblable à* ; il faut nécessairement dire : *ressembler* peu, légèrement, beaucoup, etc.

L'erreur de M. Pauthier vient de ce que, ne comprenant point l'ad-

---

[141] 同 [142] 頗同

verbe modificatif *po* [125,m], *beaucoup* (ils ressemblent *beaucoup*), et ayant séparé par un point o le verbe neutre *thong* [125 n], ressembler, de son complément *hou-fo* [125 o p] (vêtements des barbares), s'est imaginé qu'il y avait une *identité complète* entre les vêtements des Indiens du Nord et *ceux des Indiens des autres provinces* (cette addition est de lui).

Or, telle n'est pas la pensée de l'auteur. Puisque, d'après la ponctuation impériale, et surtout en vertu du parallélisme, les mots *hou-fo* [125 o p] (vêtements des barbares), doivent être construits avec le verbe *thong* [125 n] (*ici* ressembler), dont ils sont le complément. D'où il résulte clairement que l'auteur compare les vêtements *des Indiens du Nord* à ceux *des peuples barbares*, et non à ceux des Indiens des autres provinces. Voyez la fin du § 28 B.

Cent soixante-deuxième échec de M. Pauthier.

§ 29 B.

Question. Comment reconnaît-on que le mot *waï-tao* [140 a b] signifie *hérésie* ou *hérétique*?
— Est-il vrai que le mot *waï-tao* [140 a b] ne signifie pas hérésie? — Preuve du contraire.

Texte. Waï-tao, etc. [140]. Le costume des *hérétiques* offre un mélange bizarre et une forme étrange.

M. Pauthier : « Quant aux *vêtements des barbares* (j'ai montré « § 29, A, B, que les mots *vêtements des barbares*, appartiennent à la « phrase précédente où ils sont le complément du verbe *thong* [125 n], « *ici*. ressembler), *aux habillements de ceux qui professent des doctrines* « *étrangères aux croyances communes*, ces vêtements sont très variés « d'espèces et de formes très différentes. »

J'avais fait observer (*Exam. crit.*, § 29) que M. Pauthier a employé neuf mots pour traduire *waï-tao* [140 a b], *les hérétiques*.

M. Pauthier répond (S. O. pag. 382) : « M. Julien ne fait qu'une « critique ridicule, en disant que j'emploie *neuf mots* pour rendre « *waï-tao* [140 a b], et en ajoutant : il fallait dire simplement « *les héré-* « *tiques.* » Les deux mots chinois *waï-tao* [140 a b], signifient littéralement « ici *doctrines extérieures.* »

M. Pauthier termine ce paragraphe en disant que le mot *hérétiques* ne saurait rendre l'idée du texte.

RÉPLIQUE. L'expression *waï-tao* [140 a b], lorsqu'elle représente une classe d'hommes, ne peut se traduire que par *hérétiques*, soit que les bouddhistes (et c'est ici le cas) l'appliquent aux *brahmanes*, soit que ceux-ci l'appliquent aux bouddhistes. « *Les hérésies* ou *opinions hétérodoxes*, dit Morrison (*Dict. angl.-chin.* pag. 210), sont appelées par les Chinois *waï-tao* [140 ab]. » (On verra plus bas les cas où ce mot veut dire *hérétiques*.)

M. Pauthier se trompe donc en soutenant que ma traduction (*hérétiques*) ne vaut rien.

Je crois avoir eu d'autant plus raison de blâmer M. Pauthier d'avoir employé neuf mots pour rendre l'expression dissyllabique *waï-to* [140 ab] hérétiques, que la paraphrase « *doctrines étrangères aux croyances communes*, » manque tout-à-fait d'exactitude.

En effet, dans les parties de l'Inde où dominait le brahmanisme, et où il n'y avait qu'un petit nombre de bouddhistes, il pouvait être considéré comme *la croyance commune* de ces contrées, et aux yeux des hommes qui le professaient, le bouddhisme n'était qu'une hérésie.

Les mots *doctrines étrangères aux croyances communes* ont donc l'inconvénient de ne pouvoir s'appliquer, comme le mot *hérésie*, à toutes les doctrines que, de leur point de vue particulier, les bouddhistes et les brahmanes regardaient comme *hétérodoxes*.

Suivant M. Pauthier, le mot *waï-tao* [140 ab] signifie ici littéralement *doctrines extérieures*.

M. Pauthier se trompe. Ici, cette expression ne désigne pas une *doctrine*, mais une *classe d'hommes* professant une doctrine particulière (*les hérétiques*). Cette nuance résulte des mots qui accompagnent *waï-tao* [140 ab]. Voici le moyen de la distinguer ici et partout ailleurs.

1° Lorsque le mot *waï-tao* [143 cd] est le complément de verbes signifiant par exemple, *révérer, respecter, croire, professer*, il veut dire *hérésie, doctrine hétérodoxe*.

Si-yu-ki, liv. xii, fol. 2 : *Tsong-sse-waï-tao* [143], ils révèrent et professent *l'hérésie*. Cf. *ibid.*, liv. x, fol. 11; liv. iv, fol. 7; liv. iv, fol. 18, etc.

2° Lorsque le mot *waï-tao* [140 ab] est le sujet d'un verbe actif, ou le complément d'un verbe qui, d'après le contexte, ne peut avoir pour régime qu'un nom de personne, il veut dire *hérétique*.

---

[143] 宗事外道。

Exemples. Si-yu-ki, liv. 5, fol. 7 : Le roi dit : pourquoi les *hérétiques* (*waï-tao* 140 a b) ont-ils formé le projet de *m'assassiner* ? *Ibid.* liv. v, fol. 8 : Alors les grands officiers du roi le prièrent de faire mourir les *hérétiques*, *waï-tao* 140 a b.

Il est d'autres cas où l'on reconnaît aussi au premier coup-d'œil que le mot *waï-to* 140 a b signifie *hérétiques*. Il suffit en général de traduire littéralement les mots avec lesquels il est en construction. Si l'on supposait un instant avec M. Pauthier, qu'ici cette expression désigne une *doctrine*, on n'aurait qu'à traduire les deux mots suivants *fo-chi* 140 c d (mot à mot : les ornements des vêtements, le costume), on reconnaîtrait sans peine qu'on ne peut dire *le costume de l'hérésie*, et que, par conséquent, il faut écrire *le costume des hérétiques*. On voit que, dans beaucoup de cas, l'intelligence du chinois dépend moins de la mémoire que du raisonnement.

M. Pauthier s'est donc trompé en soutenant 1° qu'ici le mot *waï-tao* 140 a b désigne *une doctrine* ; 2° que l'expression *waï-tao* 140 a b ne peut se rendre par *hérétique*.

Cent soixante-troisième échec de M. Pauthier.

§ 30.

Hoe-i-kong-tsio iu-weï-i 144, « les uns se parent de plumes de paon (littéralement : *de plumes* et *de queues de paon*). »

M. Pauthier : Les uns portent *des vêtements* FAITS avec des ailes et des queues de paon.

Il y a dans le texte *i* 144 b (vulgo, *se vêtir de*), mais comme on dit en chinois, ainsi que je l'ai montré dans mon Examen critique, *i-kouan* 145, mot à mot : revêtir un bonnet, c'est-à-dire, porter un bonnet ; *i-kiu* 146, mot à mot : revêtir des souliers, c'est-à-dire, porter des souliers ; *i-yu* 147, revêtir du jade, c'est-à-dire, porter sur soi des ornements de jade ; il est évident qu'ici le mot *i* 144 b doit signifier *porter sur soi, sur ses habits* (des plumes de paon), et non *porter des vêtements* FAITS, FABRIQUÉS AVEC *des ailes et des queues de paon*, ainsi que traduit M. Pauthier.

---

144 或衣孔雀羽尾。 145 衣冠 146 衣履 147 衣玉

« A Péking, me dit Le P. Hyacinthe dans une de ses lettres, dans les « maisons riches, on habille encore les garçons de l'âge de trois à sept « ans avec des habits *recouverts de plumes de paon*, dont les yeux sont « disposés les uns à côté des autres. »

Ainsi, *on recouvre les habits avec des plumes de paon*, mais on ne les FABRIQUE pas AVEC des plumes de paon.

Si *Hiouen-thsang* eût voulu exprimer cette idée, il n'aurait pas manqué de se servir du mot *faire, fabriquer, tso* [148], ou du mot *tchi* [149], *tisser*.

Voici un passage du *Si-yu-ki* (de 1772), où il s'agit réellement d'habits *faits avec des plumes d'oiseaux*, ou plutôt d'habits dans le tissu desquels on insère des plumes, pendant la fabrication, mais l'auteur s'est servi du mot *tchi* [149], *tisser*, liv. IV, fol. 3, *v.* : *i-niao-iu-tchi-i* [150], mot à mot : *avec* des plumes d'oiseaux, *ils tissent*, fabriquent des vêtements.

M. Pauthier s'est donc trompé en supposant que les Indiens dont il s'agit, portaient des habits *fabriqués uniquement avec* des plumes de paon.

Cent soixante-quatrième échec de M. Pauthier.

§ 31.

Le mot *wou* [151 b], ne pas avoir, ne peut se rendre par *n'avoir que* (le sens serait fort différent).

M. Pauthier n'a pas vu le sens ni la synonymie des deux expressions *wou-fo* [151 bc] (non habere vestes) et *lou-hing* (nudare corpus).

Hoe-wou-fo, *lou-hing* [151]. Quelques-uns ne portent pas de vêtements et vont nus (littéralement, *découvrent leur corps*).

M. Pauthier : D'autres n'ont de vêtements QUE LA FORME DE LA ROSÉE.

M. Pauthier fait ici plusieurs fautes graves.

---

[148] 作 [149] 織 [150] 以鳥羽織衣。 [151] 或無[b]服[c]。露[d]形[e]。

Les deux expressions *wou-fo* [151 b c], « ne pas porter d'habits, » et *lou-hing* [151 d e], « découvrir son corps, » sont deux expressions parallèles qui expriment la même idée en termes différents; les Chinois les transposent souvent.

Si-yu-ki, liv. VIII, fol. 2 : *lou-hing, wou-fo*, mot à mot : nudant corpus, non habent vestes, ils mettent à nu leur corps et ne portent pas d'habits.

M. Pauthier a traduit le mot *wou* [151 b], *ne pas avoir, ne pas porter*, par *n'avoir que*, et au lieu de *ils ne portent pas de vêtements*, il a écrit : *ils n'ont de vêtements que*, comme si l'on disait : *ils n'ont pas d'autres vêtements que* (des vêtements *de forme de rosée! — sic*).

L'auteur dit, au contraire, qu'ils n'ont *aucune sorte de vêtements* (*non habent vestes*), et cela est si vrai qu'il ajoute : *nudant corpus*, ils vont nus.

Cent soixante-cinquième échec de M. Pauthier.

§ 31. A.

Question. Est-il vrai que l'expression *lou-hing* [151 d e] signifie *la forme de la rosée?*
— Preuves du contraire.
— Véritable sens de cette expression.
— M. Pauthier a commis ici deux erreurs graves.

Texte. Hoe-wou-fo, etc. [151]. Quelques-uns n'ont pas de vêtements et vont nus (littéralement, *découvrent leur corps*).

M. Pauthier : D'autres n'ont de vêtements que LA FORME DE LA ROSÉE.

M. Pauthier a fait ici deux fautes énormes en rendant le mot *lou* [151 d] (*découvrir*) par *rosée*, et le mot *hing* [151 e] (*corps*) par *la forme*. C'est ce que je vais démontrer avec la dernière évidence.

Le mot *lou* [151 d], dont le sens primitif est *rosée*, signifie verbalement *découvrir, laisser voir, mettre à nu*.

On trouve ainsi *lou-ting* [152], découvrir le sommet de sa tête (en

---

[152] 頂

parlant d'un homme qui ôte son bonnet. Dictionn. *Piao-siang-loui-toui*, liv. x, fol. 9); *lou-tcheou* [153], laisser voir ses coudes (même dictionnaire, liv. x, fol. 23); *lou-t'eou* [154], découvrir sa tête; *lou-pi* [155], découvrir, i. e. retrousser ses bras (Dict. **Pin-tseu-tsien**, sect. 58, fol. 49, *v*., lin. 3); *lou-mien* [156], découvrir sa figure (*Si-yu-ki*, liv. IV, fol. 3, *v*.); *lou-ya* [157], laisser paraître ses dents (*Tong-si-yang-khao*, liv IV, fol. 3, *r*), *lou thi* [158], découvrir son corps (Gonçalvez, *Dict. port. chin.* au mot *nu*).

L'expression *lou-hing* [151 d e] veut dire *qui a le corps nu* (´γυμνωθεὶς), lorsqu'elle précède le sujet. *Si-yu-ki*, liv. x, fol. 21, *v*.: *To-lou-hing-tchi-waï-tao* [159], il y a beaucoup d'hérétiques qui vont nus, mot à mot : multi nudantes corpus hæretici (ibi sunt).

M. Pauthier traduirait : il y a beaucoup d'hérétiques à FORME DE ROSÉE !

Dans ce passage et cent autres du même genre, où le mot *fo* [151 c], vêtement, n'existe pas, M. Pauthier n'aurait pas la ressource de dire, ainsi qu'il l'a fait ici (S. O., page 385), qu'il s'agit de *vêtements transparents comme la rosée !*

Lorsque l'expression *lou-hing* [151 d e] est précédée d'un sujet, elle veut dire *nudare corpus*. Gonçalvez, *Dict. chin. port.*, page 904 : *descobrir se nu, se mettre nu*.

PREMIER EXEMPLE. *Si-yu-ki*, liv. 3, fol. 12, *v*. : « les grands sont des *Bikchous* (moines mendiants); les petits s'appellent *Cha-mi* (samanéens). Ils conservent seulement un peu de cheveux, *weï-lieou-chao-fa* [160], en outre, *ils découvrent leur corps*, c'est-à-dire, ils vont nus, *kia-tchi-lou-hing*. Si quelques-uns portent des vêtements, ils se distinguent par la couleur blanche. »

DEUXIÈME EXEMPLE. *Si-yu-ki*, liv. 1, fol. 18, *v*. : Il y a environ

---

[153] 肘 [154] 頭 [155] 臂 [156] 牙 [157] 面 [158] 體
[159] 多露形之外道。[160] 惟留少髮。
加之露形。

mille hommes de sectes différentes; les uns *vont nus*, mot à mot : découvrent leur corps, *lou-hing* [151 d e]; d'autres se frottent de cendres et ceignent leur tête de chapelets d'os de crânes.

Les Chinois employent souvent le mot *lo* [161], *nudare*, comme synonyme de *lou* [151 b]. On lit dans le dictionnaire bouddhique *San-thsang-fa-sou*, liv. 27, fol. 12, v.: ils vont nus, *tseu-lo-hing* [162] (mot à mot, ipsi nudant corpus), sans s'embarrasser du froid ni du chaud, et s'asseyent sur la terre nue.

M. Pauthier affirme (S. O., pag. 384) que l'expression *lou-hing* [151 d e], suivant lui « *forme de la rosée*, ne doit pas être *prise* GROSSIÈREMENT *à la « lettre*, que c'est une *expression voilée*, pour dire que des vêtements « sont *transparents comme la rosée* ; que *l'expression voilée devait être « respectée*.

J'ai montré plus haut le rôle et la signification des deux mots *lou* [151 d] et *hing* [151 e], et je dirai qu'avant de traduire le chinois à l'aide de son imagination, il faut par-dessus tout *respecter le sens*. *Lou-hing* [151 d e] n'est nullement une *expression voilée*, comme le veut M. Pauthier; aussi s'emploie-t-elle souvent pour rendre l'idée de *exuere vestes*, qui n'a nullement besoin d'être gazée. Nous voyons dans les annales des *Tsin*, biographie de *Song-sien*, que ce personnage, grand amateur de la natation, ne pouvait se trouver près d'un lac sans se déshabiller (littéralement : sans découvrir son corps), *lou-hing* [151 d e], et s'élancer dans l'eau (Cf. *Peï-wen-yun-fou*, liv. 24 A, fol. 49, *r*).

Mais M. Pauthier trouverait cette idée *trop grossière*, et pour la *voiler* à sa manière, il traduirait sans doute : toutes les fois que *Song-sien* était près d'un lac, il prenait LA FORME DE LA ROSÉE!

Voici un autre exemple où *lou-hing* [151 d e] est pris au figuré, mais sans s'écarter de l'étymologie : *Tchao-ming-wen-siouen*, liv. I, fol. 18 : *ts'iang-pou-lou-hing* [163], mot à mot : les murs (les parois intérieures des murs du palais) *ne laissent pas voir par leur corps* (ne laissent pas voir les matériaux avec lesquels ils sont construits — parce qu'ils sont recouverts d'un enduit orné de peintures). Nous pourrions dire, en français, les murs *ne sont pas nus*.

Mais M. Pauthier qui *veut que lou-hing* [151 d e] soit toujours une ex-

---

[161] 裸 [162] 自裸形。 [163] 牆不露形。

pression *voilée*, ne manquerait pas de traduire : les murs n'ont pas LA FORME DE LA ROSÉE, c'est-à-dire, suivant lui, *ne sont pas* TRANSPARENTS COMME LA ROSÉE!!

Je n'insisterai pas davantage pour faire ressortir les deux fautes que M. Pauthier a commises ici en rendant *lou* (nudare) par *rosée*, et *hing* (corpus) par *la forme*.

Cent soixante-sixième et cent soixante-septième échecs de M. Pauthier.

CONCLUSION.

Mon *Examen critique de douze pages de chinois relatives à l'Inde, traduites* par M. Pauthier (*Journ. Asiat. de Paris*, mai 1841), formait 140 §§. M. Pauthier, pour préluder à ce qu'il appelait *la réfutation complète* de cet écrit, a d'abord inséré dans le numéro d'août 1841, une réponse qui se rapporte aux §§ 1-21, et qui avait pour objet de détruire mes critiques sur sa traduction *des treize premières lignes* de la notice d'*Hiouen-thsang* (§§ 1-19) et de *deux passages détachés* (§§ 20-21).

Il semble qu'il ait pris à tâche de me fournir des armes contre lui, car en voulant se défendre, soit à l'aide de règles grammaticales dont la portée lui échappe, soit au moyen de définitions chinoises tirées des dictionnaires *Choue-wen*, *Khang-hi-tseu-tien* et *I-wen-pi-lan*, dont IL N'A PAS COMPRIS UNE SEULE, il m'a offert les moyens de confirmer toutes mes observations précédentes, et de relever, dans cette première partie, CENT DIX FAUTES bien démontrées.

La seconde partie de la réponse de M. Pauthier, insérée dans le numéro de septembre-octobre 1841, se rapporte seulement à dix §§ (22-31). Il a suivi, comme on devait s'y attendre, le même système de défense. Chacune de ses attaques (*telum imbelle sine ictu!*), chacune de ses dénégations a été anéantie sur-le-champ par des preuves irrécusables, empruntées à la grammaire ou aux auteurs chinois, et ainsi, grâce aux arguments qu'il m'a fournis lui-même, je suis arrivé à constater CENT SOIXANTE-SEPT FAUTES tant dans sa traduction de 31 §§, que dans le simulacre d'apologie qu'il en a tentée.

D'où le public est en droit de conclure que si M. Pauthier eût essayé de *réfuter* de la même manière, les critiques de mes 109 autres paragraphes, dont plusieurs m'ont servi à prouver jusqu'à 20 fautes, j'aurais été condamné à relever en tout plus de MILLE ERREURS !

Mille erreurs dans 12 pages de chinois ! Un tel chiffre est plus éloquent que tous les arguments du monde ; c'est une sentence sans appel.

Mais quel que soit mon zèle pour les progrès de la littérature chinoise, quels que soient ma résolution et mon devoir de signaler les écueils où peuvent s'égarer d'imprudents sinologues, une telle corvée eût été au-dessus de mes forces ; et quoique rien ne m'eût été plus aisé que de démontrer encore l'existence et l'énormité de ses autres erreurs *(dont plusieurs tiennent du prodige)*, cette entreprise m'eût fait succomber d'ennui et de dégoût. En effet, où trouverait-on ailleurs que dans la traduction de M. Pauthier, des *blunders* comparables à ceux-ci ?

— § 31 : « Ils n'ont que *des vêtements* DE LA FORME DE LA « ROSÉE, au lieu de : Ils ne portent point de vêtements et « *vont nus* (Voyez page 239-242).

— § 69 : « *La lune est dans son plein,* au lieu de : *transgresser* (les lois). »

— § 73 : « *Une pièce de bois plate, unie et creuse au milieu,* au lieu de : *rendre une sentence juste.* »

— § 95 : « *Un caravansérail,* au lieu de *anciens,* épithète du mot *sentiments.* »

— § 96 : « *Un gâteau qui se nomme* TCHONG, au lieu de : *les* « *noms* et les *espèces* des médicaments (il a pris le mot « *ming,* noms, pour le verbe se *nommer* et le mot TCHONG, « *espèces*, pour le nom d'un *gâteau* dont il n'est nulle- « ment question). »

— § 99 : « *On assiste à la cérémonie sans rien entendre,* au « lieu de : *Je n'ai pas entendu parler des règlements* « *du deuil.* »

— § 112 : « Dans les *plus grands établissements* d'instruction « publique, ON NE FAIT PAS USAGE DE LIVRES, au lieu « de : *les familles ne sont pas inscrites sur des registres* « *civils.* »

— § 127 : « *Il est une espèce d'aliment* qu'il est ordonné de ne « *préparer* qu'en dehors des faubourgs, PAR LA PRES- « SION, au lieu de : *Si quelqu'un en mange* (des ciboules « et des aulx), *on le chasse hors des murs de la ville.* »

— § 130 : « Ces animaux, *classés ensemble dans la même ca-*
« *tégorie, sont sans saveur ou n'en ont qu'une très fade*,
« au lieu de : *la loi défend de manger* (de ces animaux).

— § 131 : « Ils sont *insipides* et *nauséabonds. La lie du*
« *peuple*, — au lieu de : ceux qui en mangent sont cou-
« verts de honte et de mépris.

— § 140 : « Le plus souvent *ces perles sont enfilées ensemble*
« *et par ordre dans un même fil*, au lieu de : *J'ai groupé*
« *ensemble* (dit l'auteur) *les détails qui se rattachaient*
« *au même sujet.* » (Je me suis borné à citer la faute la
plus singulière de ce § où j'en ai relevé 20.) »

Ai-je besoin de conclure maintenant que, malgré *ses douze
ans d'études avouées* (n° d'Août, p. 98), M. Pauthier en est encore à apprendre les premiers éléments du chinois? Il y a longtemps que les lecteurs instruits ont prononcé cet arrêt. Mais ce fait, tout triste qu'il soit, montre simplement que l'intelligence de la langue chinoise est entièrement au-dessus de sa portée. Il ne prouve rien, Dieu merci, contre l'étude même de cette langue. Car plusieurs personnes, que j'ai citées avec de justes éloges dans l'Avant-propos, ont su se la rendre familière au bout de deux ans, et traduire seules, les textes les plus difficiles. Leur succès témoigne hautement que l'on possède ici tous les moyens nécessaires pour acquérir d'une manière aussi prompte que sûre l'intelligence des auteurs chinois.

L'inutilité des efforts de M. Pauthier ne doit point décourager les étudiants. Elle nous offre une de ces exceptions dont on trouve plus d'un exemple dans l'histoire de la poésie, de la musique et des sciences exactes, où il est impossible de réussir si l'on ne possède d'avance certaines dispositions naturelles que le travail peut bien développer, mais qu'il ne saurait donner à ceux qui en sont dépourvus, quand même ils s'obstineraient à lutter pendant toute leur vie contre des obstacles qui n'existent point pour d'autres.

Que M. Pauthier continue, si bon lui semble, de traduire comme il l'annonce, le plus profond des philosophes chinois, et de rédiger un dictionnaire chinois-français d'après les lexiques originaux. Ces deux ouvrages sont vingt fois plus difficiles que la notice d'*Hiouen-thsang*, et sans être prophète, on peut prédire quel sera leur sort, s'ils voient jamais le jour.

Mais je me suis assez et trop occupé de M. Pauthier. Aussi me dispenserai-je à l'avenir de parler de ses traductions du chinois, s'il est assez aveugle pour persévérer dans la voie où il s'est perdu. Ce silence de ma part, me permettra de ménager mon temps que réclament des travaux d'un ordre plus élevé et d'une utilité plus générale.

Du reste, de nouvelles critiques seraient superflues; le public a bonne mémoire, et il pourrait se faire qu'il rappelât sans cesse à M. Pauthier *ces jouissances d'amour-propre* qu'il se flattait d'avoir goûtées en me *réfutant* à sa façon (voir le *Post-scriptum* de son tirage à part), et que j'ai eu la *barbarie* de faire évanouir par ma réponse d'aujourd'hui. Peut-être qu'aussi certaines personnes qui saisissent tous les *à-propos* et à qui nulle allusion n'échappe, seront tentées de lui dire, en adoucissant l'expression de Boileau : « Soyez plutôt *traducteur d'anglais* si c'est votre métier. »

TABLE

DES PRINCIPAUX CHAPITRES.

§ 1. Est-il vrai qu'on ne trouve pas deux génitifs de suite avant le régime direct d'un verbe ?
— Preuves du contraire. 6

§ 1. A. Lorsque deux génitifs sont régis l'un par l'autre, est-il absolument nécessaire que le second soit suivi de *tchi* 64 signe ordinaire de ce cas ?
— Preuves du contraire. Exemples de 2, 3, 4, 5, 6 génitifs uniquement indiqués par la *position*. 7

§ 1. B. Est-il vrai que l'expression *Kieou-fen* 1 ne signifie pas confusion ?
— Preuves du contraire. 9

§ 2. Le mot *i* 2 peut-il être traduit adjectivement devant un verbe ?
— Preuves du contraire.
— Comment faut-il traduire *i* 2 devant un verbe ? 12

§ 2. A. Est-il vrai qu'un adjectif peut être placé après un substantif, régime d'un verbe actif, sans changer de rôle ?
— Preuves du contraire.
— Changement qu'éprouve un adjectif, en changeant de position. 15

§ 2. B. Comment reconnaît-on que le verbe *yun* 3 est neutre ou actif ? 18

§ 3. A. Est-il vrai que l'expression *tchou-fang* 4, signifie ici « région *détruite* » et non *pays différents* ?
— Preuves du contraire. 22

---

[1] 糾紛　[2] 宜　[3] 云　[4] 殊方

§ 3. B. Est-il vrai que le mot *tchou*[5] signifie *périr, mourir*, dans le dictionnaire *Choue-wen-kiai-tseu*?
— Preuves du contraire............ 23

§ 3. C. Est-il vrai que, dans le dictionnaire impérial de *Khang-hi*, le mot *tchou*[6] a le sens neutre de *mourir, périr*, comme le soutient M. Pauthier (A. page 111, ligne 12)?
— Preuve du contraire............ 24

§ 3. D. Est-il vrai que le mot *thou*[7] signifie *boue, vase*, dans l'exemple que cite le Dictionnaire de *Khang-hi*, à l'article *tchou*[6], et où ce mot *tchou*[6] leprécède?
— Preuves du contraire............ 25

§ 3. E. Est-il vrai que, dans le passage du *Li-ki* (Livre des Rites) que rapporte le dictionnaire de *Khang-hi*, à l'article *tchou*[6], *on qualifie de divers*, *tchou*[6], *les instruments de supplice*?
— Preuves du contraire............ 26

§ 3. F. Est-il vrai qu'il soit question d'*instruments de supplice* dans le passage du Livre des Rites, cité plus haut, et dont parle M. Pauthier (page 111)?
— Preuves du contraire............ 27

§ 4. B. Peut-on dire que les Indiens désignent tout ce qui est beau par le mot *In-tou*, en sanskrit *indou*, lune? — Non.
— Inconvénient de généraliser cette qualification. 33

§ 4. C. Exemples de superlatif résultant de la position. *Ib.*

§ 4. D. Comment reconnaît-on le rôle du mot qui précède *khi-so*[11]?
— Erreur grave de M. Pauthier.......... 35
Préposition devant *khi-so*[12]............ *Ib.*
Verbe devant *khi-so*[12]............ 36

§ 4. E. Dans la locution *khi-so*[12] (*quem, quam, quod ille, illi*), est-il permis de rapporter *khi*[12 a] (*ille*,

[5] 殊 [6] 殊 [7] 塗 [11] 其所 [12] 其 [a] 所 [b]

DES CHAPITRES.

illi), à un autre verbe qu'à celui qui suit et régit
so [12 b] (*quem, quam, quod*, à l'accusatif)?
— Preuves du contraire. 37
§. 4. F. Peut-on traduire *so* [14] (que) au nominatif?
— Preuves du contraire. 39
§ 4. G. Peut-on traduire le verbe qui suit *so* [14] par
un verbe français ou latin qui ne serait pas susceptible d'avoir *so* [14] (que) pour régime direct?
— Preuves du contraire. 40
§ 4. H. Sens ordinaire des mots *khi-so* [12]. — Sens rare
de *khi-so* [12]. . . . . *Ib.*
§ 5. A. Est-il vrai que le mot *tch'ing* [16] ne se prend
jamais dans le sens de *ming* [17], nom? — Preuves
du contraire. 42
§ 6. Est-il vrai que le mot *hoeï* [18] (revenir) signifie ici
tourner circulairement?
— Preuves du contraire.
Sens littéral de *lun-hoeï* [18 bis] (*vulgò* métempsychose, ici par position, être soumis à la métempsychose, *transmigrer* dans d'autres corps, par
la métempsychose). 45
§ 7. Sens et construction de *wou-ming* [19], obscur. . . 47
§ 7. B. *Wou-ming* [19], obscur, est toujours un adjectif
qualificatif; on ne peut l'employer adverbialement dans le sens absolu de « sans lumière, sans
clarté. » 48
§ 7. D. Le mot chinois *ye* [21] (la nuit) peut-il se prendre pour le *crépuscule?* — Non 49
§ 7. E. L'expression *sse-chin* [22] désigne-t-elle la lune?
Signifie-t-elle mot à mot *directrice lumière?*
— Preuves du contraire.
Véritable sens de l'expression *sse-chin* [22] dans ce
passage 50

---

[14] 所 [16] 稱 [17] 名 [18] 回 [18 bis] 輪回 [19] 無明
[21] 夜 [22] 司辰

§ 7. F. Quelle est la signification du mot *sse* [23]? Peut-il avoir le sens absolu du mot *directeur, directrice,* appliqué à un nom de choses?
— Preuves du contraire............ 51

§ 7. G. Le mot *chin* [24] peut-il se traduire par *lumière?*
— Preuve du contraire............ 52

§ 7. H. Est-il vrai que *pe-ji* [25] signifie *soleil pâlissant ?*
— Preuves du contraire............ 53

§ 8. Le mot *ki* [26], continuer, succéder à, peut-il se prendre pour le substantif *succession,* lorsqu'il est placé comme ici après un adverbe? — Non. L'adverbe *sse,* alors, indique que *ki* [26] est un verbe................. 54

§ 9. Sens du mot *youen* [27], employé comme verbe, et du mot *tchi* [28] pris substantivement. (Le sens de ces deux mots a échappé à M. Pauthier.) — Dans quels cas le mot *in* [29] est-il l'adverbe *propter* ou le substantif *causa?* 56

§ 9. A. Le mot *liang* [30], au commencement d'une phrase, peut-il se prendre substantivement? — Ce mot a-t-il le sens d'*excellence* dans notre passage?
— Preuves du contraire............ 59

§ 9. B. Sens remarquable de *liang* [30] (précisément), de *liang-i* [31], ou *liang-yeou* [32] (précisément, parce que). — Ce sens manque dans les dictionnaires chinois.................. 60

§ 9. D. Le verbe *ki* [33], « continuer, » peut-il se prendre ici pour l'adverbe *successivement?*
— Preuves du contraire.
— En chinois, le mot *ki* [33] ne se prend jamais *adverbialement.*

---

[2] 司 [24] 辰 [25] 白 日 [26] 繼 [27] 緣 [28] 致 [29] 因
[30] 良 [31] 良以 [32] 良由 [33] 繼

— Sens propre et figuré de la locution *ki-koueï* [34], mot à mot *continuer l'ornière*. 63

§ 9. E. Dans la locution *ki-kouei* [34], le mot *kouei* [34 b], peut-il signifier verbalement *agir en se conformant à la loi, se diriger dans le droit chemin*?
— Preuves du contraire. 64

§ 9. F. Est-il vrai que le mot *kouei* [34], « ornière, » est presque synonyme du verbe *tao* [38], « diriger? » Non.
— Peut-on combiner ensemble ces deux mots pour former l'expression complexe *kouei-tao* [39], et la traduire par *saisir des rapports*?
— Preuves du contraire.
— Le mot double *kouei-tao* [39] n'existe pas en chinois.
Origine de l'erreur de M. Pauthier. 65

§ 10. Est-il vrai qu'il n'y a dans ce passage aucun mot chinois signifiant le siècle? Preuves du contraire.
— Sens du mot *fan* [40], « le vulgaire, le siècle, » dans le langage des *lettres* et des *bouddhistes*. . 67

§ 10. A. Sens de *iu* [41], dans les locutions *iu-we* [41], *iu-chi* [42]. 69

§ 10. B. Sens de *we*, dans la locution *iu-we* [41]. Le mot *we* (vulgò *chose*) peut désigner aussi les animaux et les hommes. 70

§ 10. C. Sens de *tchao-lin* [44].
Le mot *we* [41 b], « les êtres, » du membre de phrase précédent, peut-il être le sujet du verbe *lin* [44 b]? Non. 71

§ 10. D. Le mot *lin* [44 b] peut-il se rendre ici par « s'étendre au loin? » Non. 72

---

[34] 繼軌 [38] 導 [39] 軌導 [40] 凡 [41] 御物
[42] 御世 [44] 照 [a] 臨 [b]

§ 10. E. Dans la locution *tchao-lin* 44, peut-on rendre la première syllabe substantivement? Non.
— Sens propre et figuré de *tchao-lin* 44. 72
§ 11. Pourquoi a-t-on employé le mot sanskrit *indou*, « lune, » pour désigner le royaume que décrit *Hiouen-tsang* ?
— Peut-on dire que le sens du mot sanskrit *indou*, « lune, » est dérivé des considérations que rapporte ce voyageur? Non. 74
§ 11- A. Sens des locutions *in...kou* 45, *i...kou* 46, *ycou-...kou* 47, « à cause de » (qui sont synonymes).
— Manière de construire les mots placés entre ces caractères.
— Dans ce cas, peut-on rendre *kou* 47ᵇ par l'adverbe *ideo* ? Non. 75
§ 12. A. Le mot *te* 48 peut-il être rendu par l'adjectif *seul* devant un verbe ? Non.
— Sens remarquable de *te* 48, adverbe et adjectif, dans *Khang-hi*, d'après le *Li-ki* et le *Chi-king*. 80
Dans quel cas le sujet peut-il être placé après le verbe, au lieu de le précéder, suivant la règle ? 83
§ 12. C. Comment reconnaît-on que le mot *t'song* 49 doit être traduit tantôt par le verbe *suivre*, tantôt par les prépositions *e, ex*, indiquant la *sortie*, l'*origine*, ou par les prépositions *d'après, suivant* ? 84
§ 12. D. Quel est le rôle du mot *khi* 50, lorsqu'il est suivi d'un verbe ou d'un substantif au nominatif, ou bien lorsqu'il est régi par un verbe ou une préposition qui le précède ? 86
§ 12. E. Le mot *khi* 50 peut-il se traduire par *lui, eux*, répondant à l'ablatif latin *illo, illis ?* Non. . . 88

---

⁴⁵ 因...故 ⁴⁶ 以....故 ⁴⁷ 由...故 ⁴⁸ 特
⁴⁹ 從 ⁵⁰ 其

§ 12. F. Est-il vrai que l'adjectif *ya* [52] ne peut signifier *élégant, distingué ?*
— Preuves du contraire. 89

§ 12. G. Est-il vrai que le mot *tch'ing* [53] ne peut signifier ici *nom, qualification ?*
— Preuves du contraire. 90

§ 12. H. Est-il vrai que le mot *tch'ing* [53] signifie «*paroles, instructions,*» suivant le dictionnaire de *Khang-hi* et le dictionnaire *I-wen-pi-lan ?*
— Preuves du contraire. 92

§ 12. I. Est-il vrai que, dans notre passage (§ 12), on altère le texte en disant que *tch'ouen-i* [54] est ici pour *i-tch'ouen* [55] (par la tradition) ?
— Preuves du contraire.
— Postposition remarquable du mot *i* [54 b.] qui ordinairement précède son régime. 94

§ 12. J. Est-il vrai que, dans notre passage, *tch'ouen-i* [54] signifie *communicare ad*, et non *par tradition ?*
— Preuves du contraire. 97

§ 12. K. Est-il vrai qu'ici l'expression *tch'ing-sou* [56] signifie « perfectionner les mœurs ? »
— Preuves du contraire. 99

§ 13. Comment reconnaît-on que *jo* [57] signifie : 1° *si ;* 2° *comme, de même que ;* 3° *quant à, pour ce qui regarde ?* 103

§ 13. A. Comment reconnaît-on que le mot *yu* [58] signifie *limites,* ou *région, contrée ?* 106

§ 13. B. Quelle est l'étymologie de l'expression *fong-kiang* [59] ? 108

§ 13. C. Le mot *yen* [60], dire, énoncer, peut-il signifier appeler, «*appellare ?*» Non. 109

---

[52] 雅 [53] 稱 [54] 傳以 [55] 以傳 [56] 成俗
[57] 若 [58] 域 [59] 封疆 [60] 言

§ 12. Quelle est la place des mots qui indiquent une position ?
— Quel rôle reçoit un adjectif lorsque (comme ici *kouang* [61], large, et *hia* [62], étroit) il est précédé d'un nominatif (exprimé ou sous-entendu) et termine un membre de phrase ?........ 110
Addition sur le locatif. — Le locatif peut être indiqué, soit par la préposition *iu* [63], « dans, » soit par la position................. 114
Locatif indiqué par la position........... 115

§ 15. Comment indique-t-on le génitif par *position* (lorsqu'on ne fait pas usage de *tchi* [64], marque ordinaire de ce cas) ?

§ 15. A. La place du génitif par *position* est-elle invariable ? Non.
— Dans quel cas, le *terme conséquent* (génitif) se place-t-il, contrairement à la règle, après le *terme antécédent* (nominatif) ?......... 116

§ 15. A. Quand deux noms chinois sont en construction, dans quels cas le génitif se place-t-il après le nominatif, contrairement à la règle généralement reçue ?
— Motifs du déplacement du génitif...... 119

§ 16. Est-il vrai que le mot *chi* [65] (vulgo *temps*) ne peut jamais signifier *toujours, en tout temps* ?
— Preuves du contraire............ 121

§ 16. A. Est-il vrai que le mot *te* [66] signifie ici *seulement* (solummodo) ?
— Preuves du contraire.
— Sens remarquable de *te* [66] pris verbalement. Origine de l'acception adverbiale qu'on lui donne ici................. 123

§ 16. B. Est-il vrai qu'ici les deux adverbes *chi* [65], en tout temps, et *te* [66], extrêmement, ne sont pas suivis d'un verbe ? — Preuves du contraire . . 124

---

[61] 廣　[62] 狹　[63] 於　[64] 之　[65] 時　[66] 特

§ 17. Est-il vrai que l'expression *in-tchin* [68] ne peut signifier ici *former une chaîne* (en parlant des montagnes)?
— Preuves du contraire.
— Décomposition, analyse, et sens propre et figuré de cette expression.................. 125

§ 17. B. L'expression *si-lou* [69] est-elle ici un substantif signifiant *mines de sel?*
— Preuves du contraire............. 132

§ 17. C. En traduisant : « les montagnes *cachent dans leur sein* des collines *transversales,* » M. Pauthier a-t-il cru entendre que l'auteur chinois (qui vivait au commencement du septième siècle) avait eu une connaissance anticipée de la théorie de la formation des montagnes par soulèvement? 133

§ 18. *Tch'ouen* [70] signifie souvent *vallée*, sens important indiqué dans *Khang-hi*, et qui manque dans tous les dictionnaires chinois composés par des Européens 134

§ 19. L'expression *ta-kaï* [71], « un abrégé, un résumé, » peut-elle signifier aussi une *grande plaine sablonneuse*? Non.
— Cause de l'erreur de M. Pauthier....... 139

§ 20. Quel est le sens de *in-li* [72] et de *yang-li* [73] ou de *in-yang-li* [72a–73]?
— Le véritable sens de ces expressions, tiré de l'*Encyclopédie japonaise*, manque dans tous les dictionnaires (voy. § 20 A).......... 14

§ 20. A. Sens remarquable de *in-yang-li*. [72a-73] ... 144

§ 20. B. Peut-on traduire adjectivement le mot *thse*, première syllabe de *thse-che* [74]? Non.
— Sens exact de l'expression *thse-che* [74]..... 145

---

[68] 隱軫 [69] 潟滷 [70] 川 [71] 大綮 [72] 陰曆 [73] 陽曆 [74] 次舍

§ 20. C. Sens de l'expression *tch'ing-wei* 75, omise par M. Pauthier.
— Signification du substantif *chi-heou* 76.
— Le mot *tchou* 77 « être différent », ne peut être traduit ici par *être tué, détruit, ne plus exister* ... 146
§ 20. E. Est-il vrai que M. Julien ne possède que quelques cahiers dépareillés du grand répertoire de mots intitulé : *Peï-wen-yun-fou* ?
— Peut-on admettre, avec Pauthier, que ce vaste dictionnaire n'est qu'une sorte de de *Gradus ad Parnassum* ?
— Preuves du contraire. 149
§ 20. F. Est-il vrai que l'expression *piao-youeï* 78 signifie ici *prendre pour régulateur la lune* ? Non.
— M. Pauthier commet cinq erreurs graves dans cette seconde partie du § 20. 150
§ 21. Est-il vrai que le mot *tang* 79 ne signifie pas, *équivaloir, correspondre*, dans les dictionnaires chinois *Choue-wen, Khang-hi-tseu-tien, I-wen-pi-lan*, ni dans le dictionnaire du père Basile ?
— Preuves du contraire.
— Dans quel cas le mot *tang* 79 signifie-t-il *il faut, on doit*, ou bien *équivaloir, correspondre* ? . . . 155
§ 21. B. *Tang* 79 signifie aussi *équivaloir, correspondre*, et ce sens est prouvé par les définitions et les exemples des dictionnaires mêmes où M. Pauthier prétend qu'il n'existe pas. 158
— *Tang* 79 défini par *équivaloir* dans le dictionnaire *Choue-wen*. . . . . ib.
— *Tang* 79 défini par *équivaloir* dans le dictionnaire de *Khang-hi*. . . . . ib.
— *Tang* 79 défini par *correspondre* dans le dictionnaire *I-wen-pi-lan*. 159
— *Tang* 79 défini par *équivaloir* dans le dictionnaire du père Basile. 160

---

75 稱謂 76 時候 77 殊 78 標月 79 當

§ 21. C. Exemple de *tang* 79, indiquant la correspondance, la coïncidence d'une époque avec une autre 161

§ 22. Est-il vrai que *ngan-kiu* 80 signifie ici *un monastère ?* — Preuves du contraire.

— Sens de *ngan-kiu* 80 dans le langage des lettrés et (comme ici) dans le langage des Bouddhistes. 166
Sens de *ngan-kiu* 80 dans des ouvrages composés par des écrivains bouddhistes, comme *Hiouen-tsang*. 167

§ 22. C. Est-il vrai que, « dans les mots *ngan-kiu* 80 que cite le dictionnaire *I-wen-pi-lan*, le mot *kiu* 80 signifie *lieu de repos*, place où *l'on se repose ?* »

— Preuve du contraire 170

§ 22. D. Digression obligée sur les noms que les savants chinois donnent à leurs cabinets d'étude.

— Expression pour rendre l'idée de *lettré retiré*, c'est-à-dire « lettré qui vit dans la retraite. ». . 172

§ 22. E. Règles de position qui permettent de reconnaître les cas où les mots *thsien* 81, avant, et *heou* 82, après, sont, par position, les adjectifs *antérieur*, *précédent*, et *postérieur*, *subséquent*, ou bien les prépositions *avant* et *après*.

— Erreur grave de M. Pauthier. 175
Cas où le mot *thsien* 81 signifie par position *avant* (une époque où un espace de temps). . . 176
Exemples de *heou* 82 « après » (préposition). Il a ce sens lorsqu'il suit son régime 177

§ 22. F. Est-il vrai que le mot *hoe* 83 (vulgò *peut-être*, *quelqu'un*) n'a jamais signifié et ne peut jamais signifier, étant répété, *tantôt*, *tantôt* ?

— Preuves du contraire 178

---

80 安居　81 前　82 後　83 或

§ 23. Le mot *tang* [84] signifie ici (contre l'opinion de M. Pauthier) *équivaloir, correspondre*. Ce sens est appuyé par quatre dictionnaires chinois et dix-huit exemples authentiques. 180

§ 24. La proposition *thsien* [81] (avant) devient un adjectif (l'adjectif antérieur) devant un substantif.
— Pour conserver le sens de la préposition *avant*, il faut qu'elle soit placée après le substantif qu'elle régit.
— Mais devant un verbe, elle signifie *auparavant, antérieurement*. Cf. § 22 D. 182

§ 24. A. L'époque de *la retraite religieuse* n'a pu être connue en Chine et y être en vigueur, qu'*après* la traduction et la publication des réglements-disciplinaires. C'est une erreur de supposer qu'elle ait été admise en Chine *auparavant*.
— Origine de cette erreur. 183

§ 24. B. Faut-il traduire ici les mots *tso-hia* [85] et *tso-la* [86] (se mettre en retraite)? Non. On ferait disparaître la différence de prononciation ou d'orthographe chinoise que l'auteur veut indiquer.
— Le mot *yun* [3] (littéral. *dire*) signifie ici *employer un mot, une expression*, et non *exprimer une opinion*, comme le veut M. Pauthier. . . . 184

24. C. Dans les livres bouddhiques, le mot *hia* [85b] (vulgò *été*), se prend souvent dans le sens de la *retraite d'été*, acception qui manque dans les dictionnaires chinois.
— Sens religieux des expressions *kie-hia, kiai-hia*, mot à mot *nouer l'été, dénouer l'été*. 186

§ 24. D. Que signifie *Tso-la* [86]? Cette locution est corrompue. La véritable orthographe est *Fo-la* [87], dont le sens manque dans les dictionnaires chinois usuels. 189

[84] 當 [85] 坐夏 [86] 坐臘 [87] 服蠟

§ 24. E. Définition du mot *la* [88] d'après les dictionnaires
et les auteurs chinois. 191
Sens de *la* [88], dans le dictionnaire de Morrison
(part. II, n° 6855). Ce mot n'indique pas une
époque, mais tantôt un *sacrifice* fait à une certaine époque, tantôt l'action d'offrir ce *sacrifice*. 192

§ 24. F. Définition du mot *la* [88], d'après le dictionnaire
Choue-wen.
— *San-siu* [89] ne signifie pas la *troisième heure*,
mais *trois jours*.
Etymologie du mot *tchi* dans *tong tchi* [90], solstice
d'hiver. 193

§ 24. G. Etymologie du mot *la* [88]. 194

§ 24. H. Sens du mot *la* [88], dans le *Li-ki*. Dans le passage cité de ce rituel (ni ailleurs), il ne signifie
pas *la troisième heure de la nuit*; il a un sens
dérivé du mot *lie* [91] (*venari*), dont il emprunte
alors la prononciation, et veut dire : *feras-
venari ad sacrificandum avis*. . . . . *Ib.*

§ 24. I. Peut-on dire que le mot *tcha* [92] soit synonyme
du mot *la* [88]? Non. 195

§ 24. J. Acception particulière du mot *la* [88] dans le langage des *Tao-sse*, suivant le dictionnaire de
Khang-hi. 196

§ 24. K. Les expressions *Tso-hia* [85] et *Tso-la* [86] (lisez
Fo-la [87]) exprimaient indifféremment l'idée de se
mettre en retraite en été.
— *Tso-la* [86] (lisez *fo-la* [87]) ne pouvait désigner une
seconde retraite qui aurait eu lieu après le *solstice
d'hiver* (après le 22 décembre), puisque la seconde retraite finissait avec l'été, suivant un
passage d'*Hiouen-thsang*, ou un mois après l'été,
suivant un autre passage du même auteur. . . 197

[88] 臘 [89] 三戌 [90] 冬至 [91] 獵 [92] 蜡

§ 25. Est-il vrai qu'on ne dit pas en chinois *ta-in* [93], *posséder la prononciation* (d'une langue)?
— Preuves du contraire 199
Exemple de *ta-in* [93] (posséder la prononciation d'une langue). 200

§ 25. A. Est-il vrai qu'on ne trouve nulle part l'expression *koue-in* [94], la prononciation (de la langue) d'un royaume?
— Preuve du contraire. 201

§ 25. B. Quel est ici le sujet du verbe *ta* [93 a] (littéralement, *pénétrer*), posséder à fond, *callere aliquid?* 202

§ 25. C. Sens de *fang-yen* [95]. Ce mot signifie-t-il ici le *langage* dans les *provinces*, comme le veut M. Pauthier.
— Preuves du contraire.. 203

§ 25. D. Sens du mot *yong* [96]. 204

§ 26. Que faut-il entendre ici par les mots *ji-youeï* [97]? Signifient-ils en cet endroit le *soleil* et la *lune?*
— Preuves du contraire 206
Conception de *Jou-laï* (dates différentes). 207
Naissance de *Jou-laï* (dates différentes). . . . . *Ib.*
Jou-laï sort de la famille, c'est-à-dire embrasse la vie religieuse (dates différentes).. 208
Jou-laï devient Bouddha (dates différentes). . . . *Ib.*
Jou-laï entre dans le *Nirvana* (dates différentes). . *Ib.*

§ 26. A. Sens de l'expression *t'san-t'se* [98] dans notre passage. Elle se rapporte ici à *des dates* et non au style de l'auteur 209

§ 26. B. Sens de l'expression *heou-ki* [99] (posterior narratio). Elle est le corrélatif de *thsien-ki* [99 bis] (anterior narratio). . . . . *Ib.*

---

[93] 達音 [94] 國音 [95] 方言 [96] 融 [97] 日月
[98] 參差 [99] 後記 [99 bis] 前記

§ 26. C. Est-il vrai qu'il n'y a dans la partie subséquente de la relation d'*Hiouen-thsang*, aucun détail relatif aux cinq circonstances principales de la vie de *Bouddha?*
— Preuves du contraire.. 210

§ 26. D. Est-il vrai qu'il n'y a pas dans notre passage un seul mot signifiant *calculer?*
— Preuve du contraire. 211

§ 26. E. Emploi remarquable de *kiaï* [100] (vulgò *tous*). . *Ib.*

§ 26. F. Sens du mot *thse* [101] ou de *thse* [102], dans les définitions de mots.
Est-il vrai que le dictionnaire *Choue-wen* lui donne le sens de *accusation, déclaration, énonciation, énumération*, dans l'expression *kiu-thse* [103]?
— Preuves du contraire 212

§ 26. G. Peut-on dire, avec M. Pauthier, que l'expression *pe-thie* [104] signifie *fine laine blanche?*
— Preuves du contraire.. 214

§ 26. H. Est-il vrai que l'expression *ye-thsan-sse* [105] signifie de la *soie écrue* et non de la *soie* de vers à soie sauvages?
— Preuves du contraire.
— Différence qui existe entre les vers à soie domestiques et les vers à soie sauvages.
— Différence de la soie que produisent les uns et les autres. 216

§ 26. I. Est-il permis de dire que les expressions *ma* [106], *ta-ma* [107] signifient *lin, grand lin*, et non *chanvre, grand chanvre?*
— Preuves du contraire.
— Différences botaniques du *lin* et du *chanvre*.
— Expressions employées par les Chinois pour distinguer ces plantes l'une de l'autre.. 218

---

[100] 皆 [101] 詞 [102] 辤 [103] 俱詞 [104] 白㲮
[105] 野蠶絲 [106] 麻 [107] 大麻

§ 27. L'expression *si-juen* [108] (fin et souple) désigne ici des poils et des filaments textiles, et non des étoffes........................ 220

§ 27. A. Est-il vrai que *tsi-tsi* [109] signifie *tisser à la main*, et non *filer* des matières textiles?
— Preuves du contraire............... 221

§ 27. B. L'expression *kien-tchin* [110], être estimé, se rapporte à la qualité *des poils, de la soie et des fibres végétales*, qui sont susceptibles d'être filés, et non *au tissage manuel des étoffes de l'Inde*. . 222

§ 28. Est-il vrai 1° que le mot *lie* [111] ne peut être le qualificatif du mot *fong* [112], vent ; 2° que l'épithète *lie* [111], violent, ne peut s'appliquer au *vent ?*
— Preuves du contraire................ 223

§ 28. A. Position ordinaire, position exceptionnelle de deux adjectifs après deux substantifs.
— Importante exception inconnue à M. Pauthier.
— Exposition des circonstances dans lesquelles les auteurs s'écartent de l'usage........... 225

§ 28. B. Double acception du mot *lie* [111]. L'expression *han-lie* [113] est indivisible............ 229

§ 28. C. Le mot *toen* [114] (ici l'adjectif *court*) se rapporte aux *vêtements*, et non aux *chaleurs*.
— Il n'y a point dans notre passage de mot signifiant *les chaleurs*.
— On ne peut supprimer ici le complément du verbe *thong* [115], être semblable, et le rejeter au commencement de la phrase suivante....... 231

§ 29. A quels vêtements se rapportent la bigarrure des ornements et l'étrangeté de la forme que mentionne notre auteur?
— Erreur de M. Pauthier................ 232

---

[108] 細耎 [109] 緝績 [110] 見珍 [111] 烈 [112] 風
[113] 寒烈 [114] 短 [115] 同

§ 29 A. Le verbe *thong* [115] peut-il être rendu ici par *comme?* Non. Il est le verbe neutre *ressembler à*, et a pour complément les mots *vêtements des barbares?*

— L'auteur compare-t-il les vêtements des Indiens du nord à ceux des autres Indiens?

— Preuves du contraire 234

§ 29. B. Comment reconnaît-on que le mot *waï-tao* [116] signifie *hérésie* ou *hérétique?*

— Est-il vrai que le mot *waï-tao* [116] ne signifie pas hérésie? — Preuve du contraire. 235

§ 31. Le mot *wou* [117], ne pas avoir, ne peut se rendre par *n'avoir que* (le sens serait fort différent).

M. Pauthier n'a pas vu le sens ni la synonymie des deux expressions *wou-fo* [118] (non habere vestes) et *lou-hing* (nudare corpus). 238

§ 31. A. Est-il vrai que l'expression *lou-hing* [118] signifie *forme de la rosée?*

— Preuves du contraire.

— Véritable sens de cette expression.

— M. Pauthier a commis ici deux erreurs graves. . 239

---

[116] 外道 [117] 無服 [118] 露形。

INDEX

DES OUVRAGES CITÉS.

Bazile de Glémona (Dictionnaire chinois-latin de), publié par Deguignes, in-fol. Paris, 1813.

Biot (M.). Mémoire sur l'ancienne astronomie chinoise, in-4. Paris, 1841.

Callery (M.). Systema phoneticum scripturæ sinicæ, 2 vol. in-8. Macao, 1841.

Cercle (le) de craie. Traduction du drame chinois intitulé *Hoeï-lan-ki*, publiée par l'*Oriental Translation Committee*. in-8.

Cha-mi-liu-i-yao-lio, Abrégé des préceptes bouddhiques (avec un commentaire perpétuel), in-8.

Cheou-chi-thong-khao, Encyclopédie d'agriculture chinoise, 24 vol.

Chi-king, ou le Livre des Vers, l'un des cinq livres canoniques.

— Edit. chinoise intitulée *Chi-king-thsun-tchu-ho-kiang*, 4 vol. petit in-fol.

— Edit. chinoise mandchoue, 6 vol. petit in-fol.

Chin-i-tien, documens sur les esprits et les prodiges, 60 vol. Cet ouvrage fait partie de la collection en 6,000 vol., intitulée *Kou-kin-thou-chou*.

Ching-king-louï-tsouan, Recueil des principaux livres moraux et religieux de la secte des *Tao-sse*, 4 vol.

Chou-king (le), l'un des cinq livres canoniques, 4 vol. in-8.
— Trad. en français par Gaubil, in-4.

Choue-wen (le), Dictionnaire étymologique des caractères chinois, composé par *Hiu-chi*, et publié vers l'an 120 avant J.-C. L'édition citée ici a pour titre *Choue-wen-kiaï-tseu*. Elle donne l'explication primitive de *Hiu-chi*, accompagnée d'un commentaire perpétuel, 20 vol. petit in-fol.

Davis (M. Francis), ancien surintendant du commerce anglais en Chine. Il a publié une traduction anglaise du roman *Hao-khieou-tch'ouen* ou *la femme accomplie*, (dont le titre tiré de la première ode du *Chi-king*, avait été mal interprété jusqu'ici par *l'Union fortunée*) et de deux pièces du théâtre chinois.

Encyclopédie japonaise (l'), 80 vol. in-8.

Fa-youen-tchou-lin, c'est-à-dire la forêt des perles du jardin de la loi; Encyclopédie bouddhique, publiée sous les *Thang*, en 162 liv., 20 vol. petit in-fol.

Fan-i-lout-pien, Recueil de locutions et de phrases chinoises, trad. en mandchou, in-8.

Fen-louï-tseu-kin, Dictionnaire méthodique des expressions élégantes, 64 vol in-8.

Fo-koue-ki, Histoire des royaumes de *Fo* (Bouddha), c'est-à-dire où l'on suit la religion bouddhique, par *Fa-hien*. L'édition citée ici fait partie de la collection *Han-wen-tsong-chou*. Cette relation se trouve à la Bibliothèque du Roi, dans la collection *Tsin-taï-pi-chou*.

Gonçalvez, Dictionnaire chinois-portugais, *Macao*, 1833.

— Diction. portugais-chinois, *Macao*, 1831.

— Grammaire chinoise (*Arte china*), *Macao*, 1829.

Han-chou, Annales des Han.

Heou-han-chou, Annales des *Han* postérieurs.

I-king, Le premier des cinq livres canoniques, 2 vol.

— Trad. en mandchou, 4 vol.

I-wen-pi-lan, Dictionnaire des caractères classiques et de leurs formes anciennes dans les systèmes d'écriture appelés *Li* et *Tchouen*, 44 vol. in-8.

Khang-hi-tseu-tien, Dictionnaire publié par ordre de l'empereur *Khang-hi*, 32 vol.

Kiaï-hoc-pien, ou le livre destiné à dissiper les doutes; ouvrage bouddhique, 2 vol. in-8.

Kou-kin-thou-chou, ou collection d'ouvrages anciens et modernes avec fig. Cette Encyclopédie littéraire, dont la Bibliothèque royale de Paris ne possède que quelques parties, se compose de 6,000 vol. imprimés *avec des types mo-*

INDEX DES OUVRAGES CITÉS.

biles gravés en cuivre. On en grava 250,000 pour cet usage ; mais l'empereur *Khang-hi* ayant eu besoin de cuivre, les fit fondre peu de temps après. Ces détails sont consignés dans la préface d'un petit ouvrage en 3 vol. in-12 sur *l'agriculture chinoise et l'éducation des vers à soie*, intitulé *Nong-sang-tsi-yao*.

Kou-wen-youen-kien, Recueil des chefs-d'œuvre du style antique, publié par ordre de l'empereur *Khang-hi*, avec des notes imprimées en quatre couleurs différentes, 40 vol. in 8.

Kouan-tseu, célèbre philosophe chinois, antérieur à l'ère chrétienne. Voy. mon édition de *Lao-tseu*, Introduction, page 1, *en note*.

Lao-tseu-tao-te-king, ou le livre de la voie et de la vertu, de *Lao-tseu*. J'ai publié cet ouvrage en chinois, avec une traduction française et un commentaire perpétuel, in-8. Paris, chez Benjamin Duprat, 7, rue du Cloître-St-Benoît.

Li-ki (le), ou le livre des Rites, l'un des cinq livres canoniques (j'en prépare une traduction française).

— Edit. chinoise avec le commentaire de *Tchin-hao*, 10 vol. in-8.

— Edit. chin.-mandchoue, 12 vol. in-8.

Ling-yen-tsi-tchou, ouvrage bouddhique, 6 vol. in-8.

Lun-yu, ou le livre des entretiens ; l'un des quatre livres classiques.

Meng-tseu (le philosophe). Son ouvrage est le quatrième des livres classiques. Je cite ici l'édition que j'en ai donnée en chinois et en latin, 2 vol. in-8.

Morrison. Dictionnaire chinois-anglais, rangé par clefs. Part. I.

— Dictionn. chinois-anglais, rangé par ordre tonique. Part. II.

— Dictionn. angl.-chinois. Part. III.

Pe-che-tsing-ki, Roman chinois (trad. en français et publié sous le titre de *Blanche et Bleue, ou les deux couleuvres fées*), 4 cahiers in-12.

Pé-meï-kou-sse, Recueil d'expressions anciennes auxquelles se rattachent des traits historiques, 4 vol.

Peï-wen-yun-fou, Répertoire tonique de mots polysyllabes et de phrases chinoises, 186 vol. in-8.

Peï-wen-yun-fou-chi-i, Supplément de l'ouvrage précédent, 32 vol. in-8.

Pen-ts'ao-kang-mo, Encyclopédie d'histoire naturelle et de médecine, 32 vol. 8.

Pi-khieou-kiaï-pen-sou-i, Défenses que doivent observer les moines mendiants (avec un commentaire perpétuel). Ouvrage bouddhique, 4 vol. in-8.

Piao-sang-louï-toui, Dictionnaire chinois en 12 vol. in-8.

Pin-tseu-tsien, Dictionnaire chinois rangé par ordre tonique, 12 vol. in-8.

Ping-tseu-louï-pien, répertoire de mots dissyllabes, rangés par ordre de matières, 240 vol. in-8. *Edit. impériale.*

Prémare, *Notitia linguæ sinicæ* ; imprimé à Malacca sur une copie que j'en ai faite en 1825 d'après le manuscrit, revu par Prémare, que possède la Bibliothèque Royale.

Rémusat (Abel), Elémens de la grammaire chinoise, in-8.

San-thsang-fa-sou, dictionnaire des expressions bouddhiques qui commencent par un nombre.

Si-yu-ki, ou *Ta-thang-si-yu-ki*, relation du voyage d'*Hiouen-thsang* dans les contrées situées à l'ouest de la Chine (de 619 à 645 après J. C.), publiée par ordre impérial, 2 vol. in-8.

Le morceau traduit par M. Pauthier et analysé par moi grammaticalement dans mon *Examen critique*, commence le livre 2 de cette relation, que je publierai bientôt en français.

C'est de cet ouvrage important que j'ai tiré le plus grand nombre des exemples cités dans la présente publication.

Si-yu-ki de 1772, nouvelle édition (de 1814). Même ouvrage que le suivant.

Si-yu-wen-kien-lo, petit ouvrage historique et géographique, relatif à diverses contrées situées à l'ouest de la Chine, qui, pour la plupart, ont été soumises par l'empereur *Khien-long* en 1772. J'en prépare une traduction française considérablement augmentée à l'aide des ouvrages chinois.

Sin-kiang-waï-fan-ki-lio, autre édition de l'ouvrage précédent, imprimée avec beaucoup de soin et offrant l'indication des noms d'hommes, de pays, et de dignités, 2 vol. in-8.

Sing-li-thsing-i, ou la Quintessence du grand recueil philosophique *Sing-li-ta-thsiouen*, 4 vol. in-8. Ce Résumé a été publié en 1717 par ordre de l'empereur *Khang-hi*.

Song-chou, Annales des Song.

Sse-ki, ou Mémoires historiques de *Ssema-thsien*, 24 vol. in-8.

Sse-kou-thsiouen-chou-kien-ming-mo-lo, catalogue abrégé de la bibliothèque de l'empereur *Khien-long*, 16 vol. in-8.

Sse-kou-thsiouen-chou-tsong-mo-ti-yao, catalogue général de la même bibliothèque, 122 vol. in-8.

Tchao-ming-wen-siouen, choix des plus belles poésies chinoises, compilé sous la dynastie des *Liang*. Edit. accompagnée d'une glose et d'une paraphrase, 12 vol. in-8.

Tcheou-kouan, même ouvrage que le *Tcheou-li*.

Tcheou-li, u Rituel des *Tcheou*. Edit. impériale en 18 vol. petit in-fol.

Tching-tseu-thong, Dictionnaire chinois d'où ont été tirés les principaux matériaux du dictionnaire impérial intitulé *Khang-hi-tseu-tien*, 32 vol. in-8.

Tchouang-tseu, philosophe chinois, le plus célèbre de l'école de *Lao-tseu*, et contemporain de *Meng-tseu*. Je prépare une traduction française de son ouvrage qui est généralement connu sous le titre de *Nan-hoa-king*, 6 vol. in-8.

Thong-kien-kang-mou, Annales de la Chine, 110 vol. in-8.

— Traduit en mandchou, 80 vol. petit in-fol.

Tong-wen-to, Dictionnaire chinois tonique, 12 vol. in-8.

Tong-si-yang-khao, ouvrage de géographie, relatif à divers royaumes étrangers comme la Cochinchine, Siam, Ava, etc., 4 vol. in-8.

Thsing-wen-loui-chou, Dictionnaire mandchou-chinois ; c'est l'original du dictionnaire trad. par Amiot et publié par Langlès, en 3 vol. in-4. — 12 vol. in-8.

Thsing-wen pou-loui, Supplément au Dictionn. mandchou-chinois précédent, 8 vol. in-8.

Thsing-wen-tien, Miroir de la langue mandchoue, 45 vol. petit in-fol.

Tseu-sse-thsing-hoa, Dictionnaire encyclopédique des choses et des expressions les plus remarquables dans les philosophes et les historiens, 56 vol.

Tsin-chou, Annales des Tsin.

Tso-tchouen-kiu-kiaï, édit. abrégée de la chronique de *Tso-khieou-ming*, avec une glose perpétuelle, 6 vol. in-8.

Catalogue des livres imprimés sur vélin qui se trouvent dans des bibliothèques, tant publiques que particulières. *Paris*, 1824-1828. 4 vol. in-8. br. . . . . 37 fr. 50

Notice sur Colard Mansion, libraire et imprimeur de Bruges en Flandre, dans le XVe siècle. *Paris*, 1829, avec cinq planches lithographiées. in-8. . . . . 9 fr.

Recherches sur Louis de Bruges, seigneur de la Gruthuyse, suivies de la notice des manuscrits qui lui ont appartenu. *Paris*, 1831. In-8, fig. 15 fr.

Inventaire ou catalogue des livres de l'ancienne bibliothèque du Louvre, fait en l'année 1373 par Gilles Mallet, garde de ladite bibliothèque; précédé de la Dissertation de Boivin sur la même bibliothèque sous les rois Charles V, Charles VI et Charles VII. *Paris*, 1836. In-8. 12 fr.

DESCRIPTION DE LA CHINE et des États tributaires de l'empereur; par M. le marquis de Fortia d'Urban, membre de l'Institut. 3 vol. in-12, br. . . . . 15 fr.

CARTE DE LA CHINE, rédigée par M. A. Dufour. . . . 5 fr.

LA CHINE ET L'ANGLETERRE, par M. de Fortia d'Urban.
Première partie. Déclaration de guerre faite par la reine d'Angleterre à l'empereur de la Chine. *Paris*, 1840. In-12. . . . . . . 3 fr.
Deuxième partie. Histoire de la guerre, jusqu'au traité du 20 janvier 1841. *Paris*, 1841. In-12. . . . . 3 fr.
Troisième partie. Seconde campagne des Anglais contre les Chinois. *Paris*, 1842. In-12. . . . . 3 fr.

I MONUMENTI DELL' EGITTO E DELLA NUBIA interpretati ed illustrati dal dottore Ippolito Rosellini. *Pisa*, 1841, 10 vol. in-8, di testo e 400 tavole di forma atlantica.
L'ouvrage sera complet en 40 livraisons; il en paraît 38.
Le prix de chaque livraison est de 25 fr. à Paris.

FOE-KOUE-KI (histoire des royaumes de *Fo*, c'est-à-dire où l'on suit la religion bouddhique), par Fa-Hien, traduit du chinois par Abel Rémusat, revu par M. Landresse. *Paris*, 1836. In-4. . . . . . 35 fr.

CHRONIQUES DE TABARI, trad. par M. Louis Dubeux. Tome Ier, 1re livraison, grand in-4. br. . . . . 20 fr.
Voy. Journal des Savants, mai 1837, les éloges donnés au beau travail de M. Dubeux par M. Silvestre de Sacy.

IMPRIMÉ CHEZ PAUL RENOUARD,
rue Garancière, n. 5.

Cet ouvrage étant une réponse à deux articles insérés dans les numéros 66 et 67 du tome XII du *Journal Asiatique de Paris*, l'auteur a cru devoir adopter le format et la justification de ce journal, afin que l'on pût, si on le jugeait convenable, joindre au même recueil toutes les pièces de cette discussion grammaticale et philologique.

OUVRAGES DE M. STANISLAS JULIEN

QUI SE TROUVENT A LA MÊME LIBRAIRIE.

MENG-TSEU vel Mencium, inter Sinenses philosophos ingenio, doctrina, nominisque claritate Confucio proximum, edidit, latina interpretatione ad interpretationem tartaricam utramque recensita instruxit, et perpetuo commentario e Sinicis deprompto illustravit Stanislaus Julien. *Lutetiæ Parisiorum*, 1824, 2 vol. in-8. 26 fr.

HOEI-LAN-KI ou l'Histoire du Cercle de craie, drame en prose et en vers, traduit du chinois et accompagné de notes. *Londres*, 1832, in-8, fig. 9 fr.

TCHAO-CHI-KOU-EUL ou l'Orphelin de la Chine, drame en prose et en vers, accompagné des pièces historiques qui en ont fourni le sujet, et suivi de nouvelles et de poésies traduites du chinois. *Paris*, 1834, in-8. br. 5 fr.

PÉ-CHÉ-TS'ING-KI. Blanche et Bleue, ou les Deux Couleuvres Fées, roman traduit du chinois. *Paris*, 1834, in-8. br. 5 fr.

K'AN-ING-P'IEN. Le livre des Récompenses et des Peines, en chinois et en français, accompagné de quatre cents légendes, anecdotes et histoires, qui font connaître les doctrines, les croyances et les mœurs de la secte des Tao-ssé. *Paris*, 1835, in-8. br. 15 fr.

RÉSUMÉ des principaux traités chinois sur la culture des mûriers et l'éducation des vers à soie, traduit par St. Julien, et publié par ordre du Ministre de l'agriculture et du commerce. *Paris*, 1837, in-8. br. 3 fr. 50 c.

EXAMEN critique de quelques pages de chinois relatives à l'Inde, traduites par M. Pauthier, accompagné de discussions grammaticales sur certaines règles de position qui, en chinois, jouent le même rôle que les inflexions dans les autres langues. *Paris*, 1841, in-8.

CHOIX DE CONTES ET NOUVELLES, traduits du chinois par Théodore Pavie. *Paris*, 1839, in-8, 6 fr. 50 c.
Ce volume contient : Les Pivoines, conte tiré du recueil intitulé Kin-kou-khi-kouan ; — Le Bonze Kaï-tsang sauvé des eaux, histoire bouddhique ; — Le Poëte Li-taï-pe, nouvelle ; — Le Lion de pierre, légende ; — le Roi des Dragons, histoire bouddhique ; — Les Renards-Fées, conte Tao-ssé ; — Le Luth brisé, nouvelle historique.

THÉATRE Chinois, ou Choix de pièces de théâtre composées sous les Empereurs Mongols, traduites pour la première fois en français, et accompagnées de notes, par M. Bazin aîné. *Paris*, 1838, in-8, 7 fr. 50 c.

LE PI-PA-KI ou l'Histoire du Luth, drame chinois représenté à Pékin, en 1404, traduit par M. Bazin aîné. *Paris*, 1841, in-8, br., 7 fr. 50 c.

HAO-KHIEOU-TCHOUAN, ou la Femme accomplie, roman chinois, traduit sur le texte original, par M. Guillard d'Arcy ; in-8, br. 7 fr. 50.

DICTIONNAIRE des noms anciens et modernes des villes et arrondissements de la Chine, par M. Edouard Biot. *Paris*, 1842, in-8.

TCHOU-CHOU-KI-NIEN. Tablettes chronologiques du livre écrit sur Bambou, ouvrage trad. du chinois par M. Edouard Biot. *Paris*, 1842, in-8.

IMPRIMÉ CHEZ PAUL RENOUARD,
rue Garancière, n. 5.